PING'AN SHAANXI

JIANSHE CHUANGXIN
ANLI XUANBIAN

平安陕西
建设创新案例选编

（一）

上

陕西省委政法委
陕西省委平安办 ◎ 编
西北政法大学

陕西新华出版传媒集团
陕西人民出版社

图书在版编目（CIP）数据

平安陕西建设创新案例选编．一 / 陕西省委政法委，陕西省委平安办，西北政法大学编．—西安：陕西人民出版社，2021.3
ISBN 978-7-224-14032-3

Ⅰ．①平… Ⅱ．①陕…②陕…③西… Ⅲ．①社会管理－案例－陕西
Ⅳ．①D674.1

中国版本图书馆CIP数据核字（2021）第046414号

责任编辑： 管中洑　李　妍
封面设计： 赵文君

平安陕西建设创新案例选编（一）（上、下册）

编　　者 陕西省委政法委　陕西省委平安办　西北政法大学
出版发行 陕西新华出版传媒集团　陕西人民出版社
（西安市北大街147号　邮编：710003）
印　　刷 陕西金和印务有限公司
开　　本 787毫米 × 1092毫米　1/16
印　　张 31.75
字　　数 336千字
版　　次 2021年3月第1版
印　　次 2021年3月第1次印刷
书　　号 ISBN 978-7-224-14032-3
定　　价 128.00元

如有印装质量问题，请与本社联系调换。电话：029-87205094

前 言

党的十八大以来，习近平总书记对平安中国建设作出一系列重要指示，阐明了具有全局性、战略性、基础性的重大理论和实践问题，为建设更高水平的平安中国提供了强大思想武器和科学行动指南。

为深入学习贯彻习近平总书记关于平安中国建设的重要指示和来陕考察重要讲话精神，认真贯彻落实党中央、国务院《关于加快推进社会治理现代化 开创平安中国建设新局面的意见》（中发〔2020〕11号）精神，努力推动更高水平的平安陕西建设迈上新台阶，我们组织全省各地各有关部门认真梳理挖掘平安建设、基层社会治理等方面的有益做法和创新实践，选取部分典型案例进行了汇编，供学习借鉴。

希望全省各级各有关部门坚持以习近平新时代中国特色社会主义思想为指导，认真贯彻落实党中央决策部署和省委工作要求，以《平安陕西建设创新案例选编》为参考，积极学习探索，大胆创新实践，创造出更多具有时代特征、体现陕西特色、反映本地亮点的实践经验，奋力开创更高水平的平安陕西建设新局面，为谱写陕西新时代追赶超越新篇章创造安全稳定的社会环境。

《平安陕西建设创新案例选编（一）》在编写过程中，各市（区）党委政法委给予了大力支持，主要负责同志亲自审改稿件。西北政法大学基层社会治理创新团队承担了大量任务，付出了辛勤汗水，在此一并致谢。鉴于全省各地各有关部门在平安建设、基层社会治理实践中探索形成了大量好经验、好做法，后续省委平安陕西建设领导小组办公室将组织力量汇编系列丛书，以期达到推动工作的目的。

2021年3月

目录
contents

社会治理篇

平安创建篇

基层基础篇

社会治理篇

SHEHUI ZHILI PIAN

渭南市华阴市：创设“六诊方法”化解信访难题

一、背景起因

“政之所兴在顺民心，政之所废在逆民心。”为解决好“柴米油盐酱醋茶，衣食住行医教保”等关系民生的热点问题，2017年4月，渭南华阴市委、市政府聚焦信访突出问题，由政法委牵头，联合政法、综治、维稳、信访、司法等部门，吸纳了10名具备丰富法律知识和调解经验的工作人员，在信访局设立了“信访门诊”，内设医患纠纷、交通事故、城乡事务、扶贫事务、征地拆迁、项目服务、法律疏导等“诊室”，运用“预诊”“坐诊”“出诊”“急诊”“会诊”“复诊”等“六诊法”模式解决各类信访疑难问题，调解各类信访疑难案件，坚持“矛盾不上交，就地化解”。

二、主要做法

（一）“预诊”排隐患

信访矛盾化解，要抓早抓小，防患于未然。对于矛盾纠纷要早发现、早研判、早报告、早化解。为此，华阴市“信访门诊”建立了逐案评估、分级预警、多元衔接、联动处置的评估预警工作机制，采取分级预警，根据风险化解难易程度将信访案件分为三个等级，分别采取不同的化解措施；做好“四个衔接”，把化解矛盾纠纷评估预警与答疑说理、解决实际问题等工作相衔接，综合运用多种手段化解矛盾；信访门诊牵头，相关部门共同参与，借助各方力量，合力化解上访风险，形成上下联动、部门联动、内外联动的“三联动”风险处置机制。

华阴市信访局于2018年5月2日接待牛某的上访。据牛某反映：2010年庆华村村民建温室大棚基地，自己与中国邮政储蓄银行华阴支行签订了贷款合同，资金用于建大棚。同年7月份，大棚受灾，损失30万元。后贷款合同到期，他被诉至华阴市人民法院，被判归还贷款及利息。牛某认为，该判决不公，中国邮政储蓄银行华阴支行证据链不完整，要求华阴支行将其证据链及利息计算过程作出详细有效的说明。这一上访案随后被转入信访门诊。接访的工作人员经过调查告知牛某：在一审判决后，牛某没有提出上诉，该案已进入执行阶段。如对判决有异议，可以通过提起申诉等法律程序解决。但牛某不愿申诉解决。接访的工作人员与相关领导、法律顾问两次告知牛某，解决的唯一途径是走司法程序。最后，通过引导，牛某向华阴市人民法院起诉，但华阴市人民法院裁定驳回了其起诉。牛某不服，提出上诉，后渭南市中级人民法院裁定驳回上诉，维持原判。最终，牛某接受了司法机关的处理结果，服判息诉，停止了信访活动。华阴市信访局将矛盾引导至合法合理的解决途径，有效遏制了信访苗头，就地化解了矛盾纠纷。

（二）“坐诊”开良方

华阴市建立了领导接访、律师及门诊工作人员坐镇，共同“坐诊”的信访工作方法。政法委牵头，在市委、市政府主要领导接待日制度的基础上，形成了相关单位主要负责人接待、“两代表一委员”（党代表、人大代表和政协委员）和律师参与接待的制度。他们联合公、检、法、司部门“坐诊”人员，耐心疏导信访人情绪，让信访群众心服口服。

对于“疑难杂症”，包案领导约谈信访人、核实案情、组织制定化解方案、出面协调、做息诉工作，确保将信访矛盾化解在当地；对于需要通过调解、诉讼、仲裁、行政复议程序解决的信访案件，律师“坐诊”，“把脉开方”，门诊工作人员参与调处，使得上访群众既懂得如何运用法律手段维护自己的合法权益，又节约群众的维权成本。

耐心“坐诊”察民情

邀请律师参与案件处理

2018 年 9 月 28 日，

信访人张某书面向信访局反映：他常年在外做生意，2017 年 3 月，岳庙办事处在未取得其同意的情况下，将其住房推倒，并将宅基地分给其他村民。在解决张某宅基地纠纷及补偿问题时，信访门诊调解人员在调解未果后，建议当事人向人民法院起诉以维护自己的合法权益。经与当事人说明调查情况后，张某同意走司法程序，律师当即给其代写了诉状并将诉讼中的一些注意事项以及怎样取证等一一解释说明。张某对信访门诊工作人员的工作态度十分感激，自愿签订了息诉罢访承诺书。

（三）“出诊”树形象

对于老百姓关注的极容易引发信访的热点、焦点问题，信访门诊坚持工作重心下移，主动到基层田间地头为群众现场协调，解疑释惑，在第一线解决问题，将矛盾解决在萌芽，化解在基层。通过积极采取各种公开、便民、快捷的方式，群众合理诉求被解决在当地，这既方便了人民群众，又提升了政府形象。

2017 年 9 月 21 日，北严村贠某等 12 户群众反映：从 2013 年中国邮政储蓄银行为每户贷款 4 万元，至 2014 年贷款到期，镇政府都没能为群众解决事前承诺的贴息问题。信访门诊工作人员立即赶赴一线，迅速查清事实真相，多次与上访群

现场了解情况

众在村部、家中谈心，与镇、村干部协调，最终由镇、村两级给12户群众每户足额发放贴息款。拿到政府贴息款的12户群众高兴地说："自从我们的信访案件到信访门诊后，就再也没有跑过冤枉路，他们多次上门，在田间地头与我们交谈，把问题圆满解决了，感谢信访门诊工作人员，感谢政府。"

（四）"急诊"化矛盾

一些突发性事件或群体性上访事件，涉及范围较广，处理较复杂。信访门诊为此制定了《处置信访重大敏感突发事件工作预案》，成立了突发事件预警处置工作小组，形成了包括排查预警、信息报告、协调配合、决策指挥、信访保障在内的一套完善的重大敏感突发事件"急诊"处置机制，确保在事件发生后能第一时间赶到现场，迅速控制事态发展，化解矛盾，避免了"小事闹大、规模扩大、难度增加"，"快刀斩乱麻"，分清轻重缓急，将突发性事件化解在萌芽状态。

华阴市岳庙街道办事处北社村苏某等13户村民2017年10月17日到政府信访局大厅上访反映：他们13户在2015年承包北社管区代管土地56亩，承包期限从2015年10月1日至2018年9月30日，现期限未至，岳庙办事处（现代管此

村民送来感谢信

地）要求退回56亩土地。案件于2017年10月20日转入信访门诊。接到案件后，办案人首先耐心劝导上访人要控制情绪；在事实调查中，办案人调阅了土地承包合同，确定其承包合同合法。经过与办事处干部单独谈、找领导协商、召开协调会等，办案人促使干部依法行政、调整思路，维护土地承包合同顺利履行，最后达成了13户村民继续经营土地的共识，稳定了农村工作秩序，得到了广大村民的拥护，也维护了承包人的权益。13户村民组织20余人到市政府大门口敲锣打鼓、鸣放鞭炮，给信访门诊送来了“阳光信访、公平维权”的锦旗以及感谢信。

（五）“会诊”破难题

处理疑难信访案件时，采取联合接访、公开答复、公开听证等“会诊”方法，把群众的信访疑难问题作为重中之重，做到事事有结果。为此，信访门诊充分借助各部门力量，加强与镇（办）、国土、卫计、民政、社会保障等部门的联系沟通，建立联席会议和联合接访制度，积极依靠全市大信访工作格局，解决疑难复杂信访案件，通过公开答复、公开听证促使息诉罢访；对难以息诉的信访案件，邀请“两代表一委员”、律师及社会各界人士参与，以增加信访人的信任，收到促其息诉罢访的效果。

信访案件听证会

2017年3月31日，华阴市信访局转来华阴市原城关粮站退休职工董某信访案。多年来，董某多次反映其本人于1988年因公致残，要求华阴市粮食局解决其工伤保险、医疗保险（含大病补助金）、伤残等级补助、工资、经济适用房、残疾人补助金等问题。为此，信访人9年来多次到省、市有关部门缠访，并3次进京伺机上访被劝返。针对这起“疑难杂症”，信访门诊多次召集粮食局、人社局、有关镇（办）等部门“会诊”，最终拿出解决问题的方案：结合该信访案件的实际情况，特事特办，按粮食系统1995年在职职工月平均工资350元，一次性给予信访人21个月伤残生活补助金7350元，同时考虑信访人家庭生活困难等情况，一次性给予生活补助3650元，两者共计11000元。信访人表示理解和接受。至此，成功化解了这起“疑难杂症”。

（六）“复诊”防纰漏

实施重点疑难案件动态管理，通过定期或抽查方式组织“复诊”，切实把好案件质量关。抽调业务骨干对重点案件实行跟踪督查，并且对已经处理完毕的案件进行“复诊”，防止信访工作出现纰漏或错误，防止解决措施无法落实到位。岳庙街道办事处张某系精神残疾，生活不能自理，至今未成家。父亲

进行案件回访

早年过世，母亲年迈无力，无生活来源。张某的姐姐帮妹妹申请五保户被拒，就多次到华阴市政府信访大厅上访。案件转入信访门诊后，办案人员认真了解实际情况，及时与岳庙街道办事处、华阴市民政局联系，在相关部门重视支持下，按照相关规定，为张某申请了五保户。在2018年4月份张某收到了五保户补助金后，办案人员又到其家进行了多次回访。通过“复诊”，及时掌握信访人的思想动向和情绪，了解其生活上存在的困难和问题，切实为他们排忧解难，从根本上化解了信访矛盾纠纷，维护了群众的合法权利。

三、启示思考

（一）分流化解信访矛盾纠纷，引导群众依法信访

将对司法机关的生效判决不服的案件，引导至司法机关依法处理，是坚持依法信访的重要组成部分。信访部门的职责之一，是引导群众依法信访，并敦促相关司法机关依法处理信访人提出的问题，维护信访人的合法权利。

（二）采取综合治理措施，有效化解疑难信访矛盾纠纷

某些信访案件，仅靠单一部门难以化解。通过信访门诊组织相关部门协调、联动，形成化解矛盾纠纷的合力，发挥综合治理的作用，才能从根本上解决问题。“六诊法”发挥党委、政府的领导、督促、协调作用，为维护群众的合法权利创造了良好的调解办法，体现了信访制度的功能目标。

（三）对症下药，从根本上解决问题

有些信访案件长期未得到解决，影响社会安定团结、和谐稳定。对这些“硬骨头”案件，一些部门采取“新官不理旧账”的态度，人为设置处理问题的障碍。信访部门知难而上，通过信访门诊积极协调，主动担当，采取果断措施，保护信访人合法权利，做到釜底抽薪、息诉罢访，显示了“六诊法”的良好效果。

（四）坚持信访法治化发展，将制度优势转化为治理效能

有些部门在行使职权过程中，存在简单粗暴、侵害群众合法权利的现象。信访制度是上情下达、下情上达的重要渠道，是群众路线的实现形式，对于侵犯群众合法权利的事件，信访部门的及时介入，信访门诊的协调、督促，都有利于问题得到及时解决。“六诊法”有助于将信访制度优势转化成为治理的效能，对实现信访制度法治化具有重要的意义。

四、专家点评

华阴市“信访门诊”工作模式立足从根本上解决群众信访诉求，彻底化解矛盾纠纷，体现了“以人民为中心”的思想，取得了较好的政治效果和社会效果。信访门诊工作室依法解决信访问题，并通过普法教育、平安建设宣传、依法进行矛盾纠纷调解等方法，引导群众采取合理方式解决自身诉求，增强了农民学法、懂法、尊法、守法、用法的意识，优化了营商环境，实现了家庭和睦、

邻里和谐、干群融洽，体现了“小事不出村，大事不出镇”的矛盾调解机制，为构建乡村自治、法治、德治融合新格局打下了坚实基础，适应了新时代人民群众对信访工作的新期待、新要求。

（西北政法大学行政法学院赵哲副教授撰写）

安康市汉滨区：实施“五心工程”助推基层社会有效治理

一、背景起因

汉滨区政法委在区委、区政府的领导下，结合新民风建设、脱贫攻坚、扫黑除恶斗争等专项工作，坚持以人民满意为立足点，实施“五心工程”，推动基层社会治理走向深入。“五心工程”包括“暖民心”“得民心”“顺民心”“安民心”“称民心”五个环节，有效推动基层社会治理，维护基层社会和谐稳定，把矛盾纠纷化解在基层，把治安防范落实在基层，实现社会治安满意率连续五年“五连升”，推动形成了共建、共治、共享的社会治理新格局。

二、主要做法

（一）“民生政法 5·20”“暖民心”

政法工作如何助力基层社会治理工作？汉滨区创新“民生政法 5·20”，把信访、综治、维稳、平安建设、扫黑除恶专项斗争五方面的重点工作，具体化为 20 件居民生产生活的民生实事，融入区、镇、村、组、户五级体系中；建立横向到边、纵向到底的政法工作网络，干群互动，干部乐意，群众接受。推行“谁执法，谁普法”源头治理，“普法寓教，寓教于乐”，主动为群众服务；由“要我服务”向“我要服务”转变，把原则性极强的政法工作变得更人性化，温暖了民心。

“民生政法 5·20”旨在服务下沉，服务上门。汉滨区平安建设成员单位选择其职能范畴内的事项，主动为群众生产生活排忧解难。“谁执法，谁普法”和“普法寓教，寓教于乐”，执法司法与民生关怀并重，推动“民生政法 5·20”系统化、长效化、规范化。公安分局大力推行民生警务。区检察院聚焦“蓝天、碧水、净土”，加大生态环境资源保护，办理环境污染案件 100 余件。区法院全面加强涉民生案件审判，2019 年审理劳动争议、劳务纠纷等涉民生案件 614 件，依法为困难当事人减、缓、免诉讼费 80 余万元，办理司法救助案件 48 件，大力开展扶贫执行专项行动，共执结涉贫案件 31 件，执结金额 87 万余元，发放救助金 122.9 万元。区司法局组建法律服务团队，强化对建档立卡贫困户的司法救助，全年司法救助贫困户 18 人，发放司法救助金 6 万余元；参与省、市、区重点建设项目，主动化解征地拆迁矛盾纠纷 261 件；开展法律援助 1352 件，向全区工业企业派驻 25 名律师“法治特派员”。区信访局坚持法治信访、阳光信访、责任信访，均取得了良好效果。2019 年，全区平安建设成员单位及镇办整合资金 1292 万元，开展“百村十送”助脱贫、扫黑除恶专项斗争、“民生政法 5·20”等各类宣讲、普法、“三下乡”活动总计 1169 场次，为群众办实事 3236 件。政法机关满意度同比增幅超过全省平均水平，实现了“五连升”，得到人民群众的一致好评。

（二）扎实开展专项斗争“得民心”

群众对治安不满意怎么办？汉滨区先后开展打击“盗抢骗”、“五霸”整治、“破小案，暖民心”等多项行动，围绕全国扫黑除恶专项斗争重点工作赢得民心。重拳出击，全年共打掉黑社会性质组织1个、恶势力犯罪集团6个、恶势力团伙6个，破获涉恶案件96起；对4197名村干部进行资格联审，累计清理31名“问题”村干部，动态整顿软弱涣散基层党组织50个。深挖彻查，查处涉黑涉恶腐败和“保护伞”问题12件21人，其中给予党纪政务处分18人，移送司法机关3人，查封、扣押、冻结涉案资产1755.3万元。强化行业乱点治理，各行业系统开展专项整治391场次，排查乱点乱象456处，行政处罚1032人，移送司法机关42人；对省市挂牌督办的3个社会治安突出问题和混乱地区开展了专项整治，取得明显成效。2019年，全区治安警情、刑事警情同比下降11.8%、20.8%。

原石梯镇双村村主任赵某，自2012年担任村主任以来，借助黑恶势力把持村委会，独断专行，导致两届村支部书记辞职，村务基本处于瘫痪状态；他利用职务之便强揽工程，多次殴打他人，造成了极其恶劣的影响。群众举报后，汉滨区政法部门依法快侦、快审、快判，积极回应群众关切，取得了良好的社会效果。

（三）“五老进中心”“顺民心”

汉滨区有60岁以上的老人13.8万人，“五老”约26800人，其中，老党员有10751人，老干部约7750人，老教师约3400人，老军人约3300人，老乡贤约1900人。充分发挥这些老年人在社会治理中的作用，是汉滨区基层治理创新的群众基础。

充分发挥老干部、老党员、老教师、老军人、老乡贤在市域社会治理中的积极作用，调处矛盾纠纷，助推新民风向善向好。抓好选聘，对身体健康、处事公道、热心公益、经验丰富的“五老”，由村（居）民代表会评议、镇办审核，聘请为“五老”人民调解员。抓好培训，镇办综治中心牵头，对“五老”人民调解员进行业务培训，进入村（社区）综治中心开展工作。抓好管理，依托综治中心阵地，建立“五老”调解工作室，达到“五个有”（有调解室、有形象墙、有规章制度、有记录台账、有档案资料）标准。形成合力，“五老”人员与“四会”（村居民议事会、道德评议会、红白理事会、禁毒禁赌会）、“红袖章”队伍一起，助力脱贫攻坚、新民风建设和平安创建。2019年汉滨区1980名“五老”人员上门入户，调处化解群众各类矛盾纠纷2372件。

关庙镇文化村以前攀比成风，群众深恶痛绝，在推进“五老”进中心工作中，群众自发地在全村李氏、汪氏、潘氏、陈氏四大家族中推选了老干部李辉智等5名德高望重的“五老”，担任该村“一约四会”（村规民约、红白理事会、禁毒禁赌会、道德评议会、民事纠纷调解会）领导成员。通过户户见面、组组开会，反复修订完善村规民约，对婚丧嫁娶酒席、份子钱标准、邻里关系、孝老爱亲、勤劳致富、爱护环境等各项内容进行了规范，并上墙公示，让村民行为有法度、价值有引领、操守有规范。从此，该村的升学宴、乔迁宴、生日宴、满月宴、寿辰宴和打牌赌博基本销声匿迹，婚丧宴席基本控制在300元以下，抽烟标准在15元以下，人情往来送礼100元，简朴文明，蔚然成风。

（四）八千“红袖章”“安民心”

“红袖章”巡逻队是群防群治、村（居）民自治的有效抓手，是破解基层社会治理警力不足、财力不够的有效路径。汉滨区委政法委高度重视群防群治工作，整合各方资源，成立了8000人的“红袖章”志愿巡逻队伍。1. 选好队员。整合街道、社区、镇、村干部、全区公益性岗位人员力量，组建“红袖章”志愿巡逻队，参与群防群治。2. 规范管理。健全完善“红袖章”工作考勤管理制度，建立治安巡逻工作台账和“红袖章”微信公众平台，实现动态化管理。3. 加强巡逻。派出所对“红袖章”巡逻队进行业务培训，由民警带队，在重点区域、重要时段开展治安巡逻，排查矛盾纠纷、排除安全隐患。4. 强化保障。认真落实《“红袖章”队伍规范化治安巡逻实施方案》和《“红袖章”治安巡逻工作经费以奖代补办法》，安康市委政法委，汉滨区委、区政府在“红袖章”巡防经费上给予大力支持，确保“红袖章”队伍常态化开展工作。汉滨区编委会批准成立社会治理创新督查办，专门负责督查“红袖章”治安

“红袖章”巡逻队开展治安巡逻

巡逻工作，在媒体上设立“黑红榜”，定期向社会公开，促进“红袖章”戴起来、警察巡起来、警灯亮起来，不断增强群众的安全感。2019 年全区公众安全感达到 95.23%，创历史最好水平。56 岁的马金平主动参加治安巡逻队，并成为巡逻队长。前几年他先后丢失两辆电瓶车、一辆摩托车，深刻理解人民群众对良好社会秩序的期盼。加入巡逻队后，他成了维护社会治安的参与者，用实际行动成为人民财产的守护者。

（五）“三个清零法”“称民心”

坚持岗位在村、工作在户，探索创新“三个清零法”，即各社区（村）的每个网格、村民小组每个月至少召开一次群众院落见面会，做到“矛盾问题信访苗头化解不欠账，清零；脱贫攻坚等任务不欠账，清零；群众重大利益诉求及时处理不欠账，清零”，实现源头治理。“三个清零法”操作简便、群众欢迎、治理有效，

依法进行人民调解

其核心是开好村组群众见面会，及时排查出问题，直面问题、解决问题，服务民生不欠账。

刘湾社区是关庙镇包湾村的一个安置点，是原刘湾村委会所在地，位于城乡接合部，社情复杂，矛盾突出，治理难度较大。区委政法委工作队员进驻时，刘湾社区路灯不亮，没公厕，群众意见大。区委常委、政法委书记罗俊康同志下决心一定要扭转包湾、刘湾的局面。他亲自上阵，动员机关干部包抓贫困户，搞新民风建设，帮助完善村规民约，排查化解矛盾纠纷，一个组一个组地召开村民小组会议，讨论通过村规民约，评议“五老”、推荐好人，成立红白理事会，建立“红袖章”巡逻队。落实“三个清零法”，干部进村入户，与群众交心做朋友，解难题促发展，引水上山，产业建园，厕所修了，场地平了，路灯亮了，群众心悦诚服，民风正了。2019 年，全区通过扶贫干部共排查调处各类矛盾纠纷 3121 件，调解成功 3043 件，调解成功率达到 97.5%。近四年来，累计化解历史遗留积案 140 件，罢访息诉 12566 案。

三、启示思考

（一）实施“五心工程”，夯实了基层社会治理的基础

“五心工程”始终把强化基层基础作为创新社会治理的“关键一招”，着力在做实过硬五级服务管理体系上做文章，确保党委领导、部门负责、社会协同、公众参与、法治保障，目标是群众受益，形成齐抓共管社会治理新局面。主动办好为民服务暖心事，化解群众烦心事，实现由“要我服务”向“我要服务”转变。

暖民心工程赢得了民心，确立了党委、政府在基层社会治理中的权威领导地位。

（二）实施“五心工程”，完善了基层社会治理的体制机制

社会治理工作没有现成的“路线图”，需要积极探索实践。“五心工程”就是把信访、综治、维稳、平安建设、扫黑除恶专项斗争等各项工作融入区、镇、村、组、户五个层级的服务管理，建立“横向到边，纵向到底”的工作网络。形成干群互动、干部乐意、群众接受的共建、共治、共享社会治理格局，满足了人民群众参与社会治理的合理诉求。

（三）实施“五心工程”，强化了基层社会治理的核心内容和关键环节

“五心工程”的落实，需要精心谋划、从严督查、强化考核。汉滨区委政法委统筹协调，做好“顶层设计”。一方面，从严督促检查，坚持月督查通报、季检查评比、年兑现结果，变结果督查为过程督查，倒逼工作常态化开展。另一方面，将此项工作纳入区委、区政府对镇办、部门年度平安建设目标责任考核范畴，加大考核分值，强化考核措施，通过考核导向倒逼任务落实，取得良好效果。

四、专家点评

“五心工程”立足政法工作的实情实践，以夯实基层基础和

整合系统资源为基础，不断创新工作方式方法，服务人民需求、赢得群众支持。坚持源头治理和系统治理相结合、专项治理和综合治理相结合，始终坚持综合施策和依法治理，是传承创新“枫桥经验”的需要。因地制宜，以人为本，确保矛盾纠纷就地化解、及时清零，是“五心工程”实施的初衷。通过执法便民、利民、爱民、为民，充分体现了部门联动融合的理念和中国共产党人的初心，筑牢了平安汉滨建设根基，创新了市域社会治理模式。

（西北政法大学政治与公共管理学院院长侯学华教授撰写）

安康市石泉县：通过民情“三本账”创新县域社会治理机制

一、背景起因

进入新时代以来，社会关系日益复杂，社会阶层结构分化，社会矛盾问题叠加，发展改革和社会治理面临的问题更加严峻，形势更加复杂。县域党组织，作为执政兴国的“一线指挥部”，存在着社情民意收集掌握不全面，群众利益诉求回应不及时，群众投诉查处不彻底，群众主体作用发挥不充分等现实问题，面临着“以人民为中心”落实不到位、脱离群众的风险。如何真正落实“以人民为中心”，精准对接人民群众的各类需求，建设密切联系群众的长效机制，是建设平安陕西，夯实群众基础，提高执政能力要解决的重要问题。安康市石泉县牢固树立“以人民为中心”思想理念，切实从人民群众的利益诉求出发，针对县域群众工作存在的问题，在县、镇、村分别创建“意见建议、利益诉求、投诉举报”民情“三本账”，收集社情民意，回应居民质疑，解决民生问题，开辟了基层直接联系服务群众新路径，有效地回应群众诉求，及时化解了矛盾问题，提升了基层社会治理能力和水平。

二、主要做法

（一）建账：统筹十大渠道，广泛收集社情民意

全面、准确掌握社情民意是科学统筹决策的有效前提，也是切实落实“以人民为中心”发展思想的重要保障。针对社情民意收集渠道分散、信息分类不明确、统筹分析不足等问题，石泉县统筹了十类收集渠道，全方面、多方位、多层次地精准收集社情民意，如为全县各村、社区选聘一名民情联络员，负责上报关乎群众利益、影响重大或者有较大参考价值的社情民意。2017 年 8 月，全县 161 名民情联络员正式上岗；开通民情“110”，全年全天 24 小时电话收集群众反映的重要民情；公布县、镇、村书记信箱、微信、手机号码，直接接收社情民意；通过人大代表意见建议和政协委员提案，反映具有典型性、代表性的社情民意；通过政务

石泉县民情“110”来电登记簿

信息中心监测舆情，主动收集社情民意；通过民调中心广泛调查收集无权处置的社情民意；依托民情信访直通车主动下访收集重要的社情民意；通过信访接待中心收集涉及干部问题线索和可能影响社会稳定的问题。四年来，石泉县县、镇两级书记受理各类民情 7193 件，通过广泛的民情收集渠道，民情收集实现了全覆盖和无死角，打通了群众共享共建的快速通道。

（二）管账：建立健全规章制度，发挥整体协调作用

对于收集的社情民意，石泉县进行归类整理，印制县委书记“群众意见建议交办”“群众投诉举报交办”“群众利益诉求交办”三种登记簿，建立“群众意见建议”“群众利益诉求”“群众投诉举报”三本台账；成立由直接联系和服务群众工作领导小组及下设的县直接联系和服务群众工作领导小组办公室（简称“县委联系办”）组成的专职机构，各镇设立日常管理机构，各村党支部书记履行好“三本账”职责，形成“书记牵头、党委统揽、上下衔接、权责明晰”，县、镇、村党组织书记直接联系服务群众的工作格局。

石泉县民情“三本账”台账

县委书记担任直接联系和服务群众工作领导小组组长，领导小组的主要职责是：组织民意调查，收集社情民意，

交流沟通县域经济社会发展中的重大问题、工作举措；协调处理群众意见建议、利益诉求和举报投诉。“县委联系办”由县政法委书记任主任，直接向县委书记负责，统筹县委书记民情“三本账”的建账和管理工作，负责全县直接联系和服务群众工作的牵头抓总、组织实施、督查考核及指导服务工作。各镇党委在综治办设立镇党委书记民情“三本账”的日常管理机构，按照“属地管理”原则，参照县委书记民情“三本账”运行规则，负责辖区内“三本账”工作。各部门党委（党组）书记、村社区党支部书记，在县委书记、镇党委书记民情“三本账”的基础上，分别建好民情“三本账”。

（三）查账：规范办事流程，注重办理效果

为了确保县、镇书记民情“三本账”制度的有效落实，建立了以“分类建账→书记阅批→受理告知→快速交办→严格督查→结果反馈→书记把关→恢复征询→销号归档”为主要环节的规范性办理流程，做到“一个工作日内交办，七个工作日办结”的高效运行要求。对于纳入民情“三本账”的事项，严格按照“一个工作日交办”要求，及时按照书记批示，移交承办单位或承办人，并做好交办登记。承办单位或承办人应该在七个工作日内办理完毕。对于超过办理时限或者承诺时限的，启动督办程序，并责令限期办理到位。按照“谁办理谁回复”原则，对办理结果进行及时回复，做到件件有回复。管理员收到承办人的回复资料后，须进行满意度回访测评，回访测评结果分为满意、基本满意、不满意三个等次。再由书记对上报的回访结果、回访情况及办理回复印证资料进行把关。当问题彻底解决或者进入司法程序时，对问

题进行销号，并进行分类归档管理。对每一件事项的“受理—办理—答复—回访”都做到全程记载，并确保事项的档案资料与“三本账”登记情况一一对应、相互印证，做到有案可稽、责任清晰、有据可查。

为了规范办理手续，石泉县对民情“三本账”的办理工作作出了进一步规定，包括：对涉及的当事人称呼，一律使用“建言人、诉求人、投诉人或举报人和 ×× 民情联络员”；不得将初步处理方案作为办理报告；对于不能在七个工作日内办结的事项，必须向“县委联系办”传送延期的书面说明或申请，明确办理计划或方案，承诺办结时限；不得将办理报告直接作为回复书。对于一些特殊的办结事项，还需要有直观的印证资料，如照片、兑付签名等。同时，为了确保办理效率、规范办理程序、确保落实到位，石泉县还引入钉钉办公软件，进行网上批办。

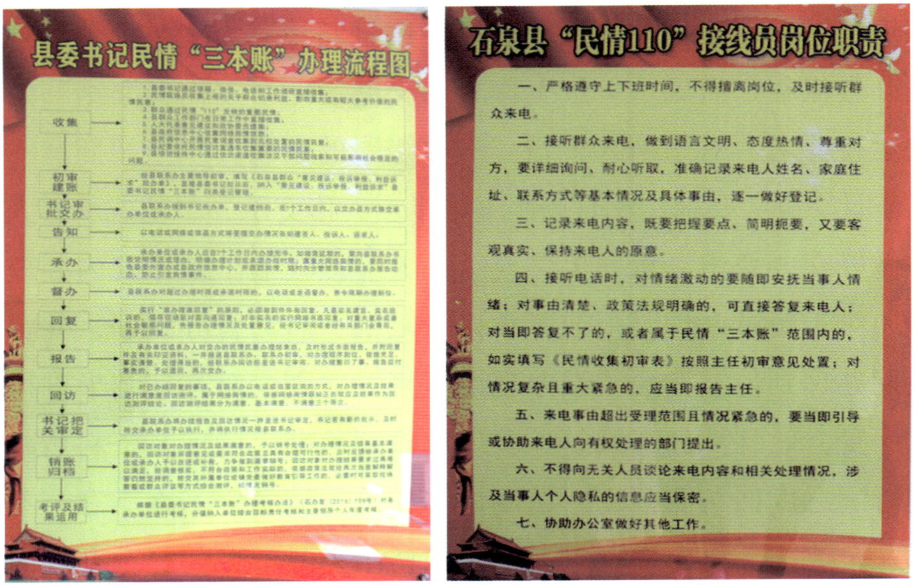

石泉县民情“三本账”办理流程和民情“110”接线员岗位职责

（四）销账：“定期通报、回访”+“三线督办”，确保落实到位

为了及时回应群众诉求和呼声，确保民情“件件有落实，事事有回音”，石泉县将民情“三本账”制度落实情况列入党建重点督查内容，对民情“三本账”所有事项的办理实行定期通报、定期回访，对群众不满意的事项进行专项督办。形成“县委联系办、县委常委、县委书记”三线督办的工作机制，以及一件一考评、一月一回访、一季一通报、一年一考核的工作态势。每个月25日前，各镇、各部门将本月民情“三本账”制度运行情况和成效上报县委联系办，县委联系办再依据各镇办结的宗卷进行抽查回访，对于回访中群众不满意的事项，由县委联系办移交县委督查室专项督办，实行专项督办。每个季度，各镇、各部在季度最后一个月25日前，报告各季度直接联系和服务群众工作的开展情况和成效。年中，各镇、各部门在6月20日前向县委联系办上报上半年工作总结和下半年工作计划，县委联系办对上半年工作开展情况进行通报。年终，县委联系办对镇党委书记民情“三本账”的建账规范性、限时办结效率、回复情况、档案管理等情况进行考核。

县委联系办还会定期召开例会，通报民情“三本账”工作进展，研究解决重大问题。定期开展专项督导，发现问题一律当场下发《督查意见书》，做到通报到人到事；对于纳入“三本账”事项，但出现不按程序办理、久拖不决、不及时回复、群众不满意的情况，一律扣除考核分值；对于“应办不办”事项一律移交纪委问责和组织处理。县委联系办还会根据工作需要，不定期催报，要求各

石泉县民情联络员动员暨培训会

单位按时按要求报送。县委常委对各自联系分管的镇、部门办理落实情况进行实时督办。根据“书记抓，抓书记”原则，由书记审核每件事项的办结结果，对于部分群众表示满意但实际没有依法依规办理到位的，作出“二次批示”再次交办，直至规范办理；县委书记亲自约谈办理不力的单位负责人，确保民情“三本账”事项件件有结果，件件都满意。自民情“三本账”工作实施以来，累计受理群众利益诉求 3199 件，除部分正在办理和少数不符合政策法规的不合理诉求外，累计办结 3179 件，群众满意率高达 98% 以上，整体满意率达 99% 以上。

（五）算账：“考核双挂钩”+“一票否决”，倒逼干部担当作为

为了年终对具体承办的职能部门进行百分制考评，石泉县依

据工作难易程度，从限时办结效率、回复及时性、群众满意水平、档案管理规范性等方面进行综合考察，最后依据得分多少依次评定“优秀”“良好”“一般”和“较差”四个档次；并将民情“三本账”的考核结果与各级书记实绩考核、单位年度目标责任目标考核双挂钩，按照民情“三本账”在全县年度综合目标考核中所占的比重，将最终考核得分直接计入各单位年度考核总分。对于“较差”档次或者确定为群众“不满意”的承办单位和镇，对部门主要领导、镇党委书记评优评先资格实行“一票否决”，对“一般”和“较差”档次的进行问责，对于“优秀”档次的予以重奖。经过三年时间的运营，通过一系列严格的考核制度和奖惩制度，民情“三本账”倒逼各级领导干部担当作为，激发了全县干部队伍的活力，影响面从“关键少数”扩大至整个干部队伍。“群众动嘴，干部跑腿”成为各级党员干部的工作常态，形成自下而上、自上而下“由管到治”的转变，实现了“有账必建”“有求必应”和“有难必解”的群众工作目标。

三、启示思考

（一）通过民情“三本账”践行以人民为中心的思想

经济社会发展与社会治理应该符合群众的需要和愿望，“群众利益诉求”“群众意见建议”“群众投诉举报”台账中的一些问题看似小事，实际上解决的是群众最关心的难题，反映的是关乎民生改善、社会稳定的大事。我国地大物博，各地区社情民意各有不同，地方党委和政府在发展本地经济、社会经济和进行社会治理时，必须全面、深入掌握地区群众的利益问题和愿望诉求。民情“三本账”无疑为听取群众需求和愿望提供了一个有益探索，为地方党委和政府及时倾听群众声音，全面、深入了解民生状况，切实掌握群众最关心、最直接、最现实的利益问题提供了可能，也为从群众的呼声中汲取智慧和力量，明确发展方向、拓展发展思路、形成发展合力，为推动县域经济社会健康发展提供了新的方法。民情“三本账”的实施加快了石泉县《关于调整完善学前三年免费教育政策的实施意见》《关于加强医疗卫生服务体系建设的实施意见》《贫困人口医疗费用报销办法》等制度的出台。民情“三本账”中关乎县域经济发展的意见建议和监督举报投诉越来越多，群众参与县域社会经济发展和社会治理的积极性已被调动起来。

（二）通过民情“三本账”顺应基层社会治理的规律

民情“三本账”将“三本账”制度纳入“大综治”工作范畴，由县镇书记亲自抓，确保群众的合理合法诉求得到有效落实，监督投诉得到及时核查回复，急难困苦得到及时帮扶救助，合理意见建议得到及时采纳，负面不实信息得到及时澄清，做到了群众小事不出镇、大事不出县，成为新时代“枫桥经验”的石泉版本。通过不断完善直接联系和服务群众部门专职化、民情收集渠道多样化、工作流程规范化、考核奖惩科学化等多方面的制度，开辟直接联系和服务群众的新路径和长效机制，县域社会治理能力和治理水平提升较快。近几年，全县不仅信访受理量呈现直线下降趋势，还杜绝了进京访、群体访和恶性访等事项，实现了连续八年信访“三无”县目标，民情“三本账”成为助推社会和谐稳定的有效机制，开辟了社会综合治理新路径。

（三）通过民情“三本账”优化基层社会治理的体制机制

明确的责任分工、规范的办理流程、严格的考核机制和问责机制，保证了各项基层治理任务落地落实。民情“三本账”制度暂行办法、办理流程、办理考核办法、运行管理指导意见等一系列制度，为工作的开展提供了制度依据和实施规范；定期通报、定期“满意度”回访、专项督办等管理制度，确保民情“三本账”工作实施的质量和效率；“三线督办”“一票否决”等监督和考核机制，督促和倒逼各级领导干部切实履行职责，主动担当、积极作为，转变工作态度，追求治理成效。

四、专家点评

群众利益诉求和需求是社会经济发展和社会治理的内在动力。石泉县在创新推行民情“三本账”制度中，坚持以群众需要和利益诉求为基本出发点，坚持工作重心下沉，深入实际、深入基层、深入群众，依托于“群众意见建议”“群众利益诉求”“群众投诉举报”三本民情账，促进了县域发展决策的科学性，提高了群众参与县域治理的积极性。统筹民意收集渠道、明确责任、规范制度运行、强化考核监督等一系列制度机制，也倒逼领导干部积极担当，切实履行以群众利益为中心的发展理念，形成群众参与县域治理的长效机制，促进县域经济社会健康发展，提升县域治理能力和治理水平。当然，通过民情“三本账”进一步创新性回应群众诉求，彰显在回应方式、周期、效果等方面突出的亮点，仍然有待在实践中回答。

（西北政法大学政治与公共管理学院魏毅娜讲师撰写）

汉中市镇巴县：推进综治中心“三化”建设 夯实基层社会治理基础

一、背景起因

为贯彻落实党中央、陕西省、汉中市关于基层综治中心建设的安排部署，镇巴县按照“整合资源、协调联动、运转高效、便民利民”的工作原则，坚持系统治理、依法治理、综合治理、源头治理。狠抓县、镇、村三级综治中心规范化运行和网格化服务管理，形成了以综治中心为平台的网格化管理、信息化运用一体化的基层治理工作机制。综治中心规范化、信息化、网格化“三化”建设，资源整合，信息共享，责任分工，相互协作，形成实用高效的综治工作大协调、大指挥、大调度工作格局，夯实了平安建设和社会治理的基础。

二、主要做法

（一）严格标准，落实综治中心规范化建设

高度重视社会治理创新工作，按照上级部署要求，将各级综

综治中心联合调解矛盾纠纷

治中心建设列入综治（平安建设）的重点工作之一。镇巴县委政法委充分发挥牵头管总作用，始终坚持“整合资源办实事，齐抓共管办大事”的工作理念，印发了《镇巴县关于深入推进全县综治中心建设的实施方案（试行）》和《综治中心建设达标考核细则》，全力推进县、镇、村三级综治中心建设，强化组织保障。按照整合资源、保障功能的原则和“综治＋信息＋信访”的工作队伍架构，依托县信访接待中心，建立了县级综治中心，并设立有接待中心、法律服务室、调解室；在20个镇办和183个村级综治中心，全面挂牌运行，从硬件建设上给予保障。各级党委、政府高度重视综治中心建设，将综治中心建设资金、运维保障费用列入同级财政预算，并充实了综治中心专兼职工作人员，在人员经费方面给予有力支持。

（二）源头预防，推进综治中心信息化建设

不断探索和拓宽“互联网＋政务服务”，建立了镇巴县“互联网＋政务服务”、民情直通车、法院执行信息查询、检察案件信息查询、公安便民业务办理、交通违章查询等多种网上便民服务平台，实现了网格信息化的多点覆盖，为民服务的效率大大提升。加大矛盾纠纷排查化解、信息收集、分析研判的同时，充分

运用陕西省矛盾纠纷排查化解信息系统平台，利用县信息中心设施设备及“民情直通车”网络资源，投资5万余元，建设排查化解信息系统内网，横向联通县级相关部门，纵向联通镇、村综治中心，全面实现了虚拟专用网络（VPN）零负荷链接。解决了镇、村系统登录的网络“瓶颈”问题，大大提升了登录率。依托县、镇、村三级综治中心，搭建综治信息化平台三级运转工作体制。县委政法委负责日常监督考核，掌握整体情况，县中心负责镇（街道办）上报事件的分发；由镇办书记或分管副书记担任中心主任，配备至少四名工作人员，落实一名镇级信息员；以村（社区）为一个基本单位，由村（社区）支部书记担任中心主任，并根据地域情况划分网格，实现工作人员、工作责任的精准定位。党的十八大报告强调“要深化平安建设，完善立体化社会治安防控体系”，目前中央已将公共安全视频监控系统建设纳入“十三五”规划和国家安全保障能力建设规划，部署开展“雪亮工程”建设。镇巴县综治中心信息化建设，符合“雪亮工程”的要求，同样，“雪亮工程”建设也将进一步推动综治中心信息化建设的步伐。

（三）夯实基础，实施综治中心网格化建设

以乡镇、行政村（社区）、基础网格为区域范围，对安全防范、矛盾调解、公共服务实行网格化管理。按照方便管理、界限清楚、责权明确的原则，乡镇为一级网格，主要负责平安建设工作的统筹协调。行政村（社区）为二级网格，以村（居）委会所辖范围为基础，将每个行政村（社区）按照地缘型、单位型等一定标准，精细划分基础网格，推行网格化管理服务。明确网格管理员职责，统筹做好基础信息采集、脱贫攻坚、民意收集、隐患排查、矛盾纠纷调处、环境卫生治理等工作。按照属地原则，全县共划分网格 201 个，配备网格员 201 人，网格化服务管理覆盖率达 100%。实现了各级综治中心“一体化指挥、多元化联动”。县综治中心加强对网格员的管理考核，将人、地、物、事、组织等基本要素纳入网格管理要素，认真做好矛盾纠纷化解、特殊人群管控、实有人口管理等社会基础信息采集、录入和日常化管理等工作。信息准确、服务到位、协调联动，夯实了综治工作的基础。

三、启示思考

（一）在基层形成了为民服务的有力平台

对影响社会稳定的苗头性事件和不和谐因素，做到统一研判、集中部署、归口办理，实现了由“各自为战”向“协同作战”、由“专科门诊”向“专家会诊”的转变，基层社会治理工作走上了制度化、信息化、规范化轨道，由“上面千条线”落实到“下面一根针”之中。“综合治理”强调的是治理手段的综合性、复合性，在于将多个层面相互结合或者融合，从而成为一个有机的统一整体。社会治安问题的本质是社会矛盾或者社会消极因素的综

社区联合调解矛盾纠纷

合反映和表现。在不同的时期和社会背景下，社会结构转型升级、公民总体需求转变，各阶层利益结构调整、重塑和固化，不同社会阶层利益诉求多样。因此，社会治安综合治理需要各级党和政府部门协调行动，使之作为一项系统工程。

（二）把各类矛盾纠纷化解在基层

加强矛盾纠纷源头化解是综治中心的重要职能，建立健全有机衔接、协调联动、高效便捷的矛盾纠纷源头化解多元化机制，特别在预防化解医疗、环保、交通、劳资、征地拆迁等领域矛盾及各类民间纠纷等问题上，促进了各类矛盾风险发现在早、预防在先、处置在小。矛盾纠纷源头化解就是要将矛盾纠纷化解在当地，化解在基层。相比于事后的应对策略，预防化解矛盾纠纷对社会治理提出了更高的要求。预防性控制的前提是对整个社会有更高的知晓度，了解各个领域的矛盾与纠纷状况。为此，国家需要建构向整个社会延伸的神经网络，通过全方位的信息搜集与前置性干预化解，及早发现不稳定风险等问题，将纠纷化解在源头，化解在当地，化解在基层。

（三）建立了一支专业的平安建设工作队伍，实现了人员专业化和特岗化

统筹各部门在网格化管理中的职能，融多张网为一张网，变多条网格为综合网格，打通精细精准服务群众的“最后一公里”，做到了“服务零距离，管理零漏洞，工作零失误”。落实专项编制，强化队伍建设，为基层综治中心建设提供了强有力保障。《政

法工作条例》要求尽快落实基层政法委员编制及待遇，配齐配强镇级专门领导力量，确保平安建设事事有人抓、处处有人管、件件有成效。综治中心建设运行经费、网格长工作补助列入财政预算，全额保障。专职网格员的选拔任用，借鉴“枫桥经验”做法，落实专职网格员，落实网格员的待遇，真正实现专员专职。

（四）实现了政府公共部门、市场和社会组织多元主体的联动

优化网格化管理的核心在于确保公众参与，除了区县政府、街道办事处、居委会、村委会等政府管理部门的纵向权力构架之外，重视政府与其他社会主体之间的合作。社会公众、企事业单位等社会组织参与网格管理和服务，不仅可以利用大量专业参与者的创造力和专业知识，使网格具有无限的拓展性与灵活性，而且可以使政府部门与多元化治理主体之间的关系更加密切，从而提高社会资本能动性和参与性，吸引社会资源参与基层社会治理，实现公共利益的最大化，并缓解政府的财政压力。

四、专家点评

综治中心“三化”建设加强了多部门之间的联合，建立了针对矛盾纠纷的多元化解决机制。“三化”促进了基层社会治理中的资源整合和多元治理。信息化的运用，源头治理的推进，工作人员积极性的提高，加强了部门之间的资源整合和多元主体的合作。充分发挥公众和社会组织的积极作用，因地制宜地提高了治理的效能。加强信息化管理，注意鼓励人民群众参与，将人力防

控与科技防控相结合，较好实现了以人民为中心的治理目标，增进了人民群众的获得感、幸福感、安全感。

（西北大学法学院崔玲玲副教授撰写）

咸阳市三原县独李镇：创新社会治安综合治理“五项工作机制”有效化解基层矛盾纠纷

一、背景起因

平安建设工作的重点在农村，难点也在农村。当前，随着群众法律意识的普遍增强、平安建设力度的不断加大和扫黑除恶专项斗争的日益引向深入，农村社会治安形势持续向好，但也要看到因家庭矛盾、邻里纠纷、土地流转、征地拆迁、安全事故、财物失窃等引发的不稳定问题仍然存在。三原县独李镇地处三地交界区域，交通便利，人流量大，社会治安问题曾比较突出，盗窃货运物资、破坏铁路设施、街面商铺失窃、打架斗殴滋事、交通违法肇事及精神病患者肇事肇祸等案件时有发生，群众意见较大。党的十八大以来，独李镇深入学习贯彻习近平总书记关于“建设更高水平的平安中国”的重要指示精神，针对辖区社会治安突出问题，将平安建设作为民心工程来抓，严格按照“打防结合，预防为主，专群结合，依靠群众”的工作思路，认真学习借鉴“枫桥经验”，拓展思路，积极创新，多措并举，探索形成了“责任落实、宣传引导、排查调处、监控震慑、巡防联控”五项工作机制，创新社会治安综合治理，取得了良好效果。近年来，独李镇获得了省级铁路护路优秀乡镇、咸阳市平安乡镇、三原县平安建设先进乡镇等荣誉称号，在2018年咸阳市群众满意度调查中满意率达97%。

二、主要做法

（一）优化工作模式，推动责任落实

从强化责任落实入手，将平安建设作为全镇工作的重中之重。通过层层传导压力、夯实责任，社会治安工作模式实现从“单兵作战”向“多方联动”的转变。如明确党委书记为第一责任人、分管领导为主要责任人、相关站所负责同志和村党支部书记为直接责任人，实行党委、政府牵头抓总，镇综治办组织协调，信访、

独李镇平安建设工作推进会

民政、医院、学校、司法、法庭、派出所、财政所等相关驻镇站所紧密配合，村级组织共同参与的责任落实机制。

镇党委将平安建设和精神病患者管理纳入年度工作计划和目标责任考核范围，成立独李镇镇、村两级精神卫生管理小组，与经济工作同研究、同部署、同推进、同落实，实行“四个一”工作推进制度：每年初与责任站所和村党组织签订一份平安建设责任书，每月组织召开一次平安建设综合分析研判会，每半年对平安建设任务完成情况进行一次全面考核，每年年底组织辖区“两代表一委员”（党代表、人大代表、政协委员）、群众代表和企事业单位对全镇平安建设工作进行一次测评。结合平时检查、考核、测评情况，近年来共约谈工作落实不力、存在问题较多、整体排名靠后的相关站所和村主要负责人五名，并根据情节对五人进行了问责处理，倒逼平安建设工作形成合力、做细落实。

（二）宣传动员群众，凝聚思想共识

始终将宣传、发动、依靠群众作为平安建设工作第一原则，依靠群众工作实现从“思想缺位”向“凝聚共识”的转变。将发动群众、组织群众、依靠群众作为加强平安建设的有力举措；积极开展“十个没有”平安创建，坚决走好平安建设的群众路线；坚持线上推送与线下宣传相结合，镇、村两级和辖区企事业单位分别建立了平安建设微信群，确定专人负责推送平安建设相关政策、具体要求、安全知识等内容，累计发放平安建设倡议书、宣传单、知识手册25000份，以及印有标语的手提袋210只、保温杯2300个，并采取办专栏、立展板、挂横幅、贴标语等传统方式，使平安建

设内容随处可见、随时可学。

坚持集中宣讲与入户宣传相结合。将普法教育、扫黑除恶、禁毒禁赌、安全生产、防火防盗、交通安全等知识宣传有机整合，适时邀请相关部门业务骨干组成宣讲团，每年至少在全镇巡回宣讲一次，同时依托村干部、包村干部、驻村工作队，不定期到田间地头、群众家里面对面宣传，实现了平安建设家喻户晓、深入人心，充分调动群众参与平安建设的积极性。通过线上推送与线下宣传、集中宣讲与入户宣传相结合的常态化宣传引导工作机制，在潜移默化中赢得了群众对平安建设工作的认可和支持，扭转了群众以往“事不关己，高高挂起”的尴尬局面，形成了推动平安建设的强大力量。

（三）靠前排查调处，及时化解矛盾

将矛盾纠纷排查化解作为平安建设的重要内容。在镇、村分别成立了矛盾纠纷化解机构，矛盾纠纷预防化解实现从“事后处置”向“事前干预”的转变，做到了问题掌握及时、调处化解及时，有效避免事态扩大升级。在镇级层面，以综治办为工作平台，整合扫黑办、信访、司法、民政、派出所等基层维稳力量，对各村难以解决的重点、难点矛盾纠纷问题实行统一受理、集中梳理，采取问题交办会、联席会商会等形式，由责任单位归口管理、限时办理，特别复杂的矛盾纠纷问题及时提交党委会集体研究决策。在村级层面，全镇 10 个村均设立了矛盾纠纷调解室，由 1 名支委兼任专职调解员，由各村民小组长兼任信息员，同时邀请德高望重、群众信任、热心公益事业的老党员、老干部、老教师等参与调解。

对排查收集到的矛盾纠纷线索分门别类、建立台账，该上报的上报，该调解的调解，主动上门、逐个化解。对调解室难以化解的，由包村领导牵头，组织村“两委”和相关站所及时介入，坚决把矛盾纠纷消除在萌芽状态。近年来，镇、村两级共排查调处矛盾纠纷 132 件，调处成功率达 98% 以上；排查出严重精神障碍患者 10 人，正在住院患者 4 人；收集黑恶线索 3 条，其中上报 1 条，正在调查 2 条；赴县以上信访案件发生率连续两年为零。

（四）增强监控震慑，消除防控盲点

紧跟现代技术发展步伐，将技防设施建设作为平安建设工作的基础手段，推进“雪亮”工程建设；重点防控实现从“触角盲点”向“全面覆盖”的转变，发案率下降，结案率提升，增强辖区群众的安全感；在治安问题较为突出的铁路沿线、主要路口、交通要道及人员聚集场所，集中更换新的监控设备，组织相关人员和

独李镇雪亮工程信息化综合应用平台

运营商多次实地勘察，对探头安装位置进行反复比对、精心选址。目前，新装高清数字监控设备覆盖全镇10个行政村、45个自然村。

在三独路、西韩路沿线和村内街巷安装平安路灯共计1500盏，对辖区主干道和10个村实现了全覆盖，确保群众夜间出行安全。同时，成立独李镇雪亮工程信息化综合应用平台，同步制定《管理制度》和《处置预案》，安排3名工作人员24小时轮流值守。

（五）加强巡防联控，织密巡防体系

积极借鉴运用网格化管理模式，划区域、定人员、明职责、严管理，统筹基层力量，实施网格联控，加强统一调度，巡防体系实现从“局部布防”向“网格联控”的转变，有效解决了条块分割、信息不畅、责任缺失等问题，切实提高了平安建设工作的针对性、实效性；将人力防控作为平安建设的主要抓手，充分利用人防的机动性、灵活性优势，合理划分管理网格，组建两级巡逻队伍，确保了发现问题及时、应对处置迅速；综合考虑辖区地域环境、治安特点、交通状况等因素，坚持“全面覆盖，精细管理”的原则，将全镇按照行政村和重点区域划分为11个巡控网格。

根据全县综治工作要求，镇综治办带队，从镇政府机关、派出所、铁路工区等抽调20人，组建镇二级巡逻队，对镇区街道、铁路沿线及学校、医院、机关、企事业单位等重要区域和关键点位进行不定期轮流巡逻，逢集、节假日和“两会”等重大活动期间，实行全天候全员巡逻。各村“两委”牵头，以村组干部、驻村工作队、平安创建岗党员、部分热心群众等组成不少于10人的村三级巡逻队，村党支部书记或村委会主任兼任队长，采取白天与晚上相结合、

独李镇铁路护路联防队

车巡与步巡相结合、定点与入户相结合的方式在全村开展治安巡逻，及时排查处置各类安全隐患。

三、启示思考

（一）党委主导，多方联动

平安建设工作始终坚持以各级党委为主导，优化顶层设计，才能统筹各方力量，形成齐抓共管的强大合力。平安建设工程涉及的内容多、领域宽、范围广，工作方法必须科学对路，既要靠各级党委牵头抓总、统筹协调，更要靠相关单位主动作为、通力协作。党政军民学，东西南北中，党是领导一切的。抓好平安建设工作，同样要将党的领导放在首位不动摇。独李镇平安建设“五项工作机制”的建立和运行，始终坚持在镇党委的统一领导下，有效整合镇、村两级资源，夯实责任，各司其职，密切配合，联动协作，形成了多方联动的聚合效应。

（二）服务群众，重心下移

人民群众是我们党的力量源泉和胜利之本，群众路线是我们党和国家各项事业不断取得胜利的重要法宝。平安建设工作事关群众的安全感、幸福感，只有坚持走群众路线，凝聚群众共识，动员群众参与，才能达到群防群治的目的。平安建设工作要始终将群众作为坚强后盾，将重心向下移动，把群众组织起来，尽可能地将群众的事情交给群众去办，有效激发平安建设工作活力。平安建设工作是全社会的共同责任和义务，群众的支持和参与是社会和谐稳定的基础，凡事只要心里想着群众，一切为了群众，紧紧依靠群众，就会获得无穷的动力。“五项工作机制”通过设立村级矛盾纠纷调解室、成立村级治安防护巡逻队等措施，创造性地提供了群众参与平安建设的条件。

（三）问题导向，精准施策

各类矛盾纠纷是影响农村和谐稳定的主要因素，平安建设工作只有始终坚持以问题为导向，有的放矢，精准施策，才能不断增强各项工作的针对性和实效性。树立问题意识、坚持问题导向，是推动各项工作顺利开展的重要方法，也是做好平安建设工作的一项重要内容，如果发现及时、处置得当，就会得到有效化解，否则就会使小问题变成大问题、小管涌沦为大塌方。独李镇在平安建设工作中，针对以往社会治安综合治理存在的突出问题和薄弱环节进行综合研判分析，坚持治安难点在哪里，防控重点就在哪里，群众呼声在哪里，防控措施就跟进到哪里，做到了目标明确、重点突出、防范有力。

（四）因地制宜，综合施策

平安建设工作是一项复杂的综合性的系统工程，不可能靠一种办法包治百病，也不可能毕其功于一役。平安建设只有坚持因地制宜、综合施策，各种防控措施优化组合、同向发力，才能切实加强基础保障。独李镇在社会治安综合防控方面，将传统的人防、物防措施与现代技防手段有机结合，突出各自特点，实行优势互补，构建了全方位、立体化的防控网络，既做到了全域布防，又实现了重点防控。

四、专家点评

方法得当，事半功倍；方法不当，事倍功半。平安建设事关群众幸福安康，社会和谐稳定，国家长治久安，是新时期社会治安综合治理的重要内容。三原县独李镇顺应十八大以来基层社会治理的新形势，围绕党委领导、政府主导、社会协同、公众参与、法治保障的社会治理体制，立足当地法治建设的实际需求，综合评判自身地处三地交界区域的地理位置的优劣，有的放矢，因地制宜提升基层社会治理硬实力、软实力。虽然在社会协同领域仍然具有发展空间，需要调动志愿者等社会组织积极参与，通过专业组织才能有效解决专门问题。但是，“五项工作机制”践行“枫桥经验”，科学谋划、综合施策，创新了社会治安综合治理，有效化解了基层矛盾纠纷，提升了人民群众的幸福感、安全感、获得感，促进了社会秩序和谐稳定。

（西北政法大学博士生王阳撰写）

陕西省人民检察院：勇于探索公益诉讼路径 切实维护社会公共利益

一、背景起因

检察机关提起公益诉讼制度，是贯彻习近平新时代中国特色社会主义思想，坚持以人民为中心，坚持新发展理念的重要制度安排；是深化依法治国实践，推动国家治理体系和治理能力现代化的重要举措。陕西省人民检察院坚持问题导向，针对生态环境和资源保护领域公益诉讼存在的损害赔偿问题，建章立制，优化实施方案；运用检察建议，推动相关部门及时依法履职；在发送检察建议的同时，依法提起公诉，惩治违法犯罪；提起公益诉讼，敦促有关部门依法履行职务。作为最高人民检察院确定的首批公益诉讼试点单位，陕西省人民检察院的实践和探索受到了全国的关注。

二、主要做法

（一）建章立制，优化实施方案

省检察院在全国率先建立了公益诉讼一体化办案机制，成立了公益诉讼办案协调指挥中心，实行公益诉讼案件线索专人管理，对有重大影响的案件或者跨行政区划案件，上级检察院统一指挥、统一协调。为切实保护秦岭生态环境和自然资源，认真落实《陕西省秦岭生态环境保护条例》，省检察院部署开展了保护秦岭生态环境专项监督活动，保护秦岭系列案例被最高检选为典型案例向全国推广。为切实保护黄河湿地生态环境和自然资源，认真落实陕西省《关于加快推进生态文明建设的实施方案》，陕西省人民检察院出台了《关于发挥检察公益诉讼职能 推进秦岭生态环境保护的指导意见（试行）》和《关于发挥检察公益诉讼职能 推进黄河、长江流域（陕西段）生态环境治理的指导意见（试行）》（以下简称《治理指导意见》），提出要充分发挥检察院的公益诉讼职能，推进对秦岭、黄河及长江流域（陕西段）的生态环境治理。两份指导意见明确了公益诉讼保护"一水两山"的指导思想、监督范围和监督重点。

《保护指导意见》提出，要以植被保护、水资源保护、生物多样性保护等 8 类 28 种违法行为作为监督重点，尤其是在秦岭生态环境保护范围内乱搭乱建、乱砍滥伐、乱采乱挖、乱排乱放、乱捕乱猎等破坏生态环境和自然资源的行为，以及行政机关违法行使职权或者不作为致使秦岭生态环境和自然资源受到侵害的行为。《治理指导意见》提出，要以水资源保护、河道行洪安全保护等 4 类 25 种违法行为作为监督重点，重点监督公民、法人破坏黄河、长江流域（陕西段）水域生态环境和自然资源的行为，以及行政机关违法行使职权或者不作为致使黄河、长江流域（陕西段）水域生态环境和自然资源受到侵害的行为。规范性文件优化了公益诉

行政检察处被最高人民检察院记集体一等功

讼试点方案，确定了人民检察院实施法律监督的重点领域和内容。

2019 年 1 月，省检察院为拓展公益诉讼范围，与西安市军事检察院联合开展红色资源保护专项活动，目前已经对全省的红色资源进行了全面摸底；在新领域拓展方面，与省文物局已经进行了两次座谈，将尽快出台相关协作机制，开展文物保护专项活动。为了确保积极稳妥拓展公益诉讼案件范围，规范案件办理，省检察院起草了《陕西省人民检察院新领域公益诉讼案件办理程序规定（试行）》。陕西检察机关实行分领域专业化指导，成立环境、资源、食药、国有财产、英烈保护、刑事附带民事诉讼等 6 个办案组，对全省 2000 余件公益诉讼案件线索进行现场指导分析，提升公益诉讼办案效果。陕西检察机关发挥专业优势，成立省检察院公益诉讼办案协调指挥中心，加强对重大疑难或进展缓慢案件的指导和督办，实现了内部一盘棋，上下一体化。

（二）及时发送检察建议，推动相关部门依法履行职务

紧紧围绕群众普遍关心、反映强烈的环境污染问题，积极履职，收到了良好的社会效果。西安市未央区草店村西侧的郑西、大西高铁桥下长期堆积大量固体废物及生活垃圾，对周边空气、土壤等环境造成严重污染。未央区城管局、环保局在收到检察机关发出的检察建议后，立即召开专题会议，研究整改措施，并拨款50余万元，组织人员加班加点进行整改，在1个月内，累计清理垃圾300余车，长达十余年的环境污染问题得到彻底解决。

针对渭河流域非法采砂活动猖獗、屡禁不止的现象，加大监督力度，督促行政机关积极履职。李家湾砂石场在铁路桥下违法采砂，破坏河道生态资源，宝鸡市陈仓区水利局在收到检察机关发出的检察建议后，立即对该砂石场作出行政处罚，责令停止违法行为，并督促该砂石场进行整改。该砂石场动用机械8台，经过20天不间断清理，累计清运弃渣、砂石料1800余方，并对坑洼河段进行回填，彻底恢复了河道原貌，渭河生态资源得到有效保护。

针对黄河绥德段长期存在的非法采砂、乱搭乱建、违法在河道内乱堆砂料，影响行洪安全、破坏生态环境的问题，绥德县人民检察院通过检察建议推动当地县委、县政府在县域范围内开展全面整治工作，切实保护黄河生态环境。多年来，黄河绥德段“四乱”问题严重，存在非法采砂、乱搭乱建、违法在河道乱堆砂料等问题，其中非法采砂55处，非法搭建临时工棚79间，乱堆砂料、碎石等56处，严重影响黄河河道行洪安全，破坏黄河生态环境。

2017 年 4 月，绥德县人民检察院发现该案线索并立案后，立即成立专案组对黄河绥德段全线“四乱”问题展开调查。经查，黄河绥德段共有采砂户 39 户、采砂船 55 只未经许可在黄河河道内非法采砂，其中大挖轮采砂船 8 只，最大的挖轮采砂船重达 230 吨；乱堆砂料 46 处、碎石 10 处，共计 40 余万方；非法搭建碎石洗砂台 5 处、临时工棚 29 处 79 间（其中砖混结构 13 间、彩钢结构 66 间），严重破坏黄河绥德段生态环境，影响行洪安全。2017 年 5 月 24 日，绥德县人民检察院依法向绥德县水务局发出检察建议，建议其加强黄河绥德段河道采砂监管，维护国家和社会公共利益。收到检察建议后，绥德县水务局分别于 6 月 5 日和 6 月 13 日向非法采砂户下达了《河道清障决定书》和《责令停止违法行为通知书》，下发了《关于全面禁止在黄河河道内采砂的通告》。同时，绥德县人民检察院积极向县委、县政府作了专题汇报。绥德县委、县政府高度重视，组织召开了专项工作会，全面部署了黄河绥德段非法采砂专项整治工作，成立了水务局、环保局、公安局、相关乡镇政府等 17 家行政机关组成的联合执法组，累计出动工作人员 800 余人次，出动警力 350 余人次，调集起重机、挖掘机、装载机、翻斗车和板车等各类机械 150 台次，组织运砂石车 13000 车次，对黄河绥德段存在的“四乱”问题进行集中整治，共撤离采砂船 55 只，平整清运砂料约 40 万方，拆除洗砂、碎石料台 5 处，回填沙坑 5 处，清理采砂管道 368 根，拆除临时彩钢房 79 间，拆除采砂户用电电缆 970 米、电杆 8 根。通过 1 个月的集中整治，河道原貌基本恢复，黄河绥德段的生态环境初步改善。检察建议内容全部得到落实。为防止“四乱”问题反弹，绥德县政府制定了《绥德县黄河采砂管理方案》，下发了《关于汛期禁止河道采砂、采石等行为的通知》等文件，建立了长效监管机制，加强河道采砂管理，切实保障行洪安全，黄河绥德段生态环境得到有效保护。

围绕铁路安全稳定发展大局，积极推进“平安铁路”建设，确保铁路运营安全、运行畅通。韩城市某炉料公司长期超标排放石灰粉尘，导致铁路供电网开关跳闸，造成侯阎铁路线供电中断，车辆停运，严重影响了铁路行车安全和畅通。韩城市环保局在收到检察机关发出的检察建议后，及时向该公司下发行政处罚决定书，并督促该公司投资200余万元进行整改，在不到30天的时间内整改完毕，有效解除了铁路安全隐患。

把创造良好的企业外部环境作为保障铁路企业发展的重点。安康某（集团）有限公司在生产碳酸钡的过程中，长期超标排放废气、粉尘等污染物，与该公司仅一路之隔的安康车辆段深受其害，废气散发出的恶臭令人窒息，严重影响附近群众的身体健康，对

秦岭生态环境保护公益诉讼工作会

铁路企业正常的生产经营造成严重破坏。汉滨区环保局在收到检察机关发出的检察建议后，立即对该公司作出行政处罚，责令其停止违法行为，并督促进行整改。现该公司已全面停产进行整改。

（三）依法提起公诉，追究惩罚违法犯罪行为

2019 年 5 月 26 日 23 时许，周某某等 3 人将中国石油化工股份有限公司华北油气分公司延能联合作业部富平探 2 井胜利富邦 50167 钻井队交其处置的 3 车共计约 35 吨的钻井废液，倾倒至富县杨家湾处北洛河内，造成北洛河富县、洛川、黄陵、宜君段河流水体污染，生态环境受损严重。污染事件发生后，北洛河沿线各县政府采取截污、引蓄、吸附等措施进行应急处置，共计投入费用 300 余万元。2019 年 5 月 27 日，案件发生后，陕西省人民检察院检察长立即作出批示，省检察院刑事和公益诉讼部门负责人第一时间赶赴案发现场指导办案。延安市、县两级检察机关迅速成立以延安市人民检察院检察长为组长的办案小组，进行组织协调和调查核实。富县人民检察院调取了涉油企业生产经营状况、主体资格资料、钻井废液运输记录和废液污水处理记录等证据材料，询问了相关证人，并与公安机关进行了座谈。经陕西省环境科学研究院鉴定，本次污染事件直接经济损失共计 372.23 万元。

根据《生态环境损害赔偿制度改革方案》，该案生态环境损害赔偿权利人为延安市人民政府。延安市人民检察院立案后，于 7 月 23 日向延安市人民政府发出检察建议，建议启动生态环境损害赔偿程序。延安市人民政府及时采纳检察建议，指定延安市生态环境局履行职责。在延安市人民检察院的推动下，延安市生态环

境局与中国石油化工股份有限公司华北油气分公司延能联合作业部于 8 月 20 日签订了生态环境损害赔偿协议，由中国石油化工股份有限公司华北油气分公司延能联合作业部承担本次污染事件产生的应急处置、环境损害赔偿、生态环境修复等费用共计 462.73 万元。截至 9 月 17 日所有款项已全部缴纳，同时涉案犯罪嫌疑人被依法逮捕。

（四）依法提起公益诉讼，敦促有关部门履行法定职责

履行诉前程序后，对行政机关仍不履行职责或履行职责不到位的，严格依法提起行政公益诉讼，通过诉讼促使行政机关履行职责，增强公益保护力度。陕西某实业有限公司非法占用基本农田修建山庄，汉阴县国土局收到检察建议后，仍未采取有效措施履行监管职责，安康铁检院遂向法院提起行政公益诉讼。2016 年 12 月 6 日，该案开庭审理，合议庭当庭作出判决，支持了检察机关的全部诉讼请求，现该案已经生效。这是全国铁检系统首例提起诉讼的公益诉讼案件，同时也是全国铁检、全省检察机关首例当庭判决的公益诉讼案件。

检察机关办理公益诉讼案件，根本目的是促进行政机关依法行政。重视与行政机关加强沟通，使许多行政机关对公益诉讼有了全新认识，积极履职、依法行政的意识明显增强，不仅对检察建议提出的问题进行积极整改，还主动排查辖区内类似问题，一并进行整改。韩城市环保局在对检察建议提出的环境污染问题进行整改后，不仅对辖区内铁路沿线周边地区存在同样问题的 6 家企业进行整改，还在全市开展了为期 100 天的环境整治工作，初

步达到了“办理一案，受益一片”的良好效果。

旬阳县域内“一江五河”（汉江流域旬阳段及其支流旬河、坝河、吕河、蜀河、仙河）存在违法在河道乱堆砂料，违法占用河道沿岸耕地、林地乱堆砂料问题，其中在河道中乱堆砂料16处，压占河道沿岸耕地、林地乱堆砂料4处，占地约52亩，严重影响汉江河道行洪安全，破坏沿岸土地资源。旬阳县人民检察院在开展“清四乱”专项行动中发现该案线索并立案调查，经现场勘查，调取采砂批复和采砂企业的采砂合同等证据材料，查明了案件事实。2019年6月3日，旬阳县人民检察院分别向旬阳县水利局、自然资源局、林业局公告送达了检察建议，建议其依法履行监管职责，保护旬阳县域内“一江五河”生态环境。

检察建议发出后，旬阳县委、县政府高度重视，成立了由县监察委、公安局、水利局、自然资源局、林业局及各乡镇组成的整改工作领导小组。水利局投入资金500余万元、机械770台次，

“陕西省检察机关开展黄河、长江流域（陕西段）生态环境保护公益诉讼工作”新闻发布会

清理违法占用的河道约42公里，清除砂料74万立方米，清理垃圾500余吨，复平河道砂坑、砂垄350余处，恢复了河道原貌。自然资源局、林业局清除了河道沿岸耕地、林地上的砂料，恢复耕地、生态公益林20余亩。检察建议内容全部整改到位，旬阳县域“一江五河”生态环境得到有效改善。旬阳县人民检察院在办理该案中发现赵某某等7人强行倒卖河道采砂权牟取暴利涉黑涉恶线索1件，已按相关规定移送公安机关立案侦查。

三、启示思考

（一）法律监督聚焦民生领域的重点问题，体现了人民司法的核心理念

陕西检察机关主动担当作为，始终坚持高点站位、服务大局，争取支持、提升格局，突出重点、深化监督，履职尽责、加强办案，先后部署开展陕北的油煤田污染和退耕还林，关中的大气污染、非法采砂以及违法建设，陕南的秦岭生态环境和水源地保护以及“保障千家万户舌尖上的安全”等重点工作，在促进国家治理体系和治理能力现代化、维护国家和社会公共利益上取得了显著成效。

（二）坚持问题导向，重视过程监督和结果监督并重

围绕党委、政府中心工作谋篇布局，陕西检察机关针对群众关注的焦点问题开展专项监督，充分发挥检察建议的作用，追求执法效果，刚柔并举，服务大局。因地制宜，开展专项法律监督，

解决经济社会发展中的问题。陕西检察机关主动汇报公益诉讼工作，时任陕西省委书记胡和平对此作出批示；省委办公厅、省政府办公厅联合印发支持公益诉讼工作的意见，将领导干部支持公益诉讼工作情况纳入考核指标体系。陕西检察机关制定内部协作规定，加强其他业务部门向公益诉讼检察部门的线索移送；制定办案一体化工作意见，实行全省一盘棋，对公益诉讼案件统一指挥，将从根本上解决问题作为公益诉讼的目标。

（三）注重最大限度发挥诉前程序功能，推动行政机关采取主动履职举措，切实保护公益

法律监督就是人民检察院运用国家赋予的职能，监督相关机关履行法定职责。其中，诉前程序和公益诉讼相互补充，运用得当，能够取得相得益彰的效果。截至 2019 年年底，陕西检察机关通过诉前和诉讼程序，共督促相关行政机关恢复国有林地 1915 亩、复垦耕地 2542 亩（含基本农田 1413 亩）、清理被污染水域 4847 亩、处理各类生活垃圾 48272 吨、收回国有土地使用权出让金 7.7 亿元等，有效维护了国家和社会利益，检察监督成效显著。

四、专家点评

陕西省检察机关切实担负起推进检察公益诉讼工作的政治责任和法律责任，紧紧围绕中心大局，维护人民切身利益。不将公益诉讼限制在“诉讼”环节，而是重视预防、监督和实际的社会效果，特点突出。坚持以办案为中心，突出办理影响大、效果好的案件，推动解决党委和政府关注、人民群众关切的公益损害问题。全力加强全省公益诉讼工作，维护国家利益和社会公共利益，为陕西追赶超越和经济社会高质量发展作出了应有的贡献。

（西北政法大学行政法学院赵哲副教授撰写）

汉中市南郑区人民法院：通过“五化”建设打造家事纠纷诉前调解机制

一、背景起因

随着经济的发展和社会文明的进步，人们思想观念发生着潜移默化的改变，传统婚姻家庭观念面临各种挑战，离婚纠纷、抚养权纠纷及老年人赡养纠纷呈现上升趋势。与之相应，人民法院面对的婚姻家庭案件数量也大幅增加。2017 年 4 月，南郑区作为陕西省首批家事审判改革试点单位，主动转变家庭矛盾纠纷审理观念，从“重审判”转化为“重调解”。通过大胆探索创新，南郑区人民法院着力打造家事法庭“五化”诉前调解机制，通过调解团队专业化、办案环境“亲情化”、工作流程规范化、化解机制多元化、

家事调解员与家事法庭干警到当事人家中做调解工作

调解员责任制度化，结合家庭矛盾纠纷的特点，充分利用亲情感化，调解家事矛盾纠纷。截至2019年6月底，两年间累计收案935件，审结871件，其中通过审判人员、诉前调解员、家事调解员、家事调查员调解，以调解和撤诉方式结案615件，调撤率达70.6%，家事矛盾纠纷案件的调撤率、服判息诉率显著提高，改判率低，办案周期短，呈现“两高一低一短”的良好态势。

二、主要做法

（一）“五化”促进家事纠纷的诉前化解

南郑区人民法院家事审判庭诉前调解中心着力推进家事调解“五化”建设，在调解和审判过程中充分发挥主观能动性，遵循“和为贵”“家和万事兴”的传统观念，维护和促进家庭和谐，获得人民群众的广泛认可。

调解团队专业化。汉中市南郑区人民法院选派熟悉家事审判业务、综合能力强、善于做群众工作的法官担任家事法官，按照员额法官、法官助理、书记员3∶2∶3的标准，配备了3个审判团队。另外，通过司法局、妇联推荐等方式选聘专业化的家事调解员、家事调查员42名，聘任4名心理咨询师，协助家事法官进行调解、查明案件事实。运用他们娴熟的咨询、调解技能和专业法律知识，以情感人、以理服人、以法育人，促进家事矛盾纠纷的化解。南郑区人民法院家事法庭制定完善了《家事审判纠纷案件审判操作规程》等工作规范，家事审判团队精心总结经验，着力提炼家事审判特色工作方法，在进行充分研究论证的基础上，进一步完善家事调解员、家事调查员工作规程，探索健全心理疏导制度和财产申报制度，推行离婚证明书制度。注重危机婚姻和死亡婚姻的区分以及案件繁简程度的识别，做到“简案速审，繁案精审”，大幅提升家事纠纷的调处和审判效率。

办案环境亲情化。诉前调解中心对传统的办案模式进行大胆创新，将调解贯穿整个诉讼程序，建立案后回访机制。在解决家庭矛盾纠纷时，以帮助当事人理顺情绪、跨越心理障碍、联络感情、消除误解、化解矛盾、恢复亲情为导向，对调解室进行“家庭化”布置，配备沙发、茶几、绿植等，并置备家事诉讼指南、家事调解宣传短片播放设备等必要的宣传资料和宣传设施，营造良好的调解环境，为家事矛盾纠纷的成功调解打下良好基础。

工作流程规范化。“三调联动”指挥中心是实现诉调对接的重要平台。加强诉调对接平台建设，以法院系统基层各法庭为主阵地，利用“云上法庭”、掌上“微法院”等平台，全面加强法庭诉前调解中心建设。把基层法庭诉前调解中心建设成为人民调解、司法调解、行政调解暨“联调联动”的统一指挥阵地。落实调解协议司法确认制度，实现人民调解、行政调解与司法调解有效衔接和良性互动。建立排查、调查、调解、防暴、维权、服务一体化纠纷化解网络，完善多元化解纠纷联动机制。整合村委会、居委会、民政、教育、妇联等社会各界力量，形成家庭矛盾纠纷处理合力，发挥司法的引领、规范和保障作用。

化解机制多元化。2017 年 7 月，汉中市南郑区成立家事纠纷调解委员会，由区委常委、政法委书记任主任，公检法主要领导、区总工会主席任副主任，政法委、司法、民政、教体、妇联、共

家事法庭法官在圆桌审判庭开庭、调解案件

青团主要领导及公检法分管领导为成员，调解委员会办公场所设立在南郑区人民法院。家事纠纷调解委员会充分利用行政调解、人民调解、司法调解平台，进一步加强与成员单位的沟通协调，形成化解家事矛盾纠纷的社会合力，切实为当事人提供便利，提高家庭矛盾纠纷的调解率。南郑区人民法院在部分家庭矛盾纠纷调解、审判过程中，主动邀请人大、政法委、检察、公安、司法、共青团、民政、妇联等相关部门有实战经验的工作人员参与。定期召开联席会，通报家事案件审判、调解情况，充分征求各单位对家事案件处理的建议和意见。民间纠纷调处化解工作更应注重发挥社会力量，凝聚各方力量合力，攻坚重大矛盾和疑难纠纷。坚持党委、政府主导，进一步加强对矛盾纠纷多元化解体系建设的组织领导，健全协调机制，定期研究问题，认真组织落实各项措施。党政主要负责人亲自研究解决可能影响本地区社会稳定的重大矛盾纠纷问题，因地制宜完善纠纷排查化解工作机制，保障矛盾纠纷多元化解在法治轨道上健康运行。发挥主管部门的职能作用，根据各职能部门承担的职责、服务的对象、管理的范围不同，加强对相关社会矛盾和问题隐患的排查、分析和研判，积极建言献策。将各职能部门化解所涉及的矛盾纠纷工作纳入考核体系和追责范围，鼓励社会各方参与纠纷化解，坚持多元参与、共同治理，充分发挥市场、社会等多方主体作用，协同作战、互动互补、相辅相成。进一步推动行业协会、商会等社会组织成立调解组织，进一步畅通群众参与渠道，发动法律明白人、网格管理员、平安志愿者、法律志愿者、退休党员干部等热心工作的人员积极参与矛盾纠纷预防和化解工作。

调解员责任制度化。对参与调解的工作人员按调解的案件数量、办理质量给予奖励性补助，调动社会力量参与的积极性和主动性。从严规范管理，在调处家庭矛盾纠纷时，调解人员应当认真记录调处过程，事实阐述清楚、调解程序合法、运用法律适当，调解文书制作规范，统一建档管理，实行一案“七表”，即《人民调解申请书》《人民调解受理登记表》《人民调解调查记录》《人民调解记录》《调解协议书》《人民调解回访记录》和《卷宗情况说明》。明确奖励标准，通过简易调解程序口头调解成功的矛盾纠纷，每件补贴 30 元；一般调解程序达成书面协议，资料齐全、制作规范完整卷宗的普通纠纷，每件补贴 60—100 元，及时兑现奖励。对矛盾纠纷调解实行季汇总、半年一审核，兑现“以案定补”经费。

（二）家事纠纷化解综合配套施策使“五化”取得最佳效能

采取综合配套改革措施，发挥“五化”的最佳效能。引入心理疏导机制是消除纠纷隐患的“现实疗法”。在处理离婚矛盾纠纷案件时，如果涉及10岁以上的未成年人抚养事宜，在征求其意愿时，应注意方式和方法，特殊情况下还应对未成年人进行必要的心理疏导。此外，在涉及家庭暴力的家事案件中，需要对老人、妇女、儿童进行心理疏导的，应加强情感安抚和弥合，主动邀请妇联、老龄委、关工委等部门中掌握相应社会心理学知识并善于做群众工作的人员，深入细致地做思想工作；针对心理严重失衡的，聘请资深心理咨询师帮助分析案例和心理疏导，从而化解仇怨和潜在的隐患。此外，探索完善家事调查员、离婚案件冷静期、诉前财产申报、特邀调解、案后追踪回访等制度，使家事纠纷化解取得最佳效果。

心理咨询师在家事法庭为子女抚养纠纷案件中的未成年人做心理辅导

三、启示思考

（一）侧重预防化解，把大部分矛盾纠纷解决在诉前

“五化”建设探索推进家庭矛盾纠纷多元化解机制，建立“家事调解室＋专业审判庭＋社会力量参与”的综合审判模式，将关口前移，通过部门联动，形成化解家事矛盾纠纷的合力，有效地维护了社会和谐稳定，为破解信访难题、解决家庭矛盾提供了新的思路及方法。

（二）形成化解矛盾纠纷的“组合拳”，奠定了排查化解纠纷的基础保障

家庭矛盾纠纷的法律特征决定了家事审判方式区别于传统民事案件的特殊性。家事审判改革变“对抗”式诉讼为“柔性”化解，硬件以家庭装修风格为主，打造“家风、家训”文化墙，营造“亲、和、忠、孝”的文化氛围，让当事人在温馨的环境中敞开心扉、坦诚相待。实现了硬件建设特色化和审判调解队伍专业化，为家事调解、审判工作提供温馨的环境条件和专业的队伍保障。家事矛盾纠纷调解的成功，得益于调解团队的专业和努力，也得益于规范化、多元化、制度化等调解模式的转变。

（三）依法解决家事矛盾纠纷，充分发挥政法机关的职能作用

在涉及赡养、抚养、扶养等“三养”纠纷中，调解机构与法院、检察院分工合作，充分发挥检察机关依据《民事诉讼法》规定作

为公诉机关支持起诉的作用；在涉及家庭暴力纠纷案件中，法院、公安部门分工合作，充分发挥公安机关在治安、刑事案件中的调查取证作用。政法机关之间双管齐下，分工负责，合力攻坚，是“五化”的特点，也是其亮点。

四、专家点评

家庭矛盾纠纷是否能够得到妥善解决直接关乎社会的和谐稳定和国家的长治久安。家庭矛盾纠纷由于具有伦理性、主体之间亲缘性、关系隐秘性、社会性等不同于普通民事纠纷的内在属性，更适合对症下药，多元解决，实施维护和恢复当事人之间人际关系的“柔性司法机制”。南郑区人民法院家事法庭聘请专业家事调解员，通过引进心理辅导、创建特色化调解室，联合当地的妇女组织、基层社区组织、法律服务机构办理，尽量通过诉前调解方式将家庭矛盾纠纷化解在最原始的地方，彰显了以人为本、家庭矛盾纠纷解决高效便捷化等特点。“五化”很大程度上吸收了其他部门的人员及职能，不仅构成了一个多元协同解决问题的机制，而且还是一种社会关系修复的有效方式，它在很大程度上乃是以司法牵头进行的基层社会治理，有利于普法，有利于稳定。“五化”有效缩短了家庭矛盾纠纷的处理时间，提高了此类案件的办理质量，有助于从根本上维护和谐的社会秩序。

（西北政法大学博士生陈婉姝撰写）

铜川市中级人民法院：创建司法权运行“加减乘除”法 让司法责任制落地见效

一、背景起因

陕西省铜川市两级法院在司法责任制改革进程中，深入落实“让审理者裁判，由裁判者负责”的改革要求，加快推进审判权运行机制改革。采取“加减乘除”方法，“加法”有序控权，“减法”合理放权，“乘法”健全配套机制，“除法”全程排除干扰，做到“放权”不“放任”，有权必有责，用权受监督。探索建立审判统一、权责一致、监督制约一体的审判权运行新机制，有效提高了审判质效，深化了司法改革。

二、主要做法

（一）善用“加法”，推进有序控权

建立健全员额法官业绩档案制度，成为法官立功受奖、评优树先、晋职晋级、责任追究的“数据库”，用业绩“加法”激发法官办案的质效。建立大庭制审判团队，对主要业务庭进行整合，

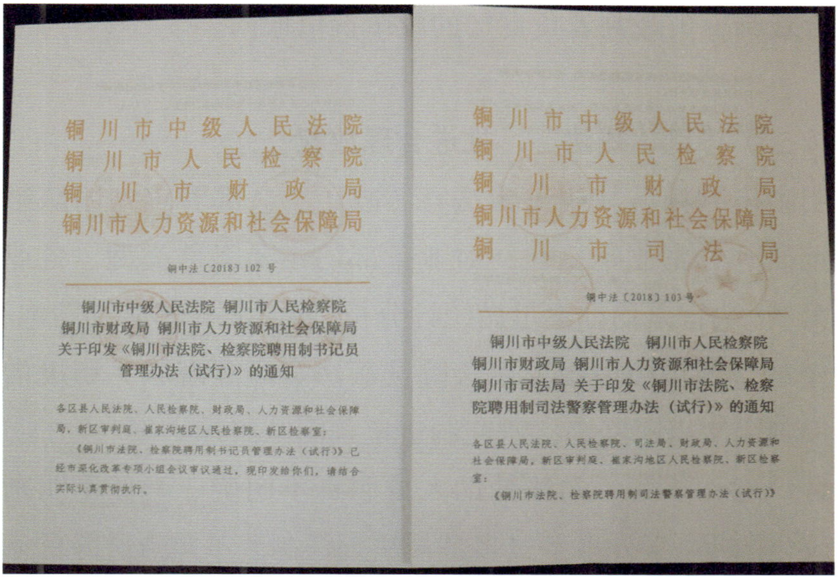

铜川市中级人民法院
铜川市人民检察院
铜川市财政局
铜川市人力资源和社会保障局

铜中法〔2018〕102号

铜川市中级人民法院 铜川市人民检察院
铜川市财政局 铜川市人力资源和社会保障局
关于印发《铜川市法院、检察院聘用制书记员管理办法（试行）》的通知

各区县人民法院、人民检察院、财政局、人力资源和社会保障局，新区审判庭、崔家沟地区人民检察院、新区检察室：

《铜川市法院、检察院聘用制书记员管理办法（试行）》已经市深化改革专项小组会议审议通过，现印发给你们，请结合实际认真贯彻执行。

铜川市中级人民法院
铜川市人民检察院
铜川市财政局
铜川市人力资源和社会保障局
铜川市司法局

铜中法〔2018〕103号

铜川市中级人民法院 铜川市人民检察院
铜川市财政局 铜川市人力资源和社会保障局
铜川市司法局 关于印发《铜川市法院、检察院聘用制司法警察管理办法（试行）》的通知

各区县人民法院、人民检察院、司法局、财政局、人力资源和社会保障局，新区审判庭、崔家沟地区人民检察院、新区检察室：

《铜川市法院、检察院聘用制司法警察管理办法（试行）》

重新调整审判团队组成人员

如将民一庭、民二庭整合为民庭，将刑一庭、刑二庭整合为刑庭，庭长负责所属庭室的审判管理监督。院、庭长对重大、疑难、复杂案件有权要求办案法官或者合议庭报告案件进展和评议结果，从而使院、庭长变过去的层级审判管理为对案件质效的宏观指导和监控。

员额法官的业绩档案与一般的人事档案不同，建立法官办案情况的“数据库”，法官个人的收案数、结案数、当庭宣判数、平均办案周期、改判发回情况等质量和效果指标全部纳入统计，而这不仅仅是反映法官工作成效的“成绩单”，更是对法官落实司法责任的“鉴定表”。司法责任制改革，改的是什么，取得了什么效果，说到底就是从制度建设方面进行改革。“加法”就是增加法官的责任、担子、工作量。办案质量的提高，体现了“让

审理者裁判，由裁判者负责”的改革价值取向。

（二）巧用“减法”，推进合理放权

明晰审判团队权责，为法官“减压”。部署审判团队组建的前期调研和方案制定工作，对业务部门主要案件类型、各业务部门办案量、法官人均办案量做统计分析，科学测算团队办案饱和度，并紧密结合铜川市中级人民法院员额法官配置现状，积极借鉴省内外审判团队组建经验，研究制定审判团队组建方案。

合议庭、法官、司法辅助人员职责不明确、责任不明晰、法官行政化严重、案外事务过多是司法责任制改革重点破除的痼疾。铜川中院在员额法官遴选结束之后，积极探索，先行先试，按照“1+1+1”模式（即由一名员额法官、一名法官助理和一名书记员组建成审判团队）完成审判团队组建工作，并于 2017 年 1 月 1 日全面运行，铜川市中级人民法院研究制定了《审判人员责任清单（试行）》。全市法院通过组建新型审判执行团队，有效盘活用足了审判资源，为法官员额制改革后审判执行工作的良性高效运行夯实了组织机制。两级法院对员额法官、审判辅助人员、合议庭的职责权限、办案责任、履职保障进行了从严从细的清单式规定，并剔除了与法官执法办案无关的案外事务，坚持去行政化，保障法官依法独立裁判。推进审委会制度改革，为法官“放权”。以前的案件审批流程很繁杂，裁判文书庭长审批完，副院长审批，很多案子还要通过审委会讨论，无形中延长了办案周期，也给当事人带来诸多不便。现在员额法官有了自主权，效率比以前提高了很多。

铜川两级法院对审委会讨论案件的范围做出了严格限定，仅限于法律明文规定的以及重大、复杂、疑难或合议庭意见有重大分歧，确实难以决定的案件。对不符合条件的案件一律不予讨论。全面放权合议庭，强化责任心，审委会在理论研究和案例指导上精准发力。

（三）妙用“乘法”，健全配套机制

在取消院、庭长审批案件制度，压缩审委会讨论案件范围的同时，建立一种为法官提供专业咨询服务的机制——专业法官会议制度，为员额法官提供智力支持，弥补现阶段法官整体职业化水平不足的缺陷，确保统一法律适用，保障裁判标准统一。专业法官会议成员不以职务、等级为必要条件，参会人员地位平等。完善专业法官会议会前准备程序和议事规则，完善配套考核机制，

铜川市中级人民法院冯迎春院长担任审判长开庭审理案件

提升专业法官会议质量。

在激励法官多办案、办好案的同时，积极落实院长办案制度，将入额的院长、副院长全部编入审判团队，分配办案指标，并随机分案。院领导参与案件审理、执行全程，带头办理疑难复杂案件，发挥表率作用，形成办案合力。院、庭长办案是全面贯彻落实司法责任制改革，优化审判资源配置，提升司法公信力的重要举措。院、庭长入额不办案，偏离了改革的方向，也难以令广大法官服气；反之，院、庭长带头办案，大家比能力、比专业、比水平，领导干部抓改革就有了底气和说服力。院、庭长入额后不仅应参加合议庭担任审判长，而且要亲自承办一定数量的案件。同时通过配备专职党务干部、廉政监察员、行政事务助手、审判辅助人员，精简会议文件，压缩管理流程等，保证院、庭长有更多时间和精力放在办案上。

（四）活用“除法”，全程排除干扰

落实“两个规定”作为深化司法责任制的“防火墙”。最高法院印发了《领导干部干预司法活动、插手具体案件处理的记录、通报和责任追究规定》和《司法机关内部人员过问案件的记录和责任追究规定》两个规定，为确保“两个规定”落地见效，铜川市中级人民法院由纪检组全程参与、跟踪督办，制定了格式化文件，由每位办案法官和合议庭成员对所办理及所参与办理的每一件案件如实填写，纪检组对未进行填写或未如实填写的进行责任倒查，严肃追究责任。建立健全保密制度，严格控制记录信息的查看和处理权限，打消法官后顾之忧，有效发挥了保护法官依法独立行

执行款集中兑付大会

使审判权的“防火墙”和“隔离带”作用，使司法掮客无机可乘、无缝可钻。

铜川市两级法院通过组建新型审判执行团队，严格落实入额院领导办案制，确保了改革前后审判执行工作的无缝对接，推进了审判资源的合理配置，激发了改革内生动力，审判质效明显提高：实现“两升两降一无”。2017 年 1—5 月，铜川全市法院受理各类案件 3833 件（不含 545 件减刑假释案件），结案率达到 50.11%，同比上升 0.47%；一审案件简易程序适用率 67.54%，同比上升 26.47%；一审判决案件发回率同比下降 8.81%；改判率同比下降 2.56%；无超审限案件，法定审限内结案率达到 100%。司法公信力明显提升，达到“四升一降”，即调撤率、一审陪审率、实际执行率、个案标的执行到位率等主要审判指标良性提升，上诉率趋于下降。全市法院一审民事案件调撤率达到 75.12%，同比上升 1.03%；一审陪审率达到 78.75%，同比上升 2.40%；实际执行率达到 40.43%，同比上升 9.87%；个案标的执行到位率达到 96.95%，同比上升 4.29%；上诉率 10.47%，同比下降 0.04%。

落实随机分案，改革完善分案规则。在建立以员额法官为核心的审判团队之后，铜川市两级法院全面推行随机分案机制，即将案件直接分至各审判团队员额法官名下。通过完善《审判人员权力清单》，迅速明确了员额法官、法官助理和书记员的各自职责权限，并通过审务督察、审判流程监控、审判业绩考核、审判质效通报等形式加强对员额法官办案情况的监管，有效杜绝了“隐形法官”和“挂名办案”现象。

三、启示思考

（一）发挥院、庭长业务专长，提高案件的审判质效

传统的层级审判管理，主要通过行政审批的方式进行，并不符合审判规律。发挥院、庭长对案件质效的宏观指导和监控作用，对于案件审理质量的提升具有积极的意义。业务强的院、庭长，通过案件审理、对审判团队的指导等方式，发挥指导和监督作用，符合司法规律要求。

（二）司法责任制改革的核心是建立谁办案、谁裁判、谁负责的工作机制，放权于法官

“加减乘除”方法，不是一放了之，而是在落实司法责任制改革过程中，推进合理放权、有序放权、稳步放权，保证案件的审判质量。铜川市中级人民法院制定《专业法官会议规则》，建

立刑事、民商事和综合类三个专业法官会议制度，为主审法官、合议庭依法正确裁判提供支持，交流审判经验，促进裁判尺度统一，体现了质量优先的改革方向。

（三）注重细节，成效显著

铜川市中级人民法院建立“随机分案为主，指定分案为辅”的新型案件分配制度，通过立案庭排号随机分配案件，有效防止当事人挑选办案法官和法官挑选案件办理等弊端；系列性、群体性或者关联性案件原则上由同一审判组织办理；承办法官一经确定，不得擅自变更，从源头堵住人情案、关系案的漏洞，同时将办案数量、质量等绩效指标与绩效奖金的发放直接挂钩，有效激发法官多办案、办好案的办案潜能和办案热情。“加减乘除”最终指向办案绩效，体现了公正、高效、权威的社会主义司法制度的根本要求。

四、专家点评

“加减乘除”方法使院、庭长回归审判一线，法官办案责任心、主动性明显增强；员额法官依法独立行使审判权的外部环境得到改善，办案质效、责任感、公信力得到提升；充分保障法官依法履职，维护法官合法权益，加大对办案一线法官的倾斜力度；建立健全防范冤假错案机制，保护法官办案积极性，让法官切实拥有职业归属感、尊荣感和幸福感。缓解案件大幅增长，法官办案压力大的实际问题，需要全面落实各类司法人员责任制，落实其待遇，保持司法队伍的稳定。铜川法院“加减乘除”司法责任制改革，牵住了司法改革的“牛鼻子”，体现了质量为本的原则，值得肯定。当然，从一定意义上说，落实司法责任制还要强调法官主体的自觉责任担当，具有司法为民的自觉性，做一个满足人民群众对美好生活需求的好法官，通过强化法官的素质、能力、使命、担当，实现更高层次的体制机制创新，让人民群众在每一起司法案件中感受到公平正义。

（西北政法大学行政法学院赵哲副教授撰写）

榆林市中级人民法院：推进“繁简分流”改革 提升审判工作质效

一、背景起因

近年来，在能源经济高速发展的同时，陕西省榆林市各类矛盾纠纷凸显。特别是随着立案登记制度改革的深化，榆林市两级法院案件受理数连年上升。榆林市两级法院在办案人员基本没有增加的情况下，全体法官、干警以高度的政治责任感和强烈的事

组织进行诉讼调解工作

业心，攻坚克难，负重前行，全省近十分之一的法官办结了全省近五分之一的案件。与此同时，办案工作中繁案办不精、简案办不快的问题仍然存在。如何破解这个难题，是摆在榆林市中级人民法院党组面前的重大课题。为了满足群众的多元化司法需求，优化司法资源配置，提升司法效率，榆林市人民法院系统依托大立案、大分流、大调解、大速裁、大执行“五位一体”的工作格局，建立了规范化、流程化、全域总动员的繁简分流工作机制。榆林市中级人民法院及辖区各基层法院均成立了专门的速裁中心，神木市人民法院被最高人民法院确定为“全国法院案件繁简分流机制改革示范法院”。

二、主要做法

（一）构建多层次“繁简分流”格局

面对“案多人少”的压力和困难，榆林市中级人民法院坚持问题导向，通过改革破解难题，通过创新提升司法服务水平。2016 年 9 月，最高人民法院出台了《关于进一步推进案件繁简分流优化司法资源配置的若干意见》。榆林市中级人民法院先后赴深圳、北京等地法院学习先进做法，找准与榆林法院实际的结合点，最终形成了具有榆林特色的多层次“繁简分流”格局。

榆林市中级人民法院坚持全市法院一盘棋，遵循司法规律，抓住三个关键环节：强调多元矛盾化解机制，成立诉调对接中心，充分运用诉前和解、诉中调解，形成“大调解”工作格局；成立专业审判团队，建立全案过滤分流，形成“大繁简”工作格局；

注重精细管理，强化科技应用，形成类别化速裁机制。三位一体的多层次“繁简分流”格局，以较小的司法成本为审判提速、为法官减负、让群众满意。

（二）打造构建多元矛盾化解机制

榆林市两级法院普遍设立了接待大厅、专兼职导诉员、多媒体查询机等，充分保障当事人有序、便捷地参与诉讼活动。在严格实行立案登记制的基础上，确立专门的程序分流员，成立专业的诉调对接中心。根据案件类型、争议大小，对所有案件进行过滤导流，导引至不同的矛盾化解通道。诉调对接中心是矛盾化解的第一站，承担着诉前调解、立案调解、诉调对接等职能切换递进作用。诉前调解以人民调解员为主、法官调解为辅，对标的不高且适宜调解的部分案件，引导当事人进行诉前调解，委派给熟悉当地风土人情的社会调解力量进行调解。立案调解是在诉前化

巡回审判点现场开展审判工作

解的基础上，以调解法官为主、人民调解为辅，对所有可以调解的民商事案件实行调解前置，用较低的司法成本解决群众的矛盾纠纷。对于调解不成但事实清楚、争议不大的直接速裁，与立案调解无缝衔接，案情复杂、争议较大的案件则进入繁案精办通道，由专门的合议庭进行审理。

榆林市榆阳区人民法院在辖区乡镇设立了 19 个巡回审判点；神木市人民法院建立了诉调对接室，司法局派四名人民调解员驻院调解；绥德县人民法院义合法庭创新了“庭、站、点、员”工作机制，实现了便民网络全覆盖；米脂县人民法院创新了新“三三制”审判模式；吴堡县人民法院聘请 62 名群众作为特邀调解员，在法院和各乡镇设立工作室。行之有效的工作方法，大量减少了进入诉讼的案件数量，有效破解了案多人少难题。

（三）推进类别化速裁良性机制

2017 年 4 月，经过层层选拔，榆林市中级人民法院以员额法官为中心，按照“审判长 + 审判员 + 书记员”“执行长 + 执行员 + 书记员 + 法警”的模式，组建了 34 个新型审判执行团队。新型审判团队注重人岗相适、人事相宜，实现均衡办案向专业办案转变，做到了“术业有专攻，繁简有专人”，设立了家事、交通事故、民间借贷、房地产、破产、知识产权等类别的专业审判团队，满足“难案精审”的办案需要。同时，在立案、审判、执行、申诉信访全流程推行繁简分流，刑事案件探索“轻刑快判”，按照刑事被告人是否认罪认罚进行繁简分流；民事案件推行“简案快办”，针对案件类型、争议内容在庭室内部进行二次分流；执行案件探索“简案快执”，在执行局内部设立简易执行组和普通执行组，根据案件分流结果，分别进入不同的执行通道，提升简案快执工作效率。依托执行查控系统，以被执行人有无可供执行财产交由不同执行团队执行。

榆林市中级人民法院要求各县（区）人民法院都要建立速裁合议庭或者速裁中心，与诉讼服务中心立案调解无缝衔接，实现由随机分案向按类分案转变，确保“简案快审”。院长雷红新专门就全市法院的速裁工作提出了“五个一”工作要求——办案突出一个“快”字，质量体现一个“高”字，方法实现一个“新”字，纪律做到一个“严”字，作风落实一个“廉”字。2017 年 4 月，榆林市中级人民法院成立了速裁中心，在全院范围内选拔了 6 名审判经验丰富、办案速度快的年轻法官，按照“员额法官 + 未入额年轻法官 + 书记员”的组合模式，组建了 3 个审判团队，实现了法官与书记员的 1:1 配备。

榆林市中级人民法院推行的速裁工作主要有三大特点：一是明确分流标准，实现精准分配。明确七种类型案件纳入简案快审通道，十一种情形不适用速裁。程序分流员以“案由 + 要素”为基础，根据立案调解的结果，进行繁简分流。速裁中心再以“三审查、三筛查”为基础进行二次审查。最后，由速裁中心负责人对案件进行精准分配，同一当事人、同一类型的案件由同一法官承办，提升庭审效率。建立二审民事案件速裁绿色通道，实现了简案快审提速。二是注重机制创新，提升工作效率。为了解决送达难问题，通过使用语音、短信、彩信、邮寄等送达方式，实现“快、稳、准”高效送达，全力破解送达难。全面落实庭前会议制度，将证据交换、案件争议焦点的提炼置于庭前会议完成。庭审过程采用要素式审判机制，根据庭前会议查明的案件事实，对争议焦点进行要素式审判。三是细化流转程序，畅通流转通道。榆林市中级人民法院建立了书记员“1234 循环工作模式”（一次登记，两次通知，三次记录，四次整理），明确法官与书记员的分工，最大限度让法官与辅助性事务分离。明确审务工作节点管理，严格把控四个审判节点：收案的同时，立即确定开庭时间，确定撰写报告时间、合议时间、出判时间，审判长对于须签发的文书必须随时办理，避免签发流程中的拖怠。类别化速裁机制的推行，做到了导入快速、流转高效、衔接顺畅，实现了快送达、快开庭、快合议、快签发、快裁判的工作目标。

（四）保障“分调裁”机制改革深入推进

建立繁简分流长效工作机制，精细管理是重点。严格对照最高人民法院新颁发的《繁简分流和调解速裁操作规程》、省法院出台的《繁简分流实施意见》，制定了榆林市中级人民法院《关于推行案件繁简分流，建立简单案件速裁审理机制的实施方案》《进一步加强先行调解工作的实施办法》《关于简单案件速裁审理的若干规定（试行）》等制度，为案件繁简分流工作的顺利开展奠定了坚实的制度基础。

榆林市中级人民法院创办了《速裁审判工作通报》，对各基层法院、中院各审执部门每个月结案情况进行通报排名，对中院全体审判人员的审判业绩按月通报排名公示，督促干警养成快速均衡结案的良好习惯。榆林市中级人民法院速裁中心创办了《速裁工作简报》，按月通报速裁案件办理类型，总结速裁经验，通过上下互通、信息共享，形成争先创优进位的良好态势。顺应“智慧法院”、人工智能发展趋势，榆林市两级法院不断推进信息化与法院工作的深度融合，实现庭审证据信息化展示，深化科技应用，实现“智慧审判”。

提升审判质效是人民法院的永恒主题。榆林市两级法院将以“分调裁”机制改革为契机，凝心聚力、改革创新、锐意进取，为榆林市经济社会更好更快发展提供有力的司法保障和优质的法律服务。

三、启示思考

（一）有效回应了当事人对案件效率的诉求

随着立案登记制改革的深化，各级法院案件受理数连年上升，人案矛盾十分明显。通过改革要活力、要效率，通过繁简分流来破解司法难题，榆林市中级人民法院结合审判工作实际，研究制定了关于推行案件繁简分流、建立简单案件速裁审理机制的实施方案等六项制度，构建多元化矛盾化解机制和大速裁审判机制，满足新时期人民群众的司法需求。通过“繁简分流”改革，对受理的案件进行精准识别筛选，将简单案件导入速裁审理快车道，有效满足了绝大多数当事人对案件处理效率的诉求。

（二）推动了“五位一体”机制，审判质效全面提速

围绕“繁简分流”改革，榆林两级法院建立了“大立案”一

站服务窗口、“大分流”案件流转机制、“大调解”矛盾纠纷调解机制、“大速裁”快速办案通道、“大执行”联动机制，全面提高审判质效。以建设新型诉讼服务中心为载体，设置了导诉服务、窗口服务、诉调对接、裁定保全、审判辅助服务、12368诉讼服务、诉讼服务值班组七个功能组，将送达、保全等辅助性、事务性、社会服务性工作全部前移，由诉讼服务中心提供除庭审外的全部诉讼和非诉讼服务。以“案由+要素”作为分流基础，配备专业法官为程序分流员，对民商事、刑事、行政、执行、执行异议进行全面分流，实现简案由速裁中心快办，繁案由专业合议庭精办。以诉调对接中心为中枢，设立先行调解组、人民调解工作室、律师调解工作室，实现了多元立体的调解大格局。积极构建内部联动、纵向联动和横向联动的大执行工作格局，畅通沟通交流和信息共享机制，强化与社会各界的协作配合，健全快速反应机制，强化执行威慑，为基本解决执行难问题奠定了坚实的基础。

（三）带动了人民法院审判管理的科学发展

榆林法院审判管理办公室根据难易程度进行分类考核，实现考核结果的透明化、公开化，作为绩效考核和评优评先的基础，形成追赶超越良好态势，实现了快送达、快开庭、快合议、快签发、快裁判的工作目标。“繁简分流”改革的受益者不仅是当事人，还有法官。“以前办案系统中待办案件常接近百件，现在我的待办案件基本都是20件左右，月收月结，结案率都能保持在90%以上。同一保险公司的案件，都安排给我审理，我可以一个上午就开八个庭，下班我也可以正常回家带孩子了。”榆林市中级人民法院速裁中心法官韩连梅说道。人均结案数的提升，最终也带动了榆林法院整体结案率的提升，呈现出“结案率上升，服判息诉率上升，审理时间下降”的效果。

四、专家点评

“繁简分流”改革真正实现了综合治理的目标。传统的人民法院案件受理流程，即将所有案件分配到业务部门的方法，相当于一家医院将所有就诊患者无论大病小病都送到住院部。这种办法在病人数量较少的情况下尚可维持，一旦病人数量增加，必然导致医疗资源极度紧张。这时候如果不去研究如何分流病人，落实小病门诊、大病住院，而去研究如何增加病床和住院医生、护士，就是舍本逐末，治标不治本。榆林两级法院推动的“繁简分流”改革，从患者（诉讼当事人）入院实行分诊制，“小病门诊、大病住院”；从诉源上入手，切实提升审判质效，标本兼治。通过降低诉讼周期、简化审判组织，使有限的司法资源发挥出更大潜能，让群众在诉讼的过程中更有获得感，减少等待的煎熬，也让法官减负，让办案速度提升、办案周期缩短，实现了司法资源的有效配置、有效利用，体现了以人民为中心的改革目标。

（榆林市子洲县人民法院院长李军、
西北政法大学法治学院马成教授撰写）

平安创建篇

PING'AN CHUANGJIAN PIAN

延安市：创新开展“十个没有”平安建设 构建基层社会治理新格局

一、背景起因

1935 年 10 月，中央红军经过两万五千里长征到达陕北。1937 年 9 月，陕甘宁边区政府成立，在党中央的直接领导下，以延安为中心的陕甘宁边区成为中国抗战大本营，为夺取抗日战争的胜利作出了巨大贡献。同期，陕甘宁边区政府在党中央的领导下，积极开展了社会治理创新，实行了一系列大刀阔斧的改革和专项治理，重拳打击了吸毒、贩毒、二流子、盗贼等侵害公共利益的少数分子，积极倡导开展体育锻炼，开办各类学校，开展新生活运动，摒弃了旧社会封建主义的各种毒瘤，社会治安显著好转，基本做到了夜不闭户、路不拾遗，成为全国进步青年和仁人志士向往的红色圣地。经过三年的综合治理，1940 年 2 月 1 日，毛主席在延安民众讨汪（精卫）大会上的讲演中颇为自豪地说：“这里（延安）一没有贪官污吏，二没有土豪劣绅，三没有赌博，四没有娼妓，五没有小老婆，六没有叫化子，七没有结党营私之徒，八没有萎靡不振之气，九没有人吃磨擦饭，十没有人发国难

社区干部给百姓讲解“说事室”

财。”1940 年 5 月，毛主席会晤陈嘉庚时重申了这“十个没有”。“十个没有”反映出陕甘宁边区政治清明、社会进步、人民安居乐业的良好风气，是党领导社会治理成效和经验的集中体现，也是延安精神在社会治理领域的生动实践。进入新时代，面对推进国家治理体系和治理能力现代化的新形势，如何继承和发扬延安时期优良传统，适应社会主要矛盾变化带来的新任务，成为创新社会治理的重大课题。延安市从延安时期“十个没有”的成功经验中汲取营养和力量，在宝塔区先行先试、取得经验的基础上，确立了“努力重现延安时期‘十个没有’良好社会风气”的目标任务，以各领域、各行业实现“十个没有”为目标，全面开展“深化平安建设，实现‘十个没有’”系列创建活动，努力把红色资源利用好、把红色传统发扬好、把红色基因传承好，推进市域治理现代化。

二、主要做法

（一）加强统筹谋划，新时代平安建设方向明确富有活力

坚持把加强党的领导贯穿“十个没有”平安建设全过程，把推进“十个没有”平安建设过程变成不断夯实党执政根基的过程，发挥各级党组织的领导作用，全面开展“深化平安建设，实现‘十个没有’”系列创建活动。围绕市域社会治理现代化目标，以延安精神铸魂、延安作风塑形，谋划“十个没有”治理思路、设定“十个没有”治理任务、规划“十个没有”治理路径，提升市域社会治理效能。突出问题导向，以痛点为起点、变难点为亮点，切实把风险防住、把漏洞堵严、把短板补齐。到 2019 年年底，全市共成立调解组织 2186 个，专兼职调解员 7424 名；整顿软弱涣散村级党组织 154 个，清理不合格、不胜任村“两委”干部 149 人。

坚持一切为了群众、一切依靠群众，从人民群众最恨、最怨、最烦的事情抓起，着力解决群众最关切的公共安全、权益保障、公平正义问题，过程让群众参与、成效让群众评判、成果让群众共享。实行目标化推进、专项化管理、责任化考核，一步一个脚印把新时代“十个没有”平安建设的美好愿景变为人民群众看得见、感受得到的现实。到 2019 年年底，组建专职视频巡逻队伍 14 支 500 余人，配备城乡社区专职巡防队 102 支，620 名民警实行“网格化”巡逻，治安志愿者、“红袖章”巡防队伍 2770 支 26926 人，安装视频监控摄像头 54266 台，实现城区、乡镇所在地视频监控无缝隙、全覆盖。

（二）坚持发动和依靠群众，新时代平安建设聚焦问题有的放矢

选取与群众生活密切相关、矛盾纠纷多发易发、治安问题相对较多的学校、医院、市场、交通、景区、酒店、网吧、社区、村组等行业领域，开展“十个没有”平安创建活动，将关系公共安全、基层治理、安居乐业的各个行业纳入创建范围，让平安创建工作通达“神经末梢”，激活基层“平安细胞”，积“小安”为“大安”。到2019年年底，累计排查矛盾纠纷17220件，调处成功16592件，调解成功率96.4%。

坚持实事求是，一地一策，各行业各领域分别制订具体的创建内容和推进措施，全方位加强创建单位群防群治工作，着力化解矛盾纠纷，着力堵塞管理漏洞，着力革除陈规陋习，让人民群

延安市司法局举办“快乐普法进单位”竞赛活动

众在新时代“十个没有”平安建设中有更多的获得感、幸福感、安全感。到 2019 年年底，各创建单位自查整改治安隐患 2549 处，监控补盲 3716 处，专项整治消防安全、食品药品安全、交通安全隐患 1942 个（处）。1784 个行政村全部成立了道德评议会、禁毒禁赌会、红白理事会、村民议事会，有效破除了农村炫富攀比、大操大办、薄养厚葬、封建迷信等陈规陋习和不良风气。

坚持与新时代文明实践中心建设相结合，与文明城市创建相结合，与扫黑除恶专项斗争相结合，因时而进、因时而新，针对每个行业的实际情况，列出“十个没有”问题清单，着力解决群众反映强烈的突出问题，赋予“十个没有”新的内涵，使平安建设契合时代新特征、体现延安新特色、满足群众新需求。到 2019 年年底，全市新时代文明实践中心共实名注册志愿者 125465 名，累计参与活动志愿者达 10 万多人。摧毁黑社会性质犯罪组织 4 个，打掉恶势力犯罪集团 38 个，查办恶势力犯罪团伙 60 个，刑拘犯罪嫌疑人 1129 人，查封、扣押、冻结涉案资产（折款）3.09 亿余元。

（三）创新推进机制，新时代平安建设一体推动力求实效

坚持刀刃向内，勇于自我革命，抓实抓细平安建设各个环节。抓承诺公示，每年年初，由牵头单位负责，就“谁来管、谁来干、怎么干”作出承诺，挂牌公示，接受群众监督。抓集中整治，针对“十个没有”涉及的治安问题、消防隐患、管理漏洞、监管盲区、矛盾纠纷等，进一步完善网格化管理制度，由创建单位与公安、消防、市场监管等部门联动发力，将整改责任落实到人到岗，定期开展“大扫除”，集中打好“歼灭战”。

延安市宝塔区杜甫川小学“十个没有”平安校园建设宣传牌

抓述职评议，每年年终将创建活动开展情况向服务对象和辖区群众进行公开述职，让群众对创建成效进行公开测评评议，听取群众的意见建议，对满意度达到 90% 以上的予以挂牌命名。注重典型培育，在各个创建领域都选取一定的示范点，重点培育，加大宣传，变一个个“盆景”为一道道靓丽的“风景”，提高群众知晓率和参与率，提升整体创建水平。到 2019 年年底，全市评选出“十星级文明户”16753 户、“好婆婆”3483 人、“好媳妇”3738 人、“中国好人”46 人、“陕西好人”89 人、“延安模范”272 人。

抓长效机制，推进自治、法治、德治的有机融合，按照动态管理、动态考核、对标授星的办法，每年都创建一批“十星级”平安创建示范单位，对于创建不达标、出现滑坡的创建单位，采取降星、摘牌、问责等措施，环环相扣形成长效机制，巩固提升创建成果，实现了社会治安满意率、平安创建知晓率、政法队伍形象满意度“三提升”和刑事案件、治安案件、信访案件“三下降”。到 2019 年年底，全市累计创建“十星级”平安家庭 5 万余户、平安网格 1735 个、平安村组（社区）1306 个、平安校园 317 个、平安交通（交通站点）59 个、平安医疗机构 196 个、平安井场 336 个、平安网吧 96 个、平安景区 49 个、平安商场市场 109 个、平安酒店 149 个、平安小区（楼院）262 个。形成了富县“两说一联”、宝塔区“平安建设一条街”、甘泉“九平式调解”、黄龙“无黑无恶县”等一批社会治理特色品牌。

三、启示思考

（一）把党组织建设贯穿基层社会治理始终

只有坚持以习近平新时代中国特色社会主义思想为指导，进一步坚定政治性、体现时代性、突出实践性，才能确保基层社会治理始终沿着正确方向前进。新时代“十个没有”平安建设坚持把党的领导落实到基层，把基层社会治理做细做实，做到发现问题在一线、攻坚克难在一线、达标树模在一线，切实增强基层治理和服务群众工作的精准性和高效性，搭建起党委主导、行业主管、部门主责、基层主抓、群众主体的社会和谐稳定新防线。

（二）把以人民为中心的思想贯穿基层社会治理始终

只有坚持人民的主体地位，始终围绕群众关注的重点领域和重点问题，始终以群众高兴不高兴、满意不满意、答应不答应为出发点和落脚点，才能调动群众参与的积极性、主动性。新时代“十个没有”平安建设坚持发动和依靠群众，围绕“小事不出户、大事不出村（社区）、矛盾不激化、问题不上交”的要求，解决群众最关切的公共安全、权益保障、公平正义等问题，把平安建设美好愿景变为人民群众看得见、摸得着、感受得到的现实，使人民群众有更多的获得感、幸福感、安全感。

（三）把问题导向、目标导向、结果导向贯穿基层社会治理始终

只有坚持问题导向、目标导向、结果导向，结合实际制定“十个没有”平安创建的具体内容和推进措施，才能有效防范各类安全风险，全面破除陈规陋习，形成健康文明的社会风尚。新时代“十个没有”平安建设坚持底线思维，通过列负面清单，突出系统治理、依法治理、源头治理，德治、法治、自治综合施策，问题在哪里，治理力量就流向哪里，推动矛盾排查化解、基层治理应急处置、综合执法联合查处等，打通基层社会治理“最后一公里”。

（四）把制度机制创新贯穿基层社会治理始终

只有发挥制度的治本作用，才能形成环环相扣、持续运行的长效机制。新时代“十个没有”平安建设坚持守正创新，紧扣社会发展的新形势、新情况，紧扣矛盾纠纷新趋势、违法犯罪新形式、经济社会组织新业态，建立“平安联创、治安联防、矛盾联调、信息联通、问题联治、违法联打”的制度体系，坚持和发展“两说一联”“九平式调解”等创新经验，提升了基层社会治理效能，让“十个没有”平安建设不断焕发出新的生机活力。

四、专家点评

历史传统的得天独厚，时代潮流的磅礴浩荡，构成了延安市推动社会治理体系与能力现代化坚实有力的历史背景和现实背景。

新时代“十个没有”平安建设的提出与实践，恰恰反映了延安市以延安精神和延安作风铸魂塑形的优良传统，也反映出新时代的延安儿女更加主动、认真、务实响应中央号召，打造共建共治共享的社会治理新格局，全力推进市域社会治理现代化的积极姿态。实践表明新时代“十个没有”平安建设，符合延安政治、经济、历史、文化和社会实际，对如何将革命文化特别是延安精神融入社会治理、如何带动西部地区和革命老区社会治理的发展、如何丰富新时代“枫桥经验”的科学内涵、如何创新和完善具有中国特色的新时代社会治理制度等积累了宝贵经验，同时，为进一步推进社会治理体系与治理能力现代化提供了“延安样本”。

（西北政法大学枫桥经验与社会治理研究院副院长王斌通讲师撰写）

宝鸡市：创建“四单一图”社区警务模式推进社区平安建设

一、背景起因

社会治理的重点在基层，平安建设的重心也在基层，做好公安工作的基础就要做实做细社区警务。建立现代化的社区警务模式机制，是加强基层基础建设，建设平安陕西的重要方面。宝鸡市公安局确立了夯实基层基础、整合警力资源和信息资源，提升“安全防控、侦查打击、服务民生”三个能力的公安工作新思路，把做强做实社区警务作为夯实基层基础工作的重中之重，创新推出了“四单一图”警务改革新模式，通过任务清单、执法清单、权力清单、奖励问责清单以及工作流程图，使社区民警专起来、社区警务实起来、职责任务包起来、管理服务规范起来，为全警服务、为实战服务、为群众服务，实现了让民警融入社区，让平安伴随百姓。“四单一图”实现了治理重心下移，加强了基层基础。

二、主要做法

（一）任务清单：让社区民警目标责任“亮”起来

明确社区民警职责任务清单，以社区警务包干责任制为核心，将职责任务清单中的6项职责、32项任务等社区警务基础业务，与“一标三实”（标准地址、实有人口、实有房屋、实有单位）基础信息采集、辖区重点人管控等重点工作逐条对接。将工作要求变为清晰可见的目标责任清单，逐项传导压力，督促民警扎根社区，主动工作，做到“进得了门、说得上话、交得上心、管得了事”。

“有事就找王百战，百战出面事好办。”这是宝鸡市高新区学子路社区群众对宝鸡市公安局高新分局马营派出所社区民警王百战为民办实事事迹的生动评价。学子路社区山水文苑小区物业经理吴平恩介绍说，小区今年搞小区停车位改革，有些群众不理解。过去有许多业主在小区道路上私自安装地锁，影响社区车辆出入，这次改革他们有意见。2019年10月14日，30多家业主情绪激动，来到物业公司吵闹。王百战立刻赶到事发现场，找群众了解情况，随后把业主们和物业管理人员召集在一起，冷静处理。他讲物权法，摆事实，讲道理，动之以情，晓之以理，一碗水端平，说得大家心服口服，当天这起矛盾纠纷就化解了。

“警务室成立以来，王百战与小区居民打成一片，工作做得扎实有效，深受群众尊重。在咱社区，只要提起警官王百战，谁人不知，哪个不晓？王警官就是咱社区百姓的‘红管家’，就是咱社区里的‘公安局长’。”社区居民王大爷说道。

宝鸡市公安局渭滨分局西宝路派出所所长张东方感慨地说：“从人口管理、治安排查到社会面管控，‘四单一图’挂上墙，让老百姓了解我们社区警务的内容，便于群众监督。同时，社区民警知道自己该干什么，怎么干，如何赢得老百姓满意。”龙山雅居社区是新建的陕西省保障房安居工程，是开放性社区，社区内共有高层住宅楼 37 栋，现住户 6120 户，约 2 万人，居住户多为流动人员，治安状况复杂。龙山雅居警务室成立后，社区民警很快走进群众，了解社情民意，建档立册，做到底子清、情况明，并制作网格化治安平安图和网格管理图，加强对社区实有人口及流动人口的管理和服务。社区民警先后化解矛盾纠纷 13 起，社区可防性案件下降 60%。“四单一图”让社区民警“胸中有目标，肩上扛责任，脚跟扎社区，心想百姓事”。

（二）执法清单：让社区民警规范履职“管”起来

社会治安抓管理，日常消防抓督查。社区民警执法清单遵循“法定职责必须为，法无授权不可为”的原则，将社区治安管理和日常消防监督检查两大类执法工作的范围、内容和要求逐一量化，使社区民警执法工作一目了然，规范操作。

在治安管理上，社区民警对辖区公共场所、特种行业、出租房屋和危险物品进行管理，并按照要求建立治安管理档案，定期或不定期开展治安检查；对流动人口做到“四当五见”（当天来宝鸡、当天发现、当天核查、当天录入，见人、见车、见物、见证、见住地），通过严格执法落实各项反恐维稳工作要求。通过依法办事，实现对社区戒毒、社区康复人员等特殊人群的网格化管控、动态化监管。在消防管理上，社区民警依法履行对辖区“九小场所”及居民委员会、村民委员会的日常消防监督检查，对检查中发现的“十类”消防安全问题，按照规定分别作出书面移交、书面报告或责令整改处理，并填写检查记录，从而使社区民警在工作中依法履职，处理问题有理有据。

强化木材检查执法工作

公安渭滨分局为夯实基层基础工作，加大人、财、物的倾斜力度，下大力气解决基层警务室点多、面广和警力不足的问题，“社区警务全覆盖、警员力量全配备、工作要求全达标”，积极开展“互联网+公安管理+公安政务服务”新模式，全方位打造平安社区，从细小处提高群众满意度。同时，在落实社区民警专职化、社区民警进社区班子的基础上，渭滨分局推广“一区一警”“一警专用”“一警多能”管理模式，要求民警按照《社区民警执法清单》量化执法，全力做好社区治安管理和日常消防监督检查，为社区百姓营造平安和谐的良好环境。

宝鸡市公安局高新分局马营派出所社区民警，真正把百姓的小事做细、实事做好、好事做实。今年 8 月份，社区民警对辖区某大厦进行信息核查时，在一房间内发现有人进行非法保健品宣传，通过讲解授课、观看视频等手段，在给50多名老年人“洗脑”。社区民警立即展开调查，发现嫌疑人信某私刻某公司公章，夸大药品功效，高价出售胶囊诈骗老年人，骗取现金20余万元。社区民警现场依法扣押现金16万元和轿车1辆，信某被警方依法刑事拘留。今年5月份以来，经过社区民警的不懈努力，辖区可防性案件同比下降60%、刑事案件发案数同比下降40%，有力维护了辖区社会治安持续稳定。

（三）权力清单：让社区民警依法用权“挺”起来

在“四单一图”中，宝鸡市公安局依据《人民警察法》《治安管理处罚法》等法律，制定《社区民警权力清单》，明确了社区民警的“七种权力”，即对违法犯罪嫌疑人的当场盘问、继续盘问权；对违反治安、消防管理的场所、物品、人员的治安、消防检查权；制止违法犯罪行为时的警械、武器使用权；因履行职责的紧急需要乘坐公共交通工具、通过交通阻碍时优先使用、通行权；对违反治安管理或其他公安行政管理法律法规行为的行政处罚权；对因民间纠纷引起的违法行为的行政调解权；对违反治安管理或其他公安行政管理法律法规的行政强制权。确保依法用权，“责权一致”。通过将对应法律依据制成手册，下发到每一名社区民警，熟记于心，宝鸡市公安局促进权力运行阳光透明，确保全市社区民警开展执法执勤活动有法可依，让社区“公安局长”的腰杆真正挺了起来。

宝鸡市公安局渭滨分局经二路派出所“仇群警务室”，是目前该市唯一一家以民警个人名字命名的警务室。55岁的社区民警仇群5年来致力于服务群众，平均每年为群众办理各项业务3000多件，调解各类矛盾纠纷70余件，他也成了小区居民的贴心人。公安渭滨分局专门为仇群警务室刻制了一枚公章，赋予了相当于派出所的权力。每天一上班，到仇群警务室办业务的群众络绎不绝；他办理各项证明，为群众查询相关资料，深受群众称赞。2019年8月16日，汉中的胡师傅来宝鸡走完亲戚，正准备乘长途客车回家时，因为身份证丢失无法购买车票。仇群得知情况后，将胡师傅带到警务室，立即对他的身份信息进行了核实，并及时为他出具了户籍核查证明。“我以为开证明要到派出所或公安局去办，要花费大半天时间跑路，没想到在仇群警务室只用了几分钟就办好了。”胡师傅道谢后，很快就买到车票返回汉中。

（四）奖励问责清单：让社区民警争先创优“能”起来

社区民警怎样才能下得去、留得住、干得好，这是长期以来困扰社区警务的一个难题。宝鸡市公安局坚持对社区民警严管厚爱，在《社区民警奖励问责清单》中，规定了3种立功受奖情形、11种问责情形及问责方式。通过奖励问责、战时表彰等方式，将基础管控工作与安保维稳、“一标三实”（标准地址、实有人口、实有房屋、实有单位）基础信息集中采集等重点工作深度结合，与“双向积分”、行业场所管理、辖区发案等工作深度挂钩。对社区民警在“双向积分”年度积分排名靠前、在工作中发现重大线索并有效防止重特大案（事）件发生、在基础信息采集中发现重要线索并有效协助破案等3种立功受奖情形，市局分别予以记功嘉奖、优先选拔任用；因社区民警未履职、不尽职、不作为或弄虚作假而产生的 11 种问责情形，则分别予以通报批评、诫勉谈话和组织处理等处分，使民警紧盯奖励问责清单，落实职责任务，让社区民警争先创优“能”起来。

宝鸡市公安局渭滨分局金陵派出所机场街社区民警李崇智高兴地说：“市局制定的《社区民警奖励问责清单》奖罚分明，一目了然，咱社区民警也能立功受奖，也能风风光光。这让我们社区民警有了责任，有了信心和决心。现在，我躺在床上老睡不着觉，净想社区警务室工作上的事，就怕工作干不好，组织上问责，百姓有意见。我给自己提出要求，就是工作专心、服务热心、办事诚心，让社区百姓出门放心、上班安心、生活舒心。”

（五）工作流程图：让社区民警紧盯目标“跑”起来

推进社区警务改革，就是要社区民警把社区警务工作做精做细，做到实处。《社区民警工作流程图》将警务室每日、每周、每月、每季度工作节点浓缩为“16 个 1”，即每天采集 1 次治安信息，收集 1 次意见建议，录入 1 次“双向积分”，组织 1 次重点巡逻；每周组织 1 次流动人口、出租房屋核查，开展 1 次安全检查，进行 1 次消防检查，排查 1 次矛盾纠纷，更新 1 次警情通报；每月管控 1 遍重点人员，考察 1 次重点人口，开展 1 次法治宣传，回访 1 次案件纠纷当事人，研究分析 1 次社区警务工作；每季度组织 1 次安全演练；每半年汇报 1 次社区警务工作。社区民警按流程图完成职责任务，真正在社区“跑”着干工作。

宝鸡市公安局金台分局东风路派出所所长雷战卫深有体会地说：“‘四单一图’破解了过去社区民警责任不清楚、执法不到位、

打造社区警务“雪亮工程”

工作盲目性的难题，使社区民警心中有了新目标，工作有了新活力，真正牵住了社区警务改革的‘牛鼻子’。”宝鸡市渭滨区龙山雅居社区女书记张新提起“四单一图”赞不绝口地说：“‘四单一图’真正适应了社区群众的需求，是促进社区平安建设的有力创举。”

三、启示思考

（一）治理体系的内在有效性解决了警力不足的问题

“四图一单”社区警务模式，着眼警务资源的内部优化与重组，理顺了公安民警参与城市社区治理的组织体系，为从严治警、依法行政搭建起了警民一体联防共治的工作机制和合作平台，有效解决了城市社区治理警务不足的问题，形成了警民一体联防，确保社区和谐稳定，推动经济社会发展的治理合力。

（二）积极践行“枫桥经验”，创新了警务精细化管理的新模式

“四图一单”本质上是宝鸡市公安局警务精细化管理的模式。宝鸡市公安局坚持“以人民为中心”，积极践行“枫桥经验”，以创建“枫桥式公安派出所”为抓手，大胆探索、创新，从破解基层治安管理难题到拓宽为民服务思路，创新出一套好机制、推选出一批好民警，探索出“沉得下、留得住、扎得深”的社区警务新路子。他们不仅把民警的办公室搬到了社区，首创“四单一图”社区警务工作模式，让社区警务工作更加规范、精细，还让社区民警参与社区治理，构建起“四级联调”多元调解格局，将矛盾纠纷分层处理。家庭矛盾、邻里纠纷，由网格警务助理开展调解；矛盾纠纷引起的简单警情，由社区民警和派出所出面调解；涉法、涉诉等复杂纠纷和信访积案，启动“联合调解”机制，由派出所协调相关政府部门、律师等介入调解，从而实现了社区矛盾纠纷“化早、化小、更化了”，夯实了基层平安建设的基石，为人民群众打造出幸福生活的“安全港”。

（三）科技支撑助力现代警务，助推城市社区治理能力现代化、服务精细化

“四单一图”社区警务工作依托“互联网＋公安政务服务平台”，推出“容缺办”“周末办”“延时办”“自助办”“上门办”等便民服务措施，拓展复杂业务省心办、普通业务随时办、群众业务满意办，实现了服务群众零距离、无盲区，真正做到了“数

据多跑腿，群众少跑路”。同时，“四级联调”多元调解格局及时、快速化解社区矛盾纠纷，促进矛盾纠纷化解途径多元化，为同一矛盾的解决提供了多种可选方案，矛盾纠纷化解率高，“案结事了”效果好。

四、专家点评

城市基层社区治理的核心工作是维护社区平安与稳定，必须将平安建设放在城市基层社会治理的首位。宝鸡市公安局在维护城市社区稳定的基层上，与时俱进，转变理念，坚持从严治警，把警力下沉到社区，创建了“四单一图”社区警务模式，有效将社区平安建设与从严治警的目标结合起来，依法治警，巧妙解决了“责任田失守”的社区平安困局。“四单一图”社区警务模式促成了治理精细化，密切了警民关系，激发了社区居民参与社会治理的活力，为城市居民提供了稳定和谐的社区安全环境。

（西北政法大学政治与公共管理学院院长侯学华教授撰写）

商洛市商州公安分局：“百名巡警进千家店铺”当好店铺平安“守门人”

一、背景起因

商州是商洛市的政治经济文化中心，也是商洛市的商业中心，同时也是治安防范的重点区域。2015 年以来，商州分局巡特警大队围绕“立体化社会治安防控网”建设，在“扎牢防控篱笆，铸造处突利剑”的同时，立足实际，勇于创新，想办法、出实招、求实效。针对商州城区人员密集、商铺林立、大街小巷店铺较多，加之有的店主防范意识不强，盗抢骗案件屡有发生的实际，巡特警大队在抓好人员密集场所、治安复杂街区、背街小巷、重点时段巡逻防控的同时，组织民警对市区所有临街店铺进行摸排统计，经过充分调研论证，率先在全市探索实施“百名巡警进千家店铺”，当好店铺平安“守门人”，净化营商环境、保护商铺安全。“百名巡警进千家店铺”创始于 2016 年。为了维护商洛市城区社会治安稳定，有效控制街面可防性案件的发生，净化营商环境，守护商户安全，让市民安居乐业，提升市民的安全感和幸福感，商州分局党委决定开展“百名巡警进千家店铺”活动。“百名巡警进千家店铺”活动经历了三个阶段的发展：第一阶段是初创期的“百名巡警进千家店铺”活动；第二阶段是快速发展期的“千名巡特警进万家店铺”活动；第三阶段是融合创新期的“十户联防”活动，目前正处于第三阶段。经过几年的探索，商州公安分局不断总结经验，进行理论提升，目前已实现创新跨越发展，网络技术辅助警务工作的能力显著增强，服务模式实现升级，“互联网+”驱动警务工作融合发展，为群众提供服务的水平显著提升。

二、主要做法

（一）“百名巡警进千家店铺”，开创警民共治社会治安模式

强化组织领导，周密部署。商州公安分局党委高度重视，安排主管巡特警工作的王维副局长指导探索创新巡防模式，强化社会面有效管控，经过反复调研论证，决定开展“百名巡警进千家店铺”治安联防活动。在筹备阶段，大队安排民警以巡区为单位集中对临街进行统一摸排，详细登记店铺地理位置、店名、法人、经营类型、联系方式等基本信息。为了确保活动有效开展，加大保障力度，分局投入100余万元经费，为巡特警大队购置了6辆四轮摩托车，添置了必要巡防装备，印制了“百名巡警进千家店铺”治安联防活动工作手册，制作了巡逻民警防范提示牌，制订了包店巡警工作规范，开展了入店工作方式方法、入店巡警文明用语、突发状况处置及各类注意事项的培训。

巡警与店主结成治安联防“对子”，强化阵地防控。商州巡特警在“百名巡警进千家店铺”治安联防活动中，创新工作方法，

每名巡警与10个店铺店主结成治安联防“对子”，包抓10家店铺的治安防范工作，督促店铺强化人防、物防、技防等措施。具体方法为：包店铺巡警每月至少进店铺2次，向店铺从业人员普及法律常识，检查店铺安全防范措施；建立微信群，适时为店铺报警、求助提供服务，每月在所包店铺微信群至少发布安全防范小知识、社会治安动态、治安防范预警信息2次；在包抓店铺悬挂“巡逻民警防范提示牌”，公布包店铺巡警照片、姓名、联系电话及巡逻民警职责，方便店铺、市民报警求助，同时也强化了社会对巡警工作的监督。通过两年多的探索实践，商州公安分局150余名巡特警队员与1600多个店铺结成治安联防“对子”，向店铺发放预警提示卡片2万余张，微信发送预警信息、防范知识180余条，督促店铺落实防控措施1.2万余条，中心城区街面可防性案件发案率下降20%。

组建治安信息互通的情报网络，筑牢动态治安防控堡垒。在开展“百名巡警进千家店铺”治安联防活动中，包店铺巡警下沉到一线，深入店铺，从一件件小事做起，提醒店主妥善保管贵重物品及现金、夜间锁好门窗、防假钞、防诈骗、防内盗、防外盗等。在店铺从业人员中发展治安积极分子、治安信息员151名，组建了治安信息互通的情报网络，与店主携手，共同担负起预防和控制各种违法犯罪活动的责任，延伸了巡特警巡防触角，筑牢动态治安防范工作的战斗堡垒。

成立便衣巡逻队，警店携手打击街面违法犯罪。在“百名巡警进千家店铺”活动中，警店携手防范，大队专门成立了便衣巡逻队，与临街店铺通力协作，广辟案件线索来源，采取便衣巡逻与机动车公开巡逻、跟踪巡逻与蹲坑守候相结合的办法，集中开展打击抢劫、抢夺、门面房撬盗、砸车盗窃以及绺窃、拎包等违法犯罪活动，两年来共抓捕各类犯罪嫌疑人126人，确保城区治安稳定，市民安居乐业。

全天候服务店铺，构建和谐警民关系。“百名巡警进千家店铺”活动既是商州巡特警治安联防的平台，又是真情服务临街店铺的窗口。包店巡警不论是巡逻执勤中，还是在家休息，只要接到店铺的报警求助，他们都会在第一时间现身，提供服务、解决问题、化解纠纷、排忧解难，用巡警的真情真心换来店主的信任和支持，赢得了市民的广泛赞誉。

（二）“千名巡特警进万家店铺”，完善警民共治社会治安模式

2018年6月，商州巡特警按照商洛市公安局的统一部署，在“百名巡警进千家店铺”治安联防活动的基础上，创建了“十个一”工作法。具体运行机制如下：每一个联系店铺内要设置“千名巡特警进万家店铺”联系卡；每名包店巡特警在巡逻期间对所包店铺至少进行一次治安巡逻；每名包店巡警队员至少物色建立一名治安信息员；每名包店巡特警在所包店铺内建立安全巡

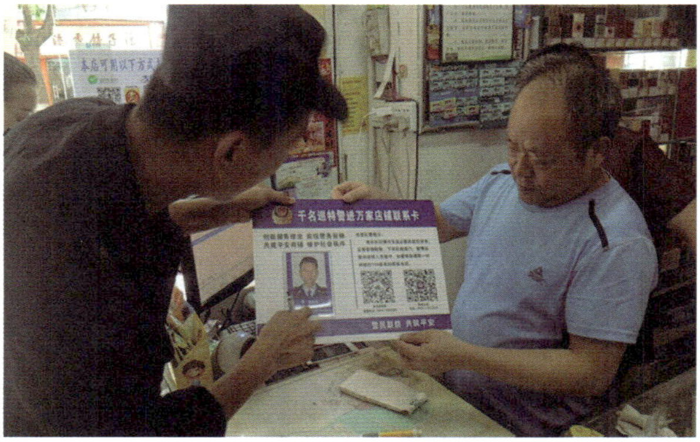

向店铺发放联系卡

走进店铺开展防范工作

视制度，每天确立一名店主安全巡视员值班；每名包店巡警队员组织所包店铺建立一个微信群；每名包店巡警队员每周至少在微信群内发布一次治安防范信息；每名包店巡警队员每周至少进行一次入户走访；每名包店巡警队员每月至少为店铺做一件好事；每名包店巡警队员每月至少进行一次安全隐患排查及安防提示；每月店铺对包店巡特警队员工作开展情况进行一次考评打分。

广大巡特警对街面店铺全面重新摸排登记，共登记店铺 3738 家，目前“千名巡特警进万家店铺”活动信息已全部录入“商洛市公安局巡特警立体化网格管理平台”，活动更加精细化、规范化。每名巡警与 20 余家店铺结“对子”，积极开展店铺治安联防工作。同时，分局投入经费 5 万元，规范制作 1000 余个“千名巡特警进万家店铺”联系卡、1000 册工作手册、50 面“三深入三共建三争创”单位牌匾。近两年来，商州巡特警已建立店铺微信群 151 个，在店铺从业人员中物建治安信息员 116 人，在店铺微信群中推送预警信息、防范信息、防范知识 380 余条；利用店铺提供的治安信息抓获违法犯罪嫌疑人 56 人，救助危困群众、走失小孩 60 余人次。治安联防活动在社会各界的大力支持下，店铺、学校、车站、金融网点及重点单位共同携起手来，共建平安，有力推动了“大防控”格局，提升了社会面治安防控能力和城市综合管理水平。

（三）“十户联防”治安防范运行模式，形成共建共治共享治理格局

“十户联防”治安防范运行模式是第三阶段融合创新期的主要做法，也是“百名巡特警进千家店铺”活动提档升级的重要举措。目前，分局以“巡特警立体化网格管理平台”应用为抓手，以网格化巡区为依托，巩固、完善、提升“千名巡特警进万家店铺”“十户联防”“公安、交警、城管联动联勤”治安联防活动，着眼主动警务，丰富街面管控网活动载体，形成长效机制，完善重点要害部位的有效管控，已经形成街面“打、防、管、控、教、服”为一体的社会面管控新模式，进一步加强了市区街面安全防范工作，强化了店铺自保和联保能力，全面提升了防范和处置能力，保障了商户安全稳定的治安环境。

“十户联防”治安防范工作坚持“一户发案，多户支援，形成合力，自卫打击”的工作理念，每名巡警包 10 家店铺，以此为基本单位，成立“十户联防”工作小组，形成“一户有警，九户联动”的治安协防机制。具体做法是：包店铺巡特警以所包 10 家店铺为基本单位，10 户店铺在包店巡特警的主持下推选一名店主（或店

走进店铺检查物防措施

走进店铺开展防疫宣传

员）为“中心户长”，建立微信群，及时发布社会治安动态、预警信息、防范常识；巡警为“十户联防”工作提供必要的法律咨询服务，开展自保、联保业务培训，包括消防器材的应用、各类防暴器材的应用，以及突发状况的处置等；参与“十户联防”的商户，如果其中某一商户遇到暴恐袭击、火灾、抢劫等突发事件和盗窃、诈骗等不法侵害时，其他商户要遵循“一户发案，多户支援，形成合力，自卫打击”的原则，及时予以支援，进行自防，为公安机关处置赢得时间；包店巡特警要在第一时间前往发案店铺介入先期处置，根据警情转交有关部门前往处置。为加强工作的规范化，不断完善工作方案，商州公安分局印制了《十户联防安全防范告知书》、“十户联防”宣传海报，反复修订了《十户联防工作责任书》，制订了《包店民警工作职责》《十户联防中心户长工作职责》《十户联防商铺工作职责》等文件。

通过一年的试点，“一联”“二书”“六机制”的“十户联防”

工作格局目前已经形成。所谓“一联”是包店巡警组织10户（就近10—20户）商铺开展治安联防；“二书”是《十户联防安全防范告知书》《十户联防工作责任书》；“六机制”是联户防范机制、定期预警机制、定期指导机制（培训指导）、信息上报机制、奖惩评比机制、紧急情况联络机制（警报器、哨子、锣、喊话器）。“十户联防”治安联防试点工作的开展，有力地震慑了违法犯罪活动的发生。过去绺窃、吸毒活动较为突出的团结路、金街一带，治安案件下降了70%，商铺安全感和市民的满意度显著提升。

2020年初，新冠肺炎疫情暴发时期成立的“共产党员疫情突击队”利用现有的工作网络，投身于疫情防控工作第一线，开展疫情防控宣传，呼吁市民减少不必要外出、做好个人防护，不聚集、不聚餐、不扎堆；协助兄弟单位进行卡口封堵，配合有关部门开展外来人员排查隔离工作，走进店铺、超市开展防疫宣传，协助开展消毒、测体温等工作。3月中旬，“十户联防”活动在市区店铺全面推广，目前已在市区2400余家店铺中建立“十户联防”治安联防小组138个，推选出“中心户长”138人，与店铺签订《十户联防工作责任书》2000余份，强化了店铺自保和联保能力，提升了店铺防范和处置突发事件（案件）的能力。

三、启示思考

（一）“百名巡警进千家店铺”体现了民生警务的重要地位

毛主席说：“为什么人的问题，是一个根本的问题，原则的问题。”商州公安分局从人民的需要和根本利益出发，旨在解决为群众以及如何为群众的问题。在推进“百名巡警进千家店铺”活动中，商州公安分局站稳人民的立场，全心全意地坚持人民警察为人民的理念，尽可能采取最便利于人民的方法，解决人民所要求解决的治安问题。巡警从细微处着力，拓展延伸触角，为解决群众关注的问题深入店铺问需求，访小苗头，知悉了民声民情；注重解决小纠纷，平息了民争民怨；侦破小案件，维护了民利民权；建立立体化防控体系，预防小隐患，保护了民生，带来了安宁；排除小问题，解决了民忧民难；办好小事情，赢得了民心和民意。“百名巡警进千家店铺”治安联防活动开展以来，巡特警大队共接到店铺报警求助5800余次，查获各类刑事、治安案件230余起，抓获各类犯罪嫌疑人180余人，解救被传销组织控制受骗人员650余人，救助因病、醉酒、走失等处于危困状态人员170余人，调解店铺矛盾纠纷340余起，为群众做好事1200余件。治安联防活动不断完善和提档升级，净化了营商环境，保护了商铺安全，促进了经济社会良性发展，树立了商州巡特警的良好形象，构建了亲民爱民的和谐警民关系。该活动多次被《西部法制报》《陕西日报》《人民公安报》《商洛日报》报道，并在陕西省公安厅网页《陕西公安改进工作简报》刊载。

（二）“百名巡警进千家店铺”着力夯实了公安工作的群众基础

在“百名巡警进千家店铺”活动中，商州公安分局把民生警务作为根本，在提升群众工作能力上抓住了关键环节，将临街店铺变成治安联防的“前沿哨所”。走群众路线无论是对于公安工作，还是对于群众自身都具有重要的作用。商州公安分局在开展活动中注重发动群众，依靠群众的力量解决社会治理问题，让店主参与到活动中，发挥他们的积极性和主动性，共同维护社会稳定，这对市民的生活生产具有积极的价值。商州公安分局坚持群众路线，与群众联系，为人民服务，保障社会秩序，维护人民的正当权益，不断创新便民利民举措，从群众的立场去思考，用群众的方法化解问题，在工作中为了群众、相信群众、发动群众和依靠群众，实现“小事不出村，大事不出镇，矛盾不上交，就地化解”的社会治理目标。做群众工作是民警最基础的基本功，巡警通过活动，接近群众、了解群众、帮助群众，从中掌握社情民意，发现矛盾纠纷及时进行调处解决，发现违法犯罪线索快速侦破，全力维护社会稳定。群众工作是立警之本，没有坚实的群众基础，公安工作就会成无水之鱼、无本之木。商州巡警扎根于群众之中，通过警民联防，打造了互惠互利的一体化治安防控网络。真正与群众打成一片，携手维护社会稳定，汇集了工作的强大力量。

（三）“百名巡警进千家店铺”体现了人民公安与时俱进不断创新的精神风貌

商州公安分局在立体化社会治安防控体系建设中，没有墨守成规、按部就班，而是创新活动模式，不断探索改进、推陈出新、循序渐进，创造性地开展工作，丰富活动载体，率先开展“百名巡警进千家店铺”治安联防活动，打造了富有特色的工作模式，推动警务工作不断创新发展。依靠创新打造了发展的新引擎，实现了警务工作质效的可持续发展，在实践中总结经验，规范执法制度，创新警务机制，严打各类犯罪，加强警务协作，建立体现人民需求的目标体系、考核办法、奖惩机制，使之成为治安联防活动的重要导向和约束，在解决群众关注的问题中走出了一条创新之路。在活动中突出“问题导向”和“需求导向”，用科技手段应对社区治理中的难题，用精细化服务改善商户经营和生活环境，发扬“绣花”精神，采取法治化、社会化、智能化、标准化的手段，服务社会发展大局，推动经济社会高质量发展，让城市变得更安全，让百姓生活变得更美好。

四、专家点评

在全面推进依法治国的大背景下，商州公安分局结合本地实际，经过多年的实践探索，形成了成熟的做法和具有可复制性的经验，即通过创新运行模式、创新工作机制，将警务工作传递到了神经末梢，送到了群众家门口。党的十九大提出要“打造共建共治共享的社会治理格局”，商州公安分局将治安联防活动置于社会综合治理的大格局进行思考，进行有益尝试，坚持以人民为中心，追求善治，积极探索如何便利人民群众，如何与人民群众联动等问题，与时俱进地调整工作模式，加强预防和化解社会矛盾机制建设，推动社会治理重心向基层下移，创新社会治理制度机制，发挥群众作用，走专群结合之路，正确处理人民内部矛盾。“百名巡警进千家店铺”促进了专群结合，通过不断创新发展，完善了基层治理体系，提高了治理能力。“百名巡警进千家店铺”治安联防活动的宗旨是增强群众对社会治安的满意度，因而，通过规范的工作程序、良好的运作效果，将极大改善营商环境，增加民生福祉。

（西北政法大学校长助理、枫桥经验与
社会治理研究院院长汪世荣撰写）

榆林市神木市西沙街道：以新时代“十个没有”为目标构建社会治理新格局

一、背景起因

1940 年 2 月 1 日，毛泽东主席在延安民众讨汪大会上的讲演中说：“这里一没有贪官污吏，二没有土豪劣绅，三没有赌博，四没有娼妓，五没有小老婆，六没有叫化子，七没有结党营私之徒，八没有萎靡不振之气，九没有人吃磨擦饭，十没有人发国难财。”这种纯洁的党风，直接推动着中国革命的胜利前进。现在提起来，仍让人赞叹不已。习近平总书记强调，中国革命历史是最好的营养剂。中国特色社会主义进入新时代，延安、榆林等革命老区党委、政府坚持传承红色基因，传承、创新红色文化资源，在社会治理中提出了新时代“十个没有”平安创建活动，效果良好。神木市西沙街道办事处的“十个没有”包括：没有社会管理空白、没有民情底数不清、没有党群服务距离、没有信访处理失范、没有扫黑除恶空档、没有矫正对象脱管、没有安全事故发生、没有平安创建盲区、没有贫困群众掉队、没有环境整治死角，构建了社会治理新格局。

二、主要做法

（一）“1451”机制推进平安创建

2018年以来，西沙街道办以新时代“十个没有”平安创建为目标，着力打造共建共治共享的社会治理格局，开展平安创建十个领域“十个没有”活动。作为“一把手工程”，成立有专门的领导小组，分工明确，形成主要领导挂帅、分管领导主抓、其他领导配合，事事有人承办、责任层层落实的工作模式。结合本辖区实际，办事处以建设“美丽西沙、城市中心”为发展定位，以“十个没有”为目标，构建了“一网揽全域，四级管到底（街道、社区、村、网格区），做实五环节（宣传动员、排查整改、承诺公示、公众评议、对账销号），抓点带面”的“1451”机制，明确创建具体目标、工作任务、工作措施，建立长效机制。

（二）新时代西沙街道的“十个没有”

1. 没有社会管理空白。将辖区划分为118个区域网格，每一网格中设置安全、环保、维稳和党群服务四个岗，配齐“三长两员”（总指挥长、指挥长、网格长，网格指导员、网格员）等专职岗位人员，明确岗位职责，实行层级负责制，形成街道、社区、村（居民小区）、村民小组（网格区）四级管理体系。网格层级人员既有包抓又有分管，将“十个没有”工作以任务清单的形式细化到每一个小网格中的每个岗位上，压力层层传导，工作措施步步跟进，使每一个人都成为创建的主体。总指挥长由办事处书记、主任担任，

西沙街道办事处

负责指挥和调度总体创建工作；指挥长由各社区书记担任，负责区域创建调研和体系运行管理；网格指导员由各村包村干部或城市社区书记担任，承接指挥长指令深入实际指导完成创建任务；网格长由各村支部书记或城市社区主任担任，负责创建问题的收集、梳理、归类和提出解决问题的初步方案；网格员由小组长或长期在村居住的有文化、愿服务的志愿者担任，负责按时摸底排查和情报上报工作。同时为网格工作人员配备了138部手机终端设备，通过政法委“综治e通”手机软件（APP）将村情民情数据、党员管理、重点上访人员、社区矫正人员、吸毒人员、邪教人员、社区、企业、学校、医院、市场、道路交通、建筑工地、机关单位、文化娱乐场所、宾馆酒店、小区楼院、金融网点、个体门店、网格和家庭等信息均纳入网格化管理，构成一张全办整体双向层级管理、相互负责的闭环机构网。网中有格，按格定岗，人在格上，事在网中，综合管理，延伸服务。

2. 没有民情底数不清。重视社情、民意的收集、整理和利用，科学设计“户情服务卡”，明确联系服务对象的“家庭基本信息”“家庭资产情况”“经济收支情况”和“享受救助情况”，内容涵盖家庭成员、住房、就业、健康、参保、是否留守、收入来源以及“当前家庭存在主要困难及诉求”等 29 个具体方面。建成并全效运行“智慧民情管理系统”，干部本人凭“一村一账号”方式登录后，将走访情况和问题解决情况以“台账”格式及时录入。形成联网且保密的“民情电子档案”，实行“干部自行维护，街道监督进度”的数据管理机制，每位干部根据联系服务群众的实际情况，实时更新“智慧民情管理系统”相关内容，客观反映收集群众的诉求。街道领导只需通过后台端口即可“点对点”查验各村户情的相关情况，通过“智慧民情管理系统”能够高效动态掌握村民和民情信息。通过对民情记录信息的分析，可以更为精准地掌握民情动态和服务需求，极大地提升了全办的综合治理效能。

3. 没有党群服务距离。为进一步密切党群关系，服务群众，着力拓宽党建沟通渠道，打通党员联系群众“最后一公里”，按照街道网格化的划分和管理要求，每个党员要包抓 5—10 户身边的困难群众。每月到困难群众家中走访一次，了解困难户存在问题，商定解决办法。建立台账，按时解决，每季最少解决一起存在的突出问题，并将结果报回支部备案，支部每半年回访一次；根据党员“三类五星”评定情况，在 20 个党支部、381 名骨干型党员中，划分了 381 个“党员责任区”，建立了“支委联系党小组，党小组管理党员，党员联系群众”的“三级服务”机制，党员对联系群众每季度至少入户走访1次。在政策宣讲、上门送学、村容村貌整治等方面引导群众，并配套建立了“党群连心卡”。

4. 没有信访处理失范。信访是党和政府联系群众的重要平台，西沙街道在信访处置过程中坚持“十包十落实维稳工作责任制”，即“党政领导包综治调研，落实综合治理的责任；派出所包攻坚，落实平安创建和严格执法的责任；司法所包政策和法律，落实公正司法和诉讼渠道畅通的责任；办事处干部包村组，落实宣传教育的责任；村组包用工（企业）单位，落实社会维稳目标管理责任；企事业单位包员工，落实安全管理和维护稳定的责任；个体工商户包雇员，落实依法履行合同的责任；房主包房客，落实外来人员日常活动管控的责任；村干部包重点对象，落实监督和排查走访的责任；平安联络员和‘红袖章’人员包巡逻，落实村情（社情）上报责任”。明确责任主体和主要责任人，按照“谁主管谁负责”的原则，实行一站式管理，使信访对象有地可找，有人可寻。

5. 没有扫黑除恶空档。按照中、省、市扫黑除恶工作会议精神，将“扫黑除恶”作为一项重大政治任务来抓。聚焦强要高价、强修乱种、强揽工程、强收费用和强行拉运等五个方面问题，积极开展线索摸排，要求组组摸线索，村村挖对象，不给黑恶势力留空档。每村至少报回有价值线索两条，并签订扫黑除恶责任书和承诺书，使责任进一步落实。对摸排没有线索或走过场的领导干部，坚决移交纪委问责。情报线索统一记录在“扫黑除恶”走访记录簿上，形成台账，按月上报，综合研判，找准证据，对账销号。畅通群众来信、来电以及短信、微信和微博等多种互联网渠道，确保群众举报、投诉畅通无阻。加大奖励力度，对群众举报属实的，根据举报线索的重要程度每条给予 500—20000 元的秘密奖励。鼓励自首，落实政策。扫黑除恶以来共上报有价值线索 10 条，破获假记者、强迫交易、寻衅滋事等案件 10 起。

西沙司法所社区矫正人员训诫大会

6. 没有矫正对象脱管。司法所根据社区矫正对象的复杂性和多样性特点，按照“重认罪，严服刑；重反省，获新生”的工作思路，建立“分类施教，分级管理，矫正为先，全程监管”的矫正机制。采取周走访了解、月见面访谈、担保人随时反馈和手机定位的办法，按照一人一档案、一人一方案、一人一队伍和一人一管控，明暗结合，切实有效。如遇有事有病请假者，严格执行请销假备案审批制度，使矫正对象全程都在监管之内，不会有再次犯罪的机会，做到不漏管、不失控；使矫正对象身心净化，重获自由。

西沙街道百日安全生产整治行动部署会

7. 没有安全事故发生。牢固树立安全发展新理念，大力弘扬生命至上、安全第一，严格实行隐患排查、整治、问责制度。牢固树立安全发展观念和底线、红线意识，严格落实街道书记负总责、主任亲自抓，分管领导具体抓，包抓领导直接抓，社会各界共同抓的格局。成立由社区包抓领导、社区主任、安全环保维稳岗干部、村干部组成的安全环保排查整治小组，实行安全环保隐患日排查、月上报制度，深入开展安全环保等各项隐患专项整治行动。各村、社区配备安全信息员、食品药品协管员、交通安全劝导员，全面发挥“三员”作用，实行安全、环保三级网格化管理，确保安全生产。

8. 没有平安创建盲区。把建设平安创建作为目标任务，建立“八抓八创”工作机制，齐抓共管，务求实效。一是抓法制宣传教育活动，创新网格化管理新格局。二是抓扶贫攻坚和民风建设评选活动，创新全民参与、全民创建的新思路。三是抓帮扶带动，创新干部驻村机制，维护社会稳定，实现平安创建新突破。四是抓“三会一课”制度，拓展平安创建渠道。五是抓专栏、便民服务阵地，创新平安建设新环境。六是抓排查和化解矛盾纠纷，创新平安建设满意度。七是抓学校平安建设专题教育，创新家校共建大氛围。八是抓巡逻岗哨，创新平安建设安全岗。

9. 没有贫困群众掉队。社会治理助力扶贫攻坚，街道深入贯彻习近平总书记关于扶贫工作的重要论述精神，严格落实中、省、市各项决策部署。坚持把脱贫攻坚作为首要政治任务来抓，充分结合贫困户致贫原因，因人、因户、因村精准帮扶，确保措施落地落实。落实了 61 户贫困户集中引种、农机具购置、种养殖奖补、圈舍建设补贴等到户产业项目。实施危房改造 14 户，认定危改对象 14 户，建档立卡家庭义务教育阶段学生全部在校上学，控辍保学率达100%。坚持执行“四重保障”制度和“一降二提三免”医疗保障倾斜政策，累计报销367人次，报销金额388.3万元，报销比例超过80%。建立了扶贫、低保、残疾有效衔接机制，实行按月动态调整，实现了“应保尽保”。为7个行政村、13个村民小组实施安全饮水工程13处，为2个行政村铺设砂砾石硬化道路5.3公里。扎实开展新民风建设评选表彰活动，2018年共评选各类模范88户，奖励资金5.55万元。

10.没有环境整治死角。以农村人居环境整治三年行动为契机，以垃圾处理、污水治理、厕所改造、村容村貌整治为重点，深入推进爱国卫生运动，持续抓好环境卫生工作，实现城乡环卫一体化运行。按照环卫工作社区属地管理，环卫所牵头抓总负责，包社区领导划片主抓负责，包村干部全面负责，村组干部点面到户负责的环卫工作“四级负责制”，实行每个月初一、十五爱国卫生运动集中整治日行动，每次集中整治时做到整治前有方案、有安排，整治日有行动、有效果，整治后有评比、有考核。坚持一手抓环境改造治理，一手抓绿化提升，村容整洁，环境优美。

三、启示思考

（一）扩大了基层治理的群众基础

通过广泛宣传动员和包抓推动，新时代“十个没有”有效提升了各部门、各界群众的参与度，完善了矛盾化解的工作机制，创新了社会矛盾纠纷化解方法和措施，社会大局稳定、人民安居乐业，公共安全感和满意度得到了大幅提升，全面促进了经济社会各项事业发展。加大了社会治安的整治力度，通过重点地区排查整治工作，极大地净化了治安环境，社会治安大局持续平稳。

（二）体现了基层社会治理的内在逻辑

“没有社会管理空白、没有民情底数不清、没有党群服务距离、没有平安创建盲区”，旨在以党建为引领，搭建社会治理的全方位无死角的网络系统；“没有扫黑除恶空档、没有矫正对象脱管”，旨在重点打击严重的犯罪行为，关注社会不安定人员，筑牢了平安西沙的社会基础；“没有安全事故发生”是保护人民生命财产安全的最重要的一道防火墙；“没有贫困群众掉队、没有环境整治死角”，从源头上消灭了基层矛盾产生的土壤，预防因为贫困、环境问题产生新的治理堵点；“没有信访处理失范”，要求面对已经存在的社会矛盾，一定要做好群众的疏解疏通工作。

（三）形成了共建共治共享社会治理格局

西沙街道党委、政府主抓，各基层单位推动的平安创建责任体系，夯实了各级责任。“十个没有”重视动员人民群众和社会力量参与社会联防、矛盾化解等群防群治工作，有效提高了群众的参与度。

四、专家点评

基层社会治理必须走中国特色的社会主义道路。中国共产党领导中国人民创造性开展基层社会治理工作，陕甘宁边区的红色文化资源值得传承借鉴。新时代“十个没有”，从独特的视角，加强基层社会治理，夯实基层基础建设，践行以人民为中心的思想，切实提升人民群众获得感、幸福感、安全感，对创新基层社会治理具有重要的意义。但是，“十个没有”仅仅是基层社会治理的目标，需要通过基层群众自治制度夯实治理的基础，通过村民委员会、居民委员会等基层群众自治组织，实现民主选举、民主决策、民主管理、民主监督。随着不断改革完善，新时代“十个没有”将与时俱进，不断焕发出新的活力。

（西北政法大学法治学院马成教授撰写）

汉中市勉县新街子派出所：弘扬创新“枫桥经验” 努力打造“枫桥式”公安派出所

一、背景起因

勉县公安局新街子派出所围绕“秩序好、发案少、社会稳定、群众满意”的总目标，深入贯彻落实习近平总书记提出的“对党忠诚、服务人民、执法公正、纪律严明”的总要求，依托“枫桥式”公安派出所创建工作，聚焦队伍建设，创新基层警务，创新纠纷化解机制，创新服务理念，全力打造“矛盾不上交、平安不出事、服务不缺位”的基层社会治理新样板，取得了“党政认可、群众满意、民警幸福”的效果。

二、主要做法

（一）坚持党建统领，聚焦队伍建设

为切实传承发扬好新时期“枫桥经验”，加深对“枫桥经验”的内涵理解，通过对标先进，邀请勉县公安局领导及业务科室负责人在新街子派出所里开展多层次、多形式的学习座谈，交流学

习体会，畅谈创建思路，不断升华创建工作的思想统一和行动自觉。

坚持用习近平新时代中国特色社会主义思想武装头脑、指导实践，切实增强“四个意识”，坚定“四个自信”，做到“两个维护”。推进党支部标准化建设，严格“三会一课”制度，扎实开展“不忘初心，牢记使命”以及“主题党日+”等教育实践活动，不断强化支部战斗堡垒。为有力推进创建工作，从思想建设、基层党组织建设、纪律作风建设、新时代群众工作、矛盾纠纷多元化调解工作、平安乡村建设、放管服改革等多方面细化分解具体工作措施，将贯彻落实全国、全省公安工作会议精神和“不忘初心，牢记使命”主题教育等工作紧密结合，以创建强基础、以创建促提升，充分发挥派出所工作对各项安保维稳工作的基础指挥力。

严格落实“从优待警”要求，聚焦“民警幸福”目标，不断完善派出所“五小工程”，建造修缮健身房、洗浴室、洗衣房等

新街子公安党支部重温入党誓词

设施，为民警宿舍统一安装空调和床、柜等物品，营造拴心留人的工作环境，增强民警认同感。推行任务、绩效、荣誉“三上墙”制度，激励民警不断奋进，增强民警自豪感；强化警营文化建设，丰富民警业余生活，增强队伍凝聚力和战斗力；建立健全群众监督机制，让“阳光下执法，监督下办事”成为常态，促进警民关系和谐，树立良好的队伍形象。通过一系列有效措施，全所上下形成了“比、学、赶、超”的工作氛围。按照精细化、标准化要求，狠抓民警日常养成和队伍规范化管理，严格落实《公安机关内务条令》等警令规章，统一各类文稿、档案、物品、标识、设施管理，切实做到内务整洁、整齐划一。加强民警学习教育，规范民警执法行为，严格落实省厅规范执法“四个必须”和市局“实施细则”，不断推进执法规范化建设迈上新台阶。

（二）创新基层警务，全力推进平安创建

以“一标三实”信息采集为契机，做实做细基础管理。健全政府、社会、家庭三位一体的关怀帮扶体系，及时掌控、关爱、帮教、疏导、矫正社区服刑、刑满释放、社区戒毒等人员，实现早日回归社会。严格落实涉枪、涉爆、涉毒、涉访、极端暴力和肇事肇祸精神病患者等重点人员管控措施，严防漏管失控，引发事端。严格行业场所管理，规范经营，清除隐患。

通过加强技防提升管控能力，依托“雪亮工程”，在辖区街面、干道路口等重要部位布建监控探头 38 个，协调新街子镇立集社区在移民安置区、广场等部位安装视频监控 12 个，整合辖区企事业单位、商业网点等内部监控探头 56 个，初步实现了辖区重点路段、

群众为派出所送来锦旗

重点区域视频监控全覆盖。

整合优化辖区人防、物防、技防力量，指导组建“红袖章”“店铺联防”“邻里守望”“护村义务队”等群防群治组织，形成“民警指导、群众参与、交叉巡逻、共护安全”的群防群治新格局。扎实推进治安管理信息系统建设，实时掌握管理对象信息和动态情况，及时发现隐患、堵塞漏洞，确保管控到位。拓宽情报信息收集渠道，及时分析研判各类敏感性、预警性情报信息，切实做到发现在早、处置在小，确保辖区社会持续平安稳定。“破小案、暖民心”，不断加大对多发性侵财犯罪等民生类案件侦破力度，切实做到“警民联动、联打联防”，最大限度为群众追赃挽损，维护群众财产生命安全和社会稳定。连续侦破“张某拒不支付劳动报酬案”“李某某系列盗窃电动车案”“王某银行卡现金被盗案”等多起民生领域案件，累计为群众挽回经济损失 63 万余元，群众向派出所赠送锦旗 12 面。

（三）创新纠纷化解机制，“矛盾不上交”

结合辖区治安实际，着力构建“党政领导、综治协调、公安指导、部门联动”的矛盾纠纷多元化解模式，力求从源头预防、化解矛盾纠纷。紧盯土地拆迁、企业生产、集资诈骗等重点领域，源头排查，强化动态管控。组织民警全面排查各类矛盾纠纷，做到风险隐患提前掌握、及时预警。同时，确立“管片区必须管纠纷，管场所必须管隐患”原则，引导民警在日常工作中发现问题，为及时化解矛盾纠纷打牢基础。以村（社区）为基本单元，围绕接处警信息、情报预警信息和上级反馈指令等，对肇事肇祸精神病患者、重点信访人等对象建立工作清单，核清人员底数。同时，对各类重点对象及时、规范列管，并落实管控责任和措施，确保风险隐患化解、稳控在本地。

围绕重点领域及部位，依托保安联勤、“红袖标”等机制，积极物建治安信息员，通过用好见义勇为、有奖举报等奖惩机制，激励社会力量深入挖掘治安信息，拓展公安机关情报触手的广度和深度。做强公安调解，协调各镇（办）设置专职调解员，与派出所共同做好拆迁、环保、劳资等重点矛盾隐患的化解稳控。落实社区民警工作职责，要求社区民警在警务室开展工作，提升矛盾纠纷的化解效率。主动协调综治、司法等部门各司其职，围绕矛盾纠纷不同种类，做实分类分层调解机制，对重大矛盾纠纷开展联查联动和集中会商；对涉众、极端矛盾纠纷，积极提请党委、政府牵头治理。积极建立老干部、老党员等乡贤参与的社会联动调解机制，发挥乡贤人缘好、威望高的特点，动员其参与到“和事佬”队伍中，全力将矛盾纠纷化解在基层、吸附在当地。

为了提升防控能力，不断优化风险评估机制，对可能引发重大风险的矛盾隐患及时报告党委、政府，配合做好风险防范应对，建言献策，为社会稳定风险评估提供决策参考。推进社区民警进入小区物业党小组，参与物业安保工作决策，对存在的消防、治安等隐患及时预警并推动化解。强化责任落实，不断优化责任奖惩机制。对化解难度大、周期长的矛盾纠纷，坚持由党委、政府统一领导，按照“谁主管谁负责”和“属地管理，分级负责”的原则，明确责任单位、责任领导和化解期限，有针对性地开展好配合、指导工作。对化解工作成效显著的单位和个人，建

派出所民警会同镇村干部化解矛盾纠纷

议由党委、政府给予表彰；对化解工作消极不力的，建议追究相关责任。结合脱贫攻坚、信息采集等工作，开展“百万警进千万家大走访”活动，组织民警进社区、企业、医院、学校等场所，通过召开座谈会、举办法治课、发放宣传品等形式，广泛宣传各项法律法规，努力提升群众的法律素养，预防、减少矛盾纠纷。

（四）创新服务理念，切实做到“服务不缺位”

在户籍大厅，新增便民设施、摆放便民小卡片、推广“互联网＋公安政务服务”网上办理，简化程序手续，方便群众办理户籍业务，力争让数据多跑路、让群众少跑腿，为辖区群众提供便捷、高效、优质的服务。辖区内中心敬老院有残疾孤寡老人500多人，2018年8月民警在入户走访工作中获悉，有9人因身体残疾，行动不便，未更换居民身份证。在核实人员身份信息后，民警携带照相机器材等设备，在敬老院为这些孤寡残疾老人办理了居民身份证。

按照“出警更迅速、处警更有力、执法更规范、服务更热情”的要求，规范民警接处警用语和行为，避免引发群众投诉等现象。严格落实警情案件分流，公正公平处置，做到事事有回音、件件有结果。建立警情回访机制，实施回访问效新模式，主

上门为群众办理身份证

动接受群众对接警态度、出警速度、处理结果等监督评议，实现接处警质量和群众满意度双提升。打造群众期望的法制“窗口”，围绕“警务围着民意转、民警围着百姓转”的要求，通过设立法制宣传栏、法制提示板，发放安全防范手册，广泛开展防火、防盗、防骗等安全防范宣传，提供法律咨询服务，征求群众意见建议，增强群众法治意识和自我防范能力。

三、启示思考

（一）党建引领保障派出所建设的成效

派出所在参与社会治理的过程中，在与其他部门的协作中，需要党委坚强领导，统筹推进。强化思想引领，健全总揽全局、协调各方的党委领导机制，使基层党组织成为防范化解矛盾的“主心骨”，对派出所有效开展矛盾纠纷化解意义重大。在党组织的领导下，派出所把服务管理触角延伸到基层治理每个细胞，才能凝聚起防范化解人民内部矛盾的强大合力。党建引领是勉县新街子派出所建设取得成效的根本保证。

（二）做好治安防控的关键环节

基层基础是治安防控工作的根本支撑。“枫桥经验”起源于基层，创新发展“枫桥经验”就是要夯实基层基础这一本源。推进基层社会治理现代化，要将重大社会矛盾问题和重大群体性聚集事件解决在基层，化解在源头。完善城乡社区治理体制，需要科学合理地配置资源，把服务群众的触角延伸到千家万户，把人民内部的矛盾化解在萌芽状态。强化公安基层基础工作，才能充分发挥派出所贴近群众的天然优势，履行定纷止争、服务群众和维护稳定等职责任务。

（三）强化综合施策依法治理

加强信息化源头管控、精准化监测预警、动态化风险评估、智能化威慑打击等方面的制度机制建设，织密全方位立体化的公共安全网。责任区民警会同镇综治、司法等部门干部，在各村社干部及社会治安辅助力量的协作配合下，深入各村社、单位、场所，深入辖区群众，认真滚动摸排，全面梳理涉及群众切身利益的经济纠纷、土地纠纷、劳资纠纷以及家庭婚姻矛盾、邻里纠纷等，以自治“消解矛盾”，运用民事民议、民事民办、民事民管的办法解决人民内部矛盾。以法治“定纷止争”，引导群众在法律框架下分清是非，在权利义务统一中判断对错。

（四）关口前移侧重预防

把好“源头关”，以抓源头预防为重点，创新矛盾化解机制。全面滚动摸排，分类研判稳控，确保辖区无民转刑案件。全面摸排对社会不满，长期上访特别是扬言要报复社会的思想极端人员，为及时有效做好化解、稳控工作奠定基础。对摸排出的各类矛盾纠纷进行全面风险评估和研判，并按照“可化解、可稳控、已激化”分类，对于派出所能够调处化解的矛盾纠纷，积极做好调处化解工作，做到发现在早、化解在小。

（五）齐心合力群防群治

坚持为了群众、依靠群众、发动群众。坚持“以人民为中心”的理念，着力提升群众的安全感和满意度。切实解决基层派出所唱独角戏、跳独脚舞，基层派出所村里无腿、基层无耳等难题，发挥基层组织、社会组织的作用，民事民议、民事民管，发挥基层群众的作用。调动一切积极性，齐心合力，群防群治。

四、专家点评

勉县新街子派出所传承创新“枫桥经验”，依靠人民群众，群防群治，将矛盾纠纷化解在当地，化解在基层，取得了积极的成效；预防在先，推进重心下移、服务下沉、资源下投，充分意识到防患于未然的重要性，将着力点放在前端控制和前期处置环节；坚持共建共治，加强与其他部门之间的沟通协作，建立了常态化协调机制，民间力量、群众自治组织与有关部门协同化解矛盾纠纷的规范化、制度化程度得到增强。制订了激励、考核、监督等标准化的制度，有效调动各方参与基层治理的积极性和主动性。

（西北政法大学博士生高娟撰写）

汉中市洋县洋州街道办：推进综治中心“9+X”建设 用好“小平台”实现“大平安”

一、背景起因

汉中洋县洋州街道办认真贯彻习近平总书记治国理政思想，落实中、省、市党的社会治理政策精神，纵向挖掘政府部门内部潜力，以人民为中心，为群众办实事；横向借鉴兄弟单位成功经验，提高社会治理质量和效率。纵横交错创新基层社会综合治理

洋州街道办事处综治中心

体系，加强综治工作规范化建设，结合提升新时代社会治理能力现代化建设，拓宽社会治理的理念、方法和措施，创立了“9+X”综治中心（站）建设模式（定人、定岗、定责，配备常驻人员9人，一定数量的临时岗位及治安巡防队员），探求基层社会矛盾纠纷多元化解机制，构建信息技术条件下社会治安综合治理工作平台，提升社会治理能力水平，创新建设推进社会治安防控体系，推动形成共建、共治、共享的社会治理格局。“9+X”综治中心建设模式，通过“小平台”实现了“大平安”。

二、主要做法

（一）党建引领完善组织，健全创新组织机制

落实党对基层治理的领导，整合多个部门力量，充分发挥综治中心在维护社会和谐稳定中的作用，夯实基层工作，整合综治、维稳、民政、工商、社保、信访、司法等政府部门力量，调整治保、调解、治安巡逻、“三官一律”、社区公益性岗位人员等力量布局，实行综治工作定格、定人、定责、定流程，以健全的组织保证任务的落实。按照“一厅三室”模式设置，村（社区）综治中心与村（社区）“便民服务站”合署办公，加挂综治工作牌子，开通“综治工作综合服务”窗口（中心前台），并设立“三室一窗口”，在街道办“便民服务中心”加挂综治中心标识牌，在信访办设立“信访接待室”、在司法所设立“矛盾纠纷调处室”、在综治办设立网格服务管理信息室，开通两个“综治工作综合服务”窗口，履行综治工作综合服务管理、群众接待工作，即在矛盾纠纷调处室、

视频监控室、网格工作站、综治信息化平台、心理咨询室、公共服务窗口等地方，明确岗位职责，公示工作流程，出示身份证件，实行常态化服务。

街道党委副书记兼任中心主任，另配一名股级干部任专职副主任，负责综治中心日常事务。在综治中心原有人员基础上，对现有镇（办）人员进行内部调配，按照“定人、定岗、定责”的要求，确保综治中心常驻人员达9人以上（综治、维稳、民政、工商、社保各1人，信访、司法各2人），并根据工作需要设立公安、法庭临时岗位，同时建立隶属于综治中心的10人以上的治安巡防队。

明确综治中心的工作重心，全面加强乡镇在维护基层社会稳定中的作用。将为居民群众提供法律咨询、化解纠纷、报警救助、治安防范作为综治中心的重点工作。“9+X”模式的目标是通过强化联系和服务群众的途径，加强党对基层社会治理的领导。

（二）探索完善制度体系，落实职能责任发挥

推行服务管理网格化，织密综治工作网。将整个街道办管辖区域划分成206个网格，辖区内所有主次干道、背街小巷、公共场所、居民小区等全部纳入网格。每个网格配备2名工作人员，全权负责网格内各项问题的巡查发现、处理上报。社区、街道二级综治中心分别对上报情况进行分拣、汇总梳理，对在街道办管理权限范围内的，安排相关科室联系社区人员迅速处理，并向社区问题受理中心反馈结果。

推行治安防范规范化，提高群众安全感。主要街道治安巡防由办事处巡防队和公安巡警大队负责，背街小巷由各村（社区）

整合多个相关部门力量，集中接待群众

治安巡防队负责，实行机动巡逻、步行巡逻相结合。楼院内部巡逻按照物业或单位管理的不同特点，因地制宜，实行楼栋长、党员、志愿者夜间巡逻，形成大街有巡逻、社区有保安、楼群有守望的群防群治网络。各村（社区）和公安机关安装监控探头 380 个，辖区单位安装监控探头 3800 余个，实现了辖区所有主次干道、内保单位、物业小区、居民楼院、学校、幼儿园等重点场所监控全覆盖。

推行公民道德银行，推动“三治”融合。结合《公民道德建设实施纲要》和“平安家庭”有关规定，深入推进公民道德银行积分管理，借用银行的存取模式规范居民的奉献与回报行为，动员公民积累道德财富。建立包含“遵纪守法、孝亲敬老、治安防范”等 8 大类 13 项内容的“公民道德档案卡”，一户一卡，依据家庭户平时道德表现，实行量化积分管理。对达到规定分值的，年终予以物质和精神奖励，并实行“五优先”，即在入党、参军、评优树模、划拨宅基地、安排公益性岗位等方面予以优先；对未达到规定分值的予以处罚，从而提高了村级自治“化解矛盾”、法治“定纷止争”、德治“春风化雨”的作用。

推行矛盾纠纷排查化解“五制”，有效化解社会矛盾。从健全过硬调解队伍入手，把群众威信高、办事公道正派、善于做群众工作、有一定法律政策知识的“能人”选入镇村治调组织，在全镇推行矛盾纠纷排查化解“五制”，即“推行村组干部例会制，做实矛盾收集关；建立矛盾纠纷预判制，把好矛盾预防关；坚持多方联动联调制，难点问题齐动手；创新公开评议调处制，邻里纠纷群众调；落实领导包案责任制，信访积案专人办”。定期召开矛盾纠纷排查例会，对全村矛盾纠纷、民生问题进行“会诊”，热点难点问题及时上报镇信访办，形成镇、村、组三级排查化解矛盾纠纷的格局。特别是针对邻里矛盾处置不当极易发酵升级等问题，建立由镇、村、组干部，群众代表，“两代表一委员”（党代表，人大代表，政协委员），民间“能人”，法律顾问组成的矛盾纠纷调处“专家库”，根据不同类型的纠纷选取“土专家”。通过当事人说事、干部说法、“土专家”说理、邻里评议等形式，运用“德＋法＋情”等措施，现场评议调处相关矛盾纠纷，最终使双方心平气和，化干戈为玉帛。

（三）完善工作程序流程，科学布局压实担当

落实首问负责制。中心大厅或窗口，统一受理群众对社会治安综合治理各类事项的来电、来信、来访。服务大厅和窗口实行首问负责制，首问责任人对群众咨询或诉求不能解决的应第一时

镇综治中心召开司法工作综治例会

间登记备案，并告知办理单位及办结时限。

规范工作流程。对群众的来电、来信、来访事项，由综治工作综合服务窗口（中心前台）统一进行分类，一般事项即时答复；复杂事项转入接待大厅其他窗口或交由信访接待室、矛盾纠纷调解室等相关责任单位解决；重大情况报综治中心负责人，由综治工作负责人协调相关单位或提请上级部门启动联动机制解决。对于各类分流事项，综治中心做好问题事项办理督查，以问题解决或来访人员答复为流程终结。

坚持议事会议制度。综治中心每周召开 1 次例会，综治中心主要单位负责人参加；每月召开 1 次联席会，综治中心全体组成单位负责人参加；适时召开协调会，相关单位负责人参加。

加强督导考核。为调动各成员单位的积极性，将综治中心建设纳入综治工作考评体系。严格责任追究，使公、检、法、司、民政、人社、信访、国土等综治成员单位更好地发挥合力作用。在综治工作中，真正做到矛盾纠纷联调，社会治安联防，重点工作联动，治安突出问题联治，服务管理联抓，基层平安联创。

（四）传统与现代治理相结合，发挥制度机制的效能

综治中心人员行政隶属关系不变。“9+X”综治中心建设模式

具有一定灵活性，且不增加人员编制，不增加财政负担。综治中心的工作人员从9个常驻单位抽调，行政隶属关系不变，这样便于人员快速到位。9名常驻人员和一定数量的临时岗位人员、治安巡防队员组成的综治工作队伍，能够快速处置综治工作任务。

综治中心硬件设施建设不拘一格。根据各村（社区）办公条件，可以实行一厅式集中办公，也可以采取“三室一窗口”，根据不同情况因地制宜。在满足工作需要的同时，重视物尽其用，综合利用，有效缓解办公条件紧张的问题。

把治安防范、矛盾纠纷排查化解放在工作中心位置。发挥综合治理的作用，提高治安防范能力和打击犯罪活动水平，减少违法犯罪案件及重特大群体性事件。不断强化社会服务功能，提高七种特殊人群服务管理意识，杜绝脱管漏管现象。有效化解矛盾纠纷，将问题解决在萌芽状态，减少越级、非正常、禁止性上访。提高服务群众的能力和水平，通过宣传教育、舆论引导，提高打击防范邪教的工作水平，减少邪教活动和邪教人员活动。

三、启示思考

（一）加强基层党建工作，充分发挥党的基层组织作为“主心骨”的作用

大力加强基层党建工作，强化党组织的政治引领、组织引领、能力引领、机制引领建设。有效整合基层力量资源，体现党领导基层治理的基本规律，确保基层治理突出有效。党建引领保证了综治中心建设方向不偏离、速度不减小、质量不降低，坚持全心

全意为人民服务的根本宗旨。

（二）解决群众困难和问题，体现基层社会治理的现实针对性

在不增加机构和编制的前提下，通过整合相关部门力量，加强镇村两级综治中心工作建设，解决了人力不足、信息不畅、联动不够等问题，夯实了综治工作基础。通过推行服务管理网格化、治安防范规范化、公民道德养成、矛盾纠纷排查化解“五制”，延伸服务触角至底层，畅通群众诉求表达渠道，解决群众困难和问题，实现社会风险有效管控，使辖区治安秩序得到优化，矛盾纠纷得到化解，人民群众的满意度不断提升。通过充分调动广大群众、辖区单位参与综治工作，促进了社会和谐有序和平安稳定。

（三）夯实责任，拓展居民参与社会治理的途径和渠道

在网格化服务管理中，积极探索公民道德实践，拓展居民参与社会治理的途径和渠道，最大限度地把群众最关心、最现实、最棘手的困难和问题解决好，在社会基层实践治理中夯实了责任、凝聚了力量、提高了效率。

四、专家点评

洋州街道办“9+X”综治中心建设模式，立足村（社区）基层实践，坚持以党建为引领，因地制宜，在未增加经济负担的前提下，实现了综治中心的规范化运行，构筑了基层社会治安的第一道防线，促进了更高水平的平安洋县建设，为探索和创新共建、共治、共享的社会基层治理格局进行了实践和探索。综治中心建设之所以能够取得显著成效，其关键是有效整合“9+X”各个部门的优势资源，形成纵向到底、横向到边的工作体系，着力凝聚强大的工作合力，使“小平台”实现了“大平安”。

（西北政法大学博士生吕江鸿撰写）

咸阳市武功县城关派出所：建立“1+1+N”基层社会治理模式 打通联系服务群众“最后一公里”

一、背景起因

社区警务作为基层社会治理的重要内容，是公安工作的基石，也是党和政府与人民群众联系的桥梁和纽带。推动警力下沉，筑牢社会治安防控基础性工作，推进社区警务“网格化”管理，对于维护社会秩序稳定，推进平安建设具有十分重要的意义。近年来，武功县公安局城关派出所认真学习贯彻习近平总书记关于“社会治理重点在城乡社区，关键在体制创新”的社会治理思想，坚持发展新时代“枫桥经验”，不断探索和丰富“矛盾不上交、平安不出事、服务不缺位”的新内涵，全力构建共建、共治、共享的社会治理格局。创新完善警务机制，建立了“治安网格化、信息联网化、议事常态化”的“1+1+N”的网格化警务工作模式，将社区警务与群众工作相结合，划分三级网格，完善社区警务网格化管理最小单元，形成“1+1+N”，即1个社区民警+1个村级警务助理+N个治安网格员阶梯式配合的网格化治安防控工作格局。有效打通联系服务群众的“最后一公里”，使管理、服务的触角延伸到社会的最末端，为辖区居民提供全面、精准的服务，更好地解决群众身边的“小”“急”“难”事，真正实现服务群众“零距离”。

二、主要做法

（一）构建治安网格，打造警务工作最小单元

营上村社区警务室以一条街道、150户为一个治安网格，由北至南被划成5个治安网格，每个治安网格内配备2名网格员，这5个网格共设立1名网格长，由村级警务助理担任。按照中心警务室的覆盖情况，辖区被划分成三级网格：中心警务室为一级治安网格，每个网格配备1名警务助理和1名专职社区民警；警务室覆盖的行政村、小区划分为二级治安网格，每个二级网格按照街道、自然村、单元楼细分为三级治安小网格，设立1至2名网格员，形成“1+1+N”

社区民警与网格员定期召开现场联络会议

社区警务模式。工作中，警务助理负责信息收集、反馈，保证警务室日常运转；网格员开展信息采集、矛盾纠纷排查、巡逻防控；联防员协助网格员、警务助理开展工作，形成社区警务全覆盖的网格化管理体系。网格化管理开展以来，营上社区每日见到巡逻车，每周见到社区民警。至 2019 年 9 月 20 日，武功县公安局城关派出所营上中心警务室年初新买的巡逻车行驶已超过了 2 万公里，这是该警务室民警“全时空守护百姓平安”的一个缩影。

（二）围绕“四熟一贴近”，组建治安防范专业队伍

群众看公安，主要看平安。在“矛盾不上交、平安不出事、服务不缺位”的新时代“枫桥经验”指引下，派出所充分利用公检法干部、民警、辅警在本村本土原籍地人熟、地熟、情况熟、法律知识熟、开展工作贴近群众的“四熟一贴近”的工作优势，组建营上村社区“家园卫士”队伍，聘请原籍营上村的公检法 5 名干部，发挥专业优势，在家时成为守护家园平安的卫士。与此同时，派出所牵头以警务室为阵地定期开展工作，社区民警和全体“家园卫士”利用节假日，深入村组、街坊邻居，扎实开展宣传走访工作，讲解安全防范知识，排查化解风险隐患，做好群众最关心的“重要小事”，创建美好的家园生态环境。

（三）建立警务网格微信群，畅通警务警情传递渠道

为及时掌握治安信息、警情动态，推动网格工作的有效开展，派出所对网格内的警力配置作了进一步明确，每个民警分别建立村级治安网格员警务微信群，既有大群又有小群，社区民警坚持

社区民警与网格员共同巡逻

网格微信群 24 小时值守，在网格内处理日常事务，进一步提升网格见警率。社区民警实行网格工作当日清零制度，要求网格员每天对网格内的工作情况进行汇总，对发现的问题及时清理，确保问题发现在早、处置在小。

警务微信群是治安防控群，也是信息交流群。每个警务微信群除由民警管理外，在警务微信群中，群主和管理员结合职责，适时向辖区单位和村民通报治安情况，传递警方提示、便民预警信息，下发各类通知及村务相关信息。网格员在群里反馈各类治安问题、案件线索，咨询各类证件办理流程和相关政策规定。民警和群成员在群内“面对面”进行信息交流和互通，织就了新型社会治安防控网。

2019 年 7 月 9 日晚，城关派出所营上村治安网格员在夜间巡逻期间发现一名迷路男子，网格员及时将情况及现场照片反馈至治安网格微信群，网格警长董银浩得知情况后，马上赶到现场，经过仔细询问后，将其带回派出所，为其提供了热腾腾的饭菜和热水，民警立即和兄弟单位联系确定其身份并联系到他的家人，最终走失者回到了家中。

（四）建立常态化议事机制，促进矛盾纠纷及时有效化解

成立“人民调解委员会”，构建民警、专家智库、网格员专群结合的人民调解机制。“枫桥经验”最突出的特点就是依靠和发动群众，做到小事不出村，大事不出镇，矛盾不上交，就地化解。为此，社区警务室成立营上村人民调解委员会，充实人民调解人员结构，打造专业性、综合性的调解队伍，形成民警主导、“四熟一贴近”家园卫士充分发挥智库作用、治安网格员及时发现上报的调解机制。一方面，在司法专业人士、退休党员干部、能人、乡贤中形成紧密联系的朋友圈、微信群，在矛盾纠纷化解中充分发挥集体智慧；另一方面，治安网格员在日常的工作中将村情民情第一时间录入民警的研判日志内，将矛盾纠纷及时发现在源头。2019 年 7 月 2 日，营上社区警务室网格员得知营上村民在外务工遭遇工伤纠纷后，迅速将情况汇报给警务室民警，警务室民警组织村调委、家园卫士、劳动相关部门工作人员提前介入，为村民提供法律援助，并多次组织劳资双方协商解决问题，经过多方不懈努力，问题得以解决，矛盾自此化解。

重视调动人民调解队伍的积极性，及时落实好人民调解的经费保障。积极推进公共法律服务体系建设，推动调解工作规范化发展，调解中心定期就热点、焦点问题进行探讨、说事论理，收

集群众诉求，力求为群众表达诉求开启一个全新窗口，做到预防为主，为维护辖区社会稳定建立一个全新的机制。营上社区通过调解中心化解矛盾 19 起，其中 8 起为轻微治安案件，通过调解，及时化解了纠纷，有效消除了社会治安隐患，基本做到了刑事案件不发案，治安案件不转刑。根据统计，营上社区自 2019 年 1 月至今未发生一起刑事案件，农村较为突出的邻里矛盾纠纷均在萌芽阶段化解。

（五）发展“互联网 +”政务，实现“微民生”服务零距离

充分结合辖区内人口特点，从便民利民角度出发，建立“平安武功”微信群，实现户政咨询与户籍民警“零距离沟通”。积极依托微信建立户政咨询群，街办社区干部工作群、行业场所管理群、护校安园工作群，及时处理网格员反馈、发现的问题，切实做到服务群众精细化。民警可在线上随时开展“微信 + 户证咨

营上社区警务室

询”“微信+预警信息”“微信+安全防范”“微信+法律宣传”“微信+网格管理”“微信+社会服务”等工作，践行“枫桥式派出所”互联网上的群众路线以及“线上先咨询，线下一次办”的理念，实现“让数据多跑路，让群众少跑腿”。

促进信息互动、情况互通、工作互助、困难互帮，真正把公安工作的触角延伸到群众的身边，实现了“服务零距离”的目标。根据网格员的反映，辖区内有一名92岁老人王某某因瘫痪多年行动不便，迟迟未更换二代身份证，对老人就医、办理养老保险等问题造成极大困难，给生活带来了诸多不便。得知此事后，派出所积极安排户籍室两位民警主动上门服务，利用中午吃饭时间到老人家中，为老人采集照片，办理身份证，在老人的配合下，顺利完成人像采集工作。回到派出所后，民警立即登录系统为老人网上办理了身份证及临时身份证，第一时间将临时身份证送到老人家属手中。

（六）开展民警广播“平安营上之声”，营造建设和谐乡村的良好氛围

社区民警坚持“以民为本”的服务理念，以人民群众满意为目标，不断创新工作方式方法，在警务室依托“大喇叭”开展民警广播“平安营上之声”，向村民、群众汇报社区民警日常工作，并结合普集街道办营上村辖区特点，对如何开展安全防范宣传、化解矛盾纠纷、推动物防技防建设、便民利民及廉洁自律、好人好事等方面的工作情况进行详细广播讲解。与此同时，民警还根据季节特点及警情研判，每周三、五下午通过“大喇叭”广播向

村民通报近期辖区治安形势，及时反馈治安热点问题，并就下一步加强治安防范工作提出相应的意见措施。“平安营上之声”的开通既拉近了警民关系，又提高了见警率，搭建起了群众参与治安防范工作的桥梁，真正起到了弘扬正气、震慑犯罪的作用，为和谐乡村建设营造了良好的氛围。

三、启示思考

（一）“1+1+N”社区警务模式体现了预防为主的思想，从源头上化解矛盾纠纷

坚持预防为主是社会治安防控的基本原则，矛盾纠纷如果发现及时、处置得当，就更有利于被有效化解，否则就会使小问题变成大问题、小管涌沦为大塌方。社区警务网格化管理的重要任务是治安防控，要科学划分网格空间范畴，合理配置网格人员结构，积极推进社区综治网格管理一体化融合发展。组建社区民警主导，村级警务助理、治安网格员、家园卫士等群众积极参与的社会治安治理网格化管理队伍，充分利用互联网高效、便捷的优势开展社会治安防控工作，健全矛盾纠纷摸排预警机制，随时收集不稳定因素，全面滚动排查、调处化解影响社会稳定的各类矛盾纠纷和风险隐患，能将矛盾纠纷消弭于萌芽，使大量矛盾及时化解。

（二）“1+1+N”社区警务模式注重整合资源，促进矛盾纠纷就地化解

矛盾不上交，就地化解是“枫桥经验”的精髓。营上村社区

警务“网格化”管理的过程中，以“让群众满意，发案少，秩序好，确保社会大局持续安全稳定”为目标，坚持人熟、地熟、情况熟、法律知识熟优先的原则，在网格管理中整合人力资源，广泛吸纳司法专业人士、退休党员干部、能人、乡贤，组建“专家智库+志愿者”人民调解队伍，在具体案件的调解中充分调动了人民群众参与社会治安综合治理的积极性和创造性，形成与社区民警的专业性优势互补、良性循环、共同促进的高效治理局面，有效激发了平安建设工作活力。

（三）“1+1+N”社区警务模式推动群防群治，构建共建、共治、共享治理格局

平安建设工作事关群众的安全感、幸福感，只有坚持走群众路线，凝聚群众共识，动员群众参与，才能达到群防群治的目的。人民群众是我们党的力量源泉和胜利之本，群众路线是我们党和国家各项事业不断取得胜利的重要法宝，也是公安工作的根本路线。社会治安管理如果一味强调公安机关的主导地位，在处理具体问题时，就容易脱离群众，难以调动人民群众参与社会治安综合治理的积极性和创造性，进而导致问题处理上目标分散、被动应对等弊端。营上村社区警务工作的开展倡导公众参与、合作治理的理念，积极宣传群众、组织群众，创新社会治安网格化管理方式方法，将警务工作前移，重视人民群众作用的发挥，走专群结合、群防群治的立体化社会治安防控道路，不仅增强了人民群众参与平安建设的使命感和责任感，也充实了人民群众共享平安建设成果的获得感和幸福感。

四、专家点评

武功县城关派出所推进营上村“1+1+N”社区警务模式，坚持预防在前、防范为主的平安建设思路，构建了矛盾纠纷预防、发现、化解互为一体，相辅相成、相互支撑的工作机制；将社会治安防控的关口前移，科学有效发动群众参与社会治安综合治理，促进了信息掌控到位、隐患整治到位、治安防控到位；紧紧围绕“枫桥经验”的精髓和实质，不避、不推、不拖，及时有效化解矛盾纠纷，提高了服务群众的能力和效率，有效提升了社会治理效能。

（西北政法大学博士生王阳撰写）

西安市新城区韩森寨派出所咸东社区警务室：创新“四个抓手”治理模式提升社区平安建设水平

一、背景起因

新城分局韩森寨派出所咸东社区警务室紧扣习近平新时代中国特色社会主义思想，贯彻“以人民为中心”的发展理念，在社区民警、2019年“时代楷模”汪勇的模范带动下，落实“六必到”工作新方法，即居民入住迁移必到，有疑难户政业务必到，产生矛盾纠纷必到，群众遇到困难必到，发生案件必到，重点人员见面必到。这种工作方法促使咸东社区警务室在实践中，获得了社区居民的高度信任和普遍赞誉。更为重要的是，社区全体民警认真贯彻落实“建设更高水平平安新城，打造最具安全感社区”工作新部署，脚

社区民警“时代楷模”汪勇与社区居民进行日常交流

踏实地、勇于奉献、敢于创新，通过“四个抓手”，即党建引领组织抓手，以人为本理念抓手，“自治、德治、法治”结合治理逻辑抓手，科技网络安全保障抓手，创新服务管理模式，取得了积极的成效。

二、主要做法

（一）党建引领为社区警务的组织抓手，构筑共建、共治、共享格局

强化政治导向。坚持党对基层工作的领导，提高政治站位，切实贯彻党的路线、方针和政策，实行社区警务同社区事务相结合的工作模式，将民警的身份在组织构成上合法化，以“党员+社区副主任+社区民警”三重身份相统一的运行结构，统筹开展社区的党务、政务、警务工作，使社区民警在社区组织中身份相符、脚站得住、话说得上、事管得了，促进社区共建、共治、共享。

优化基层党建。社区民警依托社区党建平台，将居委会、业委会和其他相关利益群体连接起来，形成党建联席会。通过优化党建机制，社区民警日常工作做到“三个主动”：主动参与社区党建联席会议，研判分析解决事关居民切身利益的重大问题；主动参与社区党组织重要活动，促使社区党务与社区警务有机结合，不断形成服务于民的工作模式；主动参与并支持社区党组织和其他社会组织开展公益活动，使社区警务工作更加体现党的关怀和温暖。

勇扛政治担当。社区民警虽然不是社区的居民，但在日常工

作中积极转变自身角色，积极承担平安社区网格成员属性的政治担当，参与社区的治理、教育、宣传、监督、扶贫、营商等平安建设活动，争当为民服务的“排头兵”，在平安建设实干中与民众打成一片、融为一体。

（二）以人为本为社区警务的理念抓手，践行为人民服务思想

对社区群众以“真爱”暖心，强化社区共同体认同感。社区民警不断强化和树立“帮助一个人，温暖一个家，团结一片群众”的工作理念，将社区民警服务居民的“六必到”要求落到实处。切实把百姓的事当自己的事，急百姓之所急，想百姓之所想，依法用法护百姓之利益，以德用德润百姓之心田，以真爱暖民心、凝民心、聚民心。

对特殊群体以“关爱”正心，提高社区成员间友爱度。任何一个辖区难免都会有特殊人群，他们由于特殊事情受到过法律不同程度的惩罚。在具体社区日常管理中，咸东社区民警通过主动带动，促使社区成立了针对辖区特殊人员的帮教服务队，该团队坚持“不歧视、建友谊、强互助、诚相待”的原则，坚持“思想上拉一把、生活上帮一把、工作上扶一把、社会上带一把”的工作要求，采取“一帮一”“多帮一”“互帮互助”等工作形式，帮助他们重新融入社区生活，并着重帮助重点人员解决家庭、工作等方面的急切问题。

对企业商户以“亲清”稳心，构建新型政商关系。围绕构建“亲清”新型政商关系，实现“亲”与“清”的有机统一。“亲”则两利，社区民警和其他服务人员主动上门走访，帮助企业解决

生产经营中遇到的实际困难，大力宣传国家“放管服”等大政方针，积极整治影响营商的治安突出问题，为企业发展提供保障。“清”则互安，社区民警和相应管理者坚持法治红线和底线原则，在“人情”上保持距离，将权力关进制度的笼子里，防止自身腐败，杜绝违法犯罪的后患，引导企业商户依法规范行为、守法经营。

（三）“自治、法治、德治”结合为社区警务的逻辑抓手，有效防范化解矛盾纠纷

指导群众，强化安保联力“自治”。社区警务室充分发挥群防群治主力军作用，积极助力社区建立完善“一队、两会、三员、四助”平安社区综治体系：“一队”就是社区成立义务治安巡防队。“两会”就是社区内有治安保卫委员会和矛盾纠纷调解委员会。“三员”主要是指社区建立了治安信息员、矛盾纠纷调解员和警务室协勤员。“四助”主要是社区民警定期组织召开社区有关单位保安负责人会议，通报安全形势、开展保安培训、演练联勤联防、合法外移监控等举措，实现警助；联合社区组织义务巡逻队，开展邻里守望、纠纷劝解，实现互助；社区警务室促使有关商户结成联保单元，推选负责人，采取日周轮流值守机制，及时发现、上报、制止、预防违法犯罪和安全隐患的行为，构建网格化的联保和激励平安社区机制，实现自助；借助辖区行业协会、公益组织等第三方力量，为群众提供法规咨询、安全防范等公益服务，增强平安社区创建能力，实现他助，最终实现社区自治合力的提升。

引导群众，维护权益运用“法治”。社区民警既当社区治安的守护者，又当党的路线、方针、政策和国家法律、法规的践行

咸东社区“枫桥经验”学习和宣传专栏

者与宣讲者。除了严格践行依法行政的要求外，还开展法律讲堂、警民恳谈会和协调法院公开审判等举措，让群众通过普法理解国家政策、遵守国家法规，树立正确的是非观念、价值观念、法治意识。在矛盾纠纷联调联处过程中，采取上门调解、集中调解、普法宣传、法律援助等手段，主动将简单的询问说理变为注重实情、注重人情、注重法理的问题分析与法制剖析，通过提前介入、及早预防，逐步构建起了以“家委会—调解室—警务室”“三级联调”为支撑的“汪勇枫桥调解室”，引导群众运用法治维护自己的合法权益。

感润群众，楷模引领促进“德治”。习近平总书记说“法安天下，德润人心”。在基层社会治理中，依法的同时还须不断增强德的精神培育，充分发挥德治的思想引领作用。在日常工作中，咸东社区警务室不断强调宣传楷模、学习楷模的重要性，采取讲好警察故事、树好示范标杆的方式，大力宣传身边的“时代楷模”

汪勇的先进事迹，组建起“汪勇”志愿者服务队，以他的道德示范感染力培育群众树立社会主义核心价值观的德治意识。

（四）科技网络为社区警务的安全保障抓手，筑牢社区平安建设防线

筑牢人防网络。咸东社区警务室组织搭建“微信群组＋手机软件（APP）”的应用平台，把辖区15个部门和25名人员整合在一起，划分为4个网格，社区民警担任“平安院长”，6名家委会主任担任网格长，65名楼门长为网格员，构筑点、线、面无缝衔接的系统性人防网络体系。同时，选定各类治安信息员，要求其及时汇报社区治理中的重要信息，做到涉黑涉恶、矛盾纠纷、涉稳安全、重点人员落脚等信息的第一时间掌握、第一时间研判、第一时间处置。

健全技防体系。落实党中央关于平安社区的要求，积极争取市局通信部门支持，率先推动公安网进社区，实现整个小区监控系统全覆盖，如在13个小区安装260多个高清摄像头、3个水位感应报警系统、12套人脸识别系统、106个“一键报警”装置，实现精准化、智能化管控，达到社区人、地、物、事、情等信息“随时点”“一

咸东社区警务室“e智社区警务平台”

键通”的效果。

深化数据应用。2019年，咸东社区警务室先行尝试“e智社区警务平台”建设，并以此为抓手带动“智慧小区”建设，推动基层基础工作提档升级。“e智社区警务平台”旨在推进指挥调度平台、民警手机工作端、e智社区警务居民端、e智社区警务云落地，通过不断提升“警务科技含量”，打造警务工作实时提醒、实有人口深度管理、关注人员动态管控、矛盾纠纷预警研判、治安力量扁平调度、公共场所实时监管、房屋住户全息管理、安防设施全域掌控的大数据智能化社区警务“样板”。

三、启示思考

（一）强化社区警务服务管理职责，构筑平安和谐社区

2019年11月中共中央、国务院印发的《新时代爱国主义教育实施纲要》指出，要“广泛开展向先进典型学习活动，引导人们把敬仰和感动转化为干事创业、精忠报国的实际行动……在全社会大力营造崇尚英雄、学习英雄、捍卫英雄、关爱英雄的浓厚氛围”。咸东社区警务室在进行社区执法过程中，贯彻习近平新时代中国特色社会主义思想，以“时代楷模”汪勇为工作标杆，加强对执法机关和相关人员的宣传教育，通过树立和学习楷模，发挥楷模的典型引领作用，强化新时代的爱国、爱社教育，在执法过程中将时代楷模“融情于法”理念融入基层社会治理和平安建设工作。虽然法律是“冷冷”地躺在法律条文中，但“法”在基层实践中由于执法人员的温情使其不再是“冷”的，更不是无情的。也正

是由于在法律实施过程中，有了像汪勇一样坚持“以人民为中心”进行执法的民警的温情融入，强调服务管理职责，人们才能够在社区平安建设中拥有更好、更高、更强的获得感、幸福感、安全感。

（二）推动多元治理，体现了新时代科技兴警和警民关系新要求

2019年5月，习近平总书记在出席全国公安工作会议时强调，新的历史条件下，公安机关要坚持以新时代中国特色社会主义思想为指导，坚持总体国家安全观，坚持以人民为中心的发展思想，坚持稳中求进工作总基调，坚持政治建警、改革强警、科技兴警、从严治警，履行好党和人民赋予的新时代职责使命，努力使人民群众安全感更加充实、更有保障、更可持续，为决胜全面建成小康社会、实现“两个一百年”奋斗目标和中华民族伟大复兴的“中国梦”创造安全稳定的政治社会环境。新城区咸东社区警务室积极落实习近平总书记的要求，通过网络技术真正给警务工作插上“科技的翅膀”，推动社区警务由“汗水警务”向“智慧警务”升级，坚持人民警察为人民的日常工作理念，不仅促进了社区警务稳步有序建设和推进，更实现了社区和谐稳定的重要目标。

（三）践行新时代平安中国“三治”格局，实现社区综合治理

党的十九届四中全会决定明确指出，要完善群众参与基层社会治理的制度化渠道，并要求“健全党组织领导的自治、法治、德治相结合的乡村基层治理体系”。在快速城市化的过程中，不论是旧社区还是新社区的治理同样都面临着平安建设的新困境、新问题和新现象，这为国家的基层社会平安建设提出了新课题、新要求和新任务，发挥地方积极性探索旧小区平安建设的新路径势在必行。咸东社区作为位于西安市东郊城乡接合部的老旧小区，其社区警务民警勇做社区平安建设的排头兵，坚持在党的领导下贯彻“自治、法治、德治”相结合的治理逻辑，通过创新管理机制，将城市社区平安“三治”建设的“最后一公里”打造得更为有序、安全、和谐，所形成的“真爱亲清”理念和“警务融基层”以及“人防科技网络”体系是平安社区“三治”建设的重要经验。

四、专家点评

习近平总书记说：“党政军民学，东西南北中，党是领导一切的。”咸东社区全体民警在党的领导下，不断落实“以人民为中心”的发展思想，在实践中以“时代楷模”为榜样，艰苦不怕苦、再苦不言苦，不断践行警务室创立的为民服务“六必到”社区亲民工作新方法，以身作则，廉洁奉公，践行全心全意为人民服务的根本宗旨，将以人民为中心的服务理念渗透到民警工作的一言一行中，铸造了“忠诚、为民、担当、清廉、争先”的陕西警察精神。咸东社区警务室深入践行并创新了新时代的“枫桥经验”，实现了矛盾不上交、平安不出事、服务不缺位的社区治理要求。“四个抓手”高度重视社区警务中的“组织、理念、机制和保障”等要素，强化将制度优势转化成治理效果。通过“四个抓手”模式，建立了符合咸东社区实际情况的富有成效的工作机制，促进了人人有责、人人尽责、人人享有的平安社区建设。社区警务工作要融入多元治理体系之中，发挥好多元共治主体之间的沟通、协调作用，形成社区治理的合力。

（西北政法大学法治学院李佳飞讲师撰写）

基层基础篇

JICENG JICHU PIAN

陕西省司法厅：用好电视调解栏目“调解一案普法一片”

一、背景起因

随着改革的深入，社会新的矛盾层出不穷，创新人民调解工作，运用现代传媒提高人民调解的质量水平，是时代的呼唤和人民群众的期盼。2016年9月，陕西省司法厅与陕西省广播电视台就创办调解栏目达成初步合作意向后，省司法厅下发了《关于做好陕

陕西省司法厅、陕西广播电视台战略合作签约暨工作站派驻仪式

西广播电视台〈帮忙有一套〉调解节目案例征集筛选推荐工作的通知》，积极督促各地市司法局发动各级调解组织和基层调解员筛选推荐正在调解或是即将调解的典型案例。《帮忙有一套》电视调解节目自2017年2月开播以来，深受广大群众喜爱，为人民群众提供了一个全新的矛盾纠纷化解平台。截至2019年年底，共播出节目1009期，化解矛盾纠纷1100余起（件），直接受惠群众万余人。《帮忙有一套》栏目通过调解、帮忙，为群众解决困难，促进了电视调解与广大受众的深度融合，促进了社会和谐稳定，达到了“调解一案、教育一片、稳定一方”的普法效果。

二、主要做法

（一）聚焦社会热点，治愈“疑难杂症”

为确保栏目案源，陕西省司法厅下发了做好案例征集筛选推荐工作的通知，积极督促各地市司法局，发动各级调解组织和基层调解员，筛选推荐正在调解或是即将调解的典型案例。除确定专人督办协调外，还利用会议、培训及下基层调研的机会，对各地市提出具体要求，定期对各地推荐和采用典型案例的情况进行通报，既使案例具有典型性和教育意义，也使栏目的播出有了充足的案例来源和保障。案例都是经过精挑细选、基层调解员正在调解或将要调解的纠纷，反映老百姓家长里短和社会热点问题。

节目帮忙调解的范围涉及群众生活的方方面面，经过节目组的不懈努力，解决了不少老百姓拖延很久的“疑难杂症”。帮忙讨要工资的节目《难要的工钱》，帮助40多名农民工兄弟讨回将近30万元；涉及医疗纠纷并成功调解的节目，如《幼童死亡谁之过》《胎死腹中》等，不但当事人满意，医院方主动请求帮忙再调解其他纠纷；涉及工伤赔偿的《副总之死引纠纷》《工伤之争》等，成功处理纠纷，化解了当事双方矛盾；解决外地来陕人员问题的《学费之争》《酒店惊魂》等节目，最终当事人握手言和，维护了西安乃至陕西形象；《安置房风波》的当事人为长年上访人员，经过帮忙调解，合理解决了上访人的诉求，切实维护了残疾人的利益。许多纠纷在电视台的监督下调解成功，透明度高，传递了社会正能量。不少群众激动地拉着调解员说："没想到调解这么省事，这么快就能解决问题，不用上法庭撕破脸了！"有群众在陕西广播电视台栏目微信公众号激动地称赞节目："为国分忧，为民解愁，点赞。"

（二）搭建调解平台，建好调解队伍

省司法厅人民参与和促进法治处积极督促各地市司法局发动各级调解组织和基层调解员筛选推荐典型案例的同时，通过联席会议、信息通报和协作联动等工作机制，及时协调解决工作中的困难和问题。

全省各地已有30多名专、兼职人民调解员参与节目录制，收视率居省台改版后各栏目第一，观众认可度不断提升，求助热线络绎不绝。同时，省厅还利用举办调解员师资培训班、全省调解技能大赛等契机，积极为栏目遴选优秀调解员，进一步提高节目质量，更好地为老百姓服务。下一步，将加大政府购买服务力度，逐步将《帮忙有一套》人民调解委员会优秀调解员纳入专职调解

员范围，解除他们的后顾之忧，充分调动他们的工作积极性。《帮忙有一套》首席调解员张兴无、王顺虎也因为在栏目中为群众成功调解多起纠纷，被群众誉为“人民心中的法律守护神”。

（三）雪中送炭，加强互动协作

栏目属于公益性质，没有直接收入来源。加之经济形势影响，栏目无法实现自收自支，全部依靠频道支持，每年需要各类经费300万—400万元，除人员工资、制作经费之外，栏目比较大的开支为调解员、嘉宾的劳务费用支出。《帮忙有一套》全年播出365期节目，综合废片率及联合调解等情况，约400期节目，每期节目调解员案件补贴费用和演播室嘉宾费用各400元，全年劳务支出32万元，全部由电视台承担。尽管社会效益凸显，但是栏目形式单一，尤其是经济效益甚微，生存问题尤为突出。栏目一度经营状况堪忧，面临重大调整。2019年3月，作为合办单位的省司法厅得知情况后，为扩大与《帮忙有一套》栏目的合作，充分利用电视媒体资源，加强我省司法行政工作宣传工作，及时给予栏目一定经费支持，解决栏目劳务支出费用32万元，确保栏目正常运行。同时，省司法厅召开座谈会，建议省律协、省公证协会等单位广泛发动律所、公证处、司法鉴定机构等积极参与宣传，以冠名、协作单位等形式，给予栏目一定经费支持，减轻栏目运行压力。

（四）成立人民调委会，将《帮忙有一套》扩展为系列栏目

为了给广大人民群众提供一个全新的矛盾纠纷化解平台，使

陕西省电视调解工作有法可依，依法规范运行，进一步扩大电视调解节目的覆盖面和影响力，2017 年 8 月 31 日，陕西省司法厅、陕西广播电视台新闻综合频道顺势而为，联合召开了陕西广播电视台《帮忙有一套》人民调解委员会揭牌暨电视调解座谈会，邀请中华全国调解员协会及北京、浙江、重庆等省市司法厅（局）、电视台调解栏目负责人和西北政法大学等高校专家，就创新人民调解形式、办好电视调解节目深入广泛研讨，初步达成建立全国电视调解联盟的意向，达到了交流经验、取长补短、互通有无的目的。《帮忙有一套》人民调解委员会的成立，吸纳了更多的基层优秀调解员到电视调解队伍中来。同时，设立多个调解工作室，对观众打进的电话提供咨询服务，第一时间受理并安排调解员进行调解，更好地为广大老百姓服务。

陕西省司法厅将充分利用《帮忙有一套》栏目平台，整合司

《帮忙有一套》栏目得到社会认可

法行政资源，对《人民调解有一套》进行改革完善。调整后的栏目，将增加《社区矫正有一套》《普法宣传有一套》《法律援助有一套》《律师工作有一套》和《公证工作有一套》，进一步扩大司法行政业务宣传覆盖面和影响力。加大栏目建设力度，由人民参与和促进法治处牵头做好案例征集筛选推荐工作，社区矫正局、律师工作处、法律服务管理处等相关处室和单位每月推荐不少于五条具有典型性、教育性的生动鲜活案例，供电视台拍摄录制，以保障栏目播出有充足的案源，取得良好的社会效果。

三、启示思考

（一）电视调解栏目不仅有效化解矛盾纠纷，还成为民众普法的新渠道

节目以“案例＋调解＋律师分析/调解员调解”相结合的模式，全方位、深入浅出地展示了解决矛盾的处理方法及涉及的法律知识。节目还将案例以时间顺序贯穿陈述，中间穿插记者兼调解员在双方当事人之间协调解决沟通，再加之专业的律师对相关法律知识进行讲解。专业的讲解加以鲜活的案例切入，不仅能够解决棘手的个案问题，而且能够使更大范围的受众群体合理处理生活中遇到的麻烦和问题，普及了法律知识，提高了人民大众的法律素质，为政法工作的开展奠定了良好的社会氛围和群众基础。对于观众来说，通过观看这种发生在身边“原汁原味”的真人真事，能从中学到法律知识，获得生活的启示；对于媒体来说，一方面提高了收视率，一方面履行了社会责任，弘扬社会正气，倡导积

极向上的社会新风尚。

（二）电视调解栏目发挥媒体参与社会治理的作用，有效化解“疑难杂症”

陕西省司法厅与电视媒体合作举办电视调解栏目，是宣传和推进人民调解工作的有益探索，引入媒体第三方，拓宽了调解形式。该节目中的不少案例均是通过正常调解无效的“疑难杂症”。随着媒体的迅猛发展和信息透明度的不断增强，自下而上的大众舆论的力量使媒体成为当前最有效解决问题的利器；利用其覆盖面广的特点，通过舆论进行监督，曝光一些“疑难杂症”，得到相关部门领导的关注，也增强了调解的有效性，促使矛盾纠纷快速解决。第三方参与社会治理有利于形成多元治理主体格局，提高了解决问题的有效性，弘扬了法治精神，减少了矛盾纠纷，减轻了法院负担。

（三）电视调解具有方便高效的特点，有助于节省当事人时间和经济成本

《帮忙有一套》中所涉及的案例并非全是大案要案，涉案金额及损失从百元到上万元都有，当事人如果诉诸公堂，时间成本和经济成本要远大于调解解决。虽然节目仍产生相应费用，但费用并非当事人分担。对于当事人来说，电视节目既能解决问题，也不会产生多余的费用，是有百利而无一害的事。有位观众看到栏目里调解的赡养纠纷，联想到自家的麻烦事，大老远找到节目组中的调解员，并在调解员的帮助下，顺利解决了纠纷。《帮忙

节目录制现场

有一套》栏目聘请的几位首席调解员感慨万分："我们调解的是老百姓的鸡毛蒜皮，但确实减轻了法院的立案和审判压力，老百姓的事不用在法院一拖就是一年半载，法院轻松，老百姓高兴。"

四、专家点评

习近平总书记在中央政法工作会议上的讲话中指出，政法工作要贯彻党的群众路线需要创新"两个机制"：创新组织群众、发动群众的机制，创新为民谋利、为民办事、为民解忧的机制。《帮忙有一套》栏目切实贯彻了政法工作的群众路线，是创新"两个机制"的实践探索。栏目形式新颖，以调解纠纷、化解矛盾、促进和谐为宗旨，倡导守法、诚信、友爱、和谐等健康积极的社会风尚。栏目充分调动媒体和社会舆论的参与积极性，不仅协助解决了老百姓自身解决不了的矛盾，还通过媒体载体普及法律常识，从单纯的解决个案向加强民众教育功能转变，从调解机制、主体、平台、载体、形式等方面实现自下而上“众筹”，将政府力量、社会力量和群众力量相结合，兼顾法律和人情，取得了良好的社会效果。

（西北政法大学政治与公共管理学院李蔚讲师撰写）

汉中市留坝县：创建“院坝说事”群众工作方法 开创乡村社会治理新格局

一、背景起因

汉中市留坝县认真贯彻习近平总书记对政法工作的指示精神，积极探索基层社会治理途径，针对农村基层矛盾多、群众利益诉求多的问题，深入开展各种形式的政法干警下基层活动。在活动中发现基层一些社会问题、矛盾问题长期得不到解决，而政法工作服务群众又缺乏抓手，经过认真调研，结合县情实际和“枫桥经验”，留坝县探索试点推行了“院坝说事”群众工作法，在农村广泛推行，搭建起群众问事评事、干部理事办事的协商对话平台。全县政法干警走进农户院坝、深入田间地头，面对面听取群众忧盼，实打实解决群众困难，取得了改作风、惠民生、维稳定、促和谐的初步成效，走好了乡村治理的“最后一公里”。“院坝说事”群众工作法的建立，搭建了政法工作与人民群众交流的平台。利用这个平台，政法工作发挥了统揽作用，汇聚各方面合力服务群众，排查化解矛盾问题，维护社会稳定，扩大了政法工作的服务面和影响力。“院坝说事”开展五年来，政法各单位不断深化拓展“院坝说法”“院坝说理”“院坝说案”活动，广泛向群众讲解法律知识，排查化解各类矛盾纠纷，提供群众参与社区治理的便利渠道，践行为民服务的根本宗旨，一步步夯实了“平安留坝”“法治留坝”建设的基层基础。全县的社会环境持续向好，2018 年、2019 年全县连续两年进京上访、非访为零，全县刑事案件和治安案件同比下降 35% 左右。留坝县连续两年被评为省级平安县，社会公众安全感、平安建设知晓率、扫黑除恶认可度三项指标全部位居全市前列，全县群众的获得感、幸福感、安全感更加充实、更有保障、更可持续。

二、主要做法

（一）县委统揽全局，推动“院坝说事”会落地

健全工作制度，完善工作格局。制订《留坝县“院坝说事”群众工作法运行流程》《“院坝说事”群众工作法议事规则》，由政法委牵头负责指挥协调，公、检、法、司负责包抓 8 个镇（街道），“一村一政法干警”结对包联 75 个村和 1 个社区，县镇村三级协调联动、全体政法干警一齐上阵，推动工作扎实开展。

织密问题，收集网络。驻村工作队、驻村政法干警、镇包村干部、村组干部共同组成“信息员”队伍，1035 名“信息员”带上“院坝说事工作法问题收集单”，进村入户排查矛盾、收集问题，全面、及时掌握第一手资料。

定期下沉，问事议事。针对收集到的矛盾纠纷问题，每月固定召开一次“院坝说事”会，并根据农时节令、群众需要临时加开，

中西沟村院坝说法颂德会

公、检、法、司等和政法机关的干警在会上宣传政策法规、讲解办事程序，获取群众理解支持。通过让全县政法干警常态化走到农村院坝、走近群众身边，变群众“上访”为干部“下访”，变“坐等服务”为“主动服务”，基层矛盾纠纷调解和其他维护社会稳定工作关口前移，参与社会治理更有效，服务基层群众更到位。去年，全县各村累计召开“院坝说事”会 1135 场次，收集民情意见 3405 条，办结率达 100%。

（二）群众全程参与，确保“院坝说事”会见效

让群众充分参与。在涉及群众切身利益的基础设施、产业发展、安全稳定等重大事项时，政法干警都要在“院坝说事”会上向群众问需、问政、问计，确保群众的参与权、知情权、发言权，事后更有评价环节，将监督权和管理权贯穿基层社会治理的全过程。

让群众进行监督。县政法委对政法干警和调解干部到群众中

武关驿镇武曲铺村“院坝说事”会

去做什么、怎么做、时限要求、责任追究，以及“院坝说事”会上承办的事项如何办理、如何督导考核等都做了详细的规定，并建立反馈机制，对重大事项公开答复、单一事项专项答复、复杂问题分步答复，让群众进行监督，使“院坝说事”的事情件件有回音。

让群众进行评议。对办理结果等情况都要在说事会上接受群众评议，并在村务公开栏上予以通报、公示，真正做到办事效果、办事能力由群众说了算，群众的满意率将作为干部个人年终考核奖惩的重要指标，促使全体干部不但要对上负责，更要对群众负责。

（三）创新方式方法，“院坝说事”受到群众广泛关注

扫黑除恶专项斗争开展以来，留坝县及时开具了新“处方”，创新“院坝说事”会的形式。如将“农村乱点乱象”治理的典型案例作为对群众实施法治教育的素材，让涉乱违法人员现场说法，让有违法不良行为的人员现场公开检讨保证，让公安机关对情节

留坝县“以案释法”扫黑除恶专项院坝说法活动

严重的违法涉乱人员现场拘留，让司法机关组织专家现场讲解“以案释法”。这些新内容通过典型案例的活泼方式，和群众的日常生活密切联系，使得“院坝说事”会更加生动、更具震慑力，宣传教育效果更加深刻。目前，全县已开展以公开集中打击为主题的“院坝说法”活动 16 次，公开打击处理违法人员 37 人，参与群众近万人，极大地提升了群众的参与度和法制宣传教育的效果。与时俱进，不断创新，是“院坝说事”取得长效机制的保证。

三、启示思考

（一）工作关口前移，方便群众说事

面对留坝山大沟深，群众到镇、县城办事不便等因素，“院坝说事”会让全县各级干部常态化走到农户院坝、走近群众身边，及时解决群众最关心、最直接、最需要解决的问题。

（二）结合政法工作，推进社会治理

2018 年扫黑除恶专项斗争开展以来，留坝县组织召开“院坝说事”会 157 场次，梳理、整治群众提出的各类问题 12 类 248 条，对一些群众反映比较大、影响比较坏的典型问题，采取“院坝说法”的形式，政法委牵头，组织公检法司、信访局等相关职能部门，到村对涉乱人员进行公开处理，对违法情节较轻的责令公开进行检讨，向群众保证改过自新，对于违法情节较为严重的现场宣布违法事实，现场宣布处罚决定，现场拘捕带离，形成了强大的震慑力，教育效果明显，受到群众普遍欢迎。留坝县在“院坝说事”活动中还深入开展了收缴枪支工作，通过“院坝说事”向群众广泛宣传枪支管理方面的法律法规，宣传涉枪违法犯罪的典型案例，给予宽限，主动上交既往不咎。

（三）拓展说事内容，提升服务范围

“院坝说事”采取“干部访、群众提、随时说”的方式，针对群众需求，政法委随时协调政法、农业、林业、水利、卫生、科技等部门专业技术人员，巡回到各村“院坝说事”讲政策、送信息、送技术，让群众看到了政法干警的良好作风。经常性地到各个村召开“院坝说法”“院坝说案”活动，也能有效扭转社会风气，提升人民群众满意度。公开对谎报案情、破坏集体财物、私藏枪支、霸占公产、恶意拖欠农民土地租赁费、不赡养老人、非法阻工等问题的打击处理，现场宣布违法事实、现场拘捕、现场带离的方式，教育效果明显，在全县引发了巨大的反响，受到

了群众的普遍好评，社会风气明显好转。

（四）“三治”相互融合，促进乡村文明和谐

留坝县把法治、自治、德治融入“院坝说事”群众工作法中，以村规民约作为普遍行为规范，配套具体的奖惩措施，美德美事上“红榜”、加分，违规违约上“黑榜”、扣分，村规民约的执行情况由“院坝说事”定期评定赋分，形成了“有事一起干，好坏大家评，事事有人管”的乡村治理新格局。农户的得分可以到“德美屋”兑换生活用品，年终与集体分红挂钩。2019 年，留坝县“德美屋”积分兑换生活用品开支 40 余万元，参与群众达 2 万余人次。

四、专家点评

留坝县针对农村基层矛盾多、群众利益诉求多等问题，在农村基层组织中探索推行“院坝说事”工作法，所有政法干部都在“院坝说事”平台与群众交流，请群众监督，请群众评议，畅通了民意渠道，使群众困难有人帮、政策有人纳、怨气有处泄、力量有处聚。“院坝说事”搭建了群众问事、评事，党员干部理事、办事的协商对话平台，不仅能对群众进行法律法规、核心价值观、扶贫等方面的宣传教育，还能重点解决群众的急事、难事、特殊事。“院坝说事”汇聚了各种社会力量，让干部群众拧成一股绳，为乡村发展共同出力，是创新基层社会治理的成功实践和探索。

（西北政法大学博士生李乐凡撰写）

安康市旬阳县：创建“三力联调”调解模式 强化乡村治理体系建设

一、背景起因

为落实党的十九大提出的乡村振兴战略，努力健全自治、法治、德治相结合的乡村治理体系，旬阳县委、县政府坚持问题导向，聚焦治理短板，着力推进党建引领下的“三治融合”乡村治理新实践。针对全县人民调解工作呈现出的“三高”（矛盾纠纷排查调处总量高、法院民商事诉讼案件总量高、全县信访案件总量高）比例倒置问题，旬阳县委、县政府多次组织召开研讨会、党委书记座谈会和调解现场观摩会，通过反复调研、现场观摩、总结提炼，探索出了集司法、行政、道德为一体的“三力联调”新调解模式。“三力联调”扭转了原有调解模式中存在的多头分割、口径不一、互相推诿、效率不高、合力不足的现象，改变了“三调联动”联不动、“诉调对接”接不上、“司法确认”认不了的现状，防止了大量矛盾纠纷进入诉讼和信访渠道，节约了乡村治理资源，提升了基层矛盾纠纷化解效力，夯实了乡村善治的制度基础，为“三治融合”乡村治理找到了硬抓手。

二、主要做法

（一）以党建为抓手，重构调解体系，实现调解组织全覆盖

为实现调解组织全覆盖，旬阳县委、县政府先后出台了《关于深入推进“三力联调”乡村调解工作的实施意见》《关于进一步加强“三力联调”队伍建设的指导意见》《关于印发旬阳县“三力联调”乡村调解工作规范化建设实施方案的通知》三项指导性意见，组建了县委常委、政法委书记任组长的县级“三力联调”领导小组，并在21个镇和305个村（社区）成立了镇党委书记和村（社区）党支部书记任组长的镇、村级领导小组，构建起“三级书记”抓乡村调解的组织领导体系。

通过选配镇政府机关领导干部和工作人员组成行政调解队伍，

深化党建引领“乡村调解”、推进乡村综合治理工作会

选配法官、警官、检察官、律师、司法助理员组成司法调解队伍，选聘“乡村贤达”“道德模范”“五老人员”等组成人民调解队伍，重构乡村矛盾调解队伍，旬阳县形成了各级党组织牵头、民调主导、行政参与、司法助力的联合调解模式。全县已建成1个县级调解中心、2个调解协会和326个镇、村“三力联调”组织，选聘人民调解员7695人，组建医患纠纷、交通事故、婚姻家庭、劳动争议等15个专业性调委会，并做到有牌子、有场所、有人员、有台账。在调解中，三方调解力量因案制宜、灵活机动、各有侧重、相互支援，通过行政促和、司法判和、道德说和等手段促使矛盾化解，形成了“各级党委牵头、人民调解主导、行政调解参与、司法调解助力、专业调解支援”的“党建+行政+司法+道德+专业”的大调解模式，即“1+3+1”模式。

（二）完善调解机制，确保调解工作良性运转

为确保“三力联调”的良性运转，旬阳县分县、镇、村三级制定了案件收集、分级调处、诉调对接、集中调处、三调终结、速裁快执等制度。

案件收集制度。通过“社情民情大走访、干部群众大座谈、矛盾纠纷大调处”活动，及时掌握家家户户出现的各种矛盾苗头，采取针对性措施，对群众反映的矛盾纠纷进行分类，属于“三力联调”的案件及时登记受理，并要求派出所、交警队、法庭等机构定期移交需要进行“三力联调”的纠纷。

分级调处制度。按照“属地管理”和“属事管理”原则落实调解责任主体，邻里纠纷、婚姻家庭、林权地畔、侵权责任、抚

养赡养等村（社区）级组织内部简易纠纷由其所属组织负责调解；涉及两个村以上的个人之间，或者个人与单位之间的矛盾纠纷由镇级组织负责调解；对于矛盾复杂、群众关心、社会影响较大的案件则由“三力联调”组织负责调解。

诉调对接制度。法院受理案件前，发现能通过调解途径解决的矛盾，先转交辖区调解委员会调查调解。通过调解能够达成协议的，当场制作并签署调解协议，经双方当事人同意及时提请司法确认，督促履行调解协议。经过三次反复调处仍不能解决的案件，现场与法院对接，受理进入诉讼程序。

三调终结制度。针对一起矛盾纠纷，镇、村累计可以组织开展三次联合调解，如果仍然无法达成调解协议、实现矛盾和解的，由镇调委会主任和乡村调解工作领导小组组长分别签字确认后，明确提出调解终结意见，由镇级调委会出具调解终结通知书，通知双方当事人，并由镇、村调解组织通过普法宣传、诉讼指引、法律援助等方式引导当事人通过诉讼主张自身权益，通过法院依

旬阳县法院县调委会诉调对接工作制度

法审判加以解决。针对少数投机取巧、忤逆不孝、缠闹访要、碰瓷敲诈、故意伤害等情况，通过司法机关重拳出击、重典治乱、以打促治，把矛盾纠纷消解在激化爆发之前。

速裁快执制度。县法院专门成立“速裁法庭”，对进入绿色通道的调解案件，按照速裁程序及时作出裁决，既提高了矛盾解决效率，又减轻当事人的诉累，也节约了司法资源。

（三）规范调解流程，提升调解工作效能

为提升乡村调解工作的系统化、综合化、效能化，旬阳县委、县政府始终坚持把乡村调解工作置于全县矛盾纠纷排查化解的大格局中来谋划推进，并作出相应的部署。

强化滚动排查机制。建立村（社区）级“日排查日调处、周汇总周研判、月总结月上报”、镇级“半月一排查、一月一汇总、一季一研判”、县级“一月一通报、一季一督查、半年一考评、一年一奖补”机制，切实做到苗头隐患早发现、情报信息早报告、纠纷事态早稳控，确保预防走在排查前、排查走在调解前、调解走在激化前，着力构建“三早三前”矛盾纠纷排查预防新机制。

落实调解责任。村（社区）对本辖区发生的各类矛盾纠纷必须第一时间介入调处，镇级负责调处跨村或村级调解失败上交的矛盾纠纷，县级负责调处专业性、行业性或跨镇的矛盾纠纷，既避免“矛盾上交”，又防止“矛盾下推”。

注重终结引导。对一起矛盾纠纷，镇、村累计可以组织三次调解，仍然失败的由镇、村人民调解组织提出调解终结意见，并通过法治教育、法律援助、思想疏导、诉讼指引等方式，引导当

事人把矛盾纠纷导入司法“诉讼绿色通道”解决，有效破解矛盾纠纷久调不决而司法程序迟迟无法介入的局面。

实现调解管理智能化。建成运行“三力联调大数据智能管理系统”，实现矛盾纠纷网上可调、调解结果网上可查、办理事项网上督办、调解绩效网上考评的信息化、智能化目标。

（四）强化调诉对接，提升调解结果公信力

旬阳县委、县政府始终将公信力作为调解工作的生命线，建立诉调“绿色通道”，进一步完善司法确认制度，加大法律援助工作力度。县法院专门出台“诉调对接”方案，通过减免诉讼费用、缩短受理时限、提高审理效率、开通网上立案通道、搭建诉讼咨询热线、开展“上门立案”等举措，解除群众“官司难打”的后顾之忧，提高调解终结案件诉讼导入率。调解成功案件，积极动员当事人提起司法确认，依法固化调解成果。同时，县司法局建立了调解终结案件法律援助制度，动员广大执业律师和法律服务工作者积极开展法律援助、法律公益活动、诉讼便民服务，为调解终结案件当事人提供免费法律咨询、代写诉状等服务，减轻群众诉讼成本，提升调解终结案件诉讼导入率。

（五）完善保障机制，提高调解工作能动性

旬阳县委、县政府为确保乡村调解工作的成效，积极落实各项保障工作。

落实调解预算保障制度。县级人民调解工作业务经费按照全县人口人均 1 元钱、镇级按照辖区人口人均 2 元钱、村级按照每

成功调解人身损害赔偿纠纷并给予司法确认

村每年 5000 元的标准，以及各镇共计 45 名专职调解工作人员报酬待遇全部纳入县级财政预算中。

建立案件调解激励机制。每年按照“最低 50 万，最高不设限”的原则，将人民调解案件补助经费纳入财政预算。并根据案件难易程度，按照每件最低 100 元、最高 1000 元的标准落实调解案件补助，激励广大调解人员主动寻找纠纷调解，建立了人民调解“以案定补”长效机制。

建立考核奖惩制度。旬阳县委、县政府把“三力联调”乡村调解纳入综治工作绩效考核和“一票否决”的重要内容，并将其作为社会治安重点管理镇（单位）的重要认定指标，建立了调解案件与治安、信访、诉讼案件比率考核制度，推动调解工作高效推进。县委、县政府每年评选表彰一批人民调解先进集体和先进个人，每三年评选表彰一批“十大金牌调解员”，激发调解动力，打造调解合力。

大力推进“三力联调”阵地规范化建设。严格按照“五有”（有组织领导机构、有专门办公地点、有必要的办公设施、有矛盾纠纷调解场地、有专职调解人员）以及“六落实”（即落实标识、职责、任务、经费、制度、奖惩）的标准，建好县、镇、村（社区）三级调解组织，为全县每个镇选聘一名专职“三力联调”信息员，做到人员专业化、制度法制化、流程规范化、阵地标准化、调解常态化。

（六）创新工作方法，建立矛盾纠纷多元化解机制

旬阳县“三力联调”并不局限于使用司法工作人员来解决民间纠纷，而是基于对事件的准确分析，统筹调配具有针对性的力量进行调解，既提高了调解效率，又提高了调解结果的可接受度，解决了调解执行的后顾之忧。通过创新矛盾排查化解所形成的“六步工作法”，即预警介入法、分开谈心法、寻根调查法、分类化解法、速战速决法、回访提高法，将调解步骤予以细化，既便于应对各类突发状况，提高调解成功率，又便于推广普及。“六步工作法”的探索实施，极大地提高了矛盾纠纷调解的成功率，特别是对涉案人员多、赔偿金额高、社会影响大的人身损害赔偿纠纷、劳务工资纠纷，以及交通事故等案件的化解大有裨益。

三、启示思考

（一）“三力联调”强调基层组织建设，充分发挥社会各界在矛盾纠纷预防化解中的作用

“三治融合”乡村治理体系创新是一个复杂的系统工程，既

要加强基层组织建设，也要发挥党组织在基层社会治理中的领导作用，使多个部门、多种社会力量能够形成合力，促进发展。旬阳县形成了县、镇、乡“三级书记”主抓，行政力量（镇政府机关领导及干部、县直部门下派的联村包户干部）全程介入，司法力量（法官、警官、检察官、律师、司法助理员）全力协助，道德力量（人民调解组织 + 乡贤）全程主导的“行政 + 司法 + 道德”三方力量集中联合统一调解模式。旬阳县“三力联调”纠纷解决机制是应急联动机制在基层社会治理中的完美体现，不但做到了有人管，还明确了谁来管、怎么管，整合了各方力量，发挥了各方优势，摆脱了分散管理的模式，使各种社会力量得到集中调配，出现问题各方共同发挥作用予以解决，提高了治理效率，降低了治理成本，减轻了百姓诉累，实现了共赢局面。

（二）“三力联调”通过调解机制建设，有效增强了基层组织公信力

实现自治、法治、德治“三治融合”的纽带是制度化和程序化，这需要各级党委、政府在总结基层经验的基础上，进行顶层设计，形成制度体系，并保证制度执行的程序化和透明化。为了使人民调解工作能够有序高效开展，旬阳县建立了联合调解、分级负责、三调终结、分流导控、法律援助等制度。县法院也为此专门建立了调诉对接绿色通道，成立速裁法庭，对进入绿色通道的调解案件，按照速裁程序快审快结。调解机制建设既加强了便民服务，又减轻了群众诉累，收到了良好的效果。

（三）“三力联调”坚持问题导向，将制度优势转化为基层社会治理的效能

要解决基层中存在的深层次问题和矛盾，基层社会治理创新必须立足于问题导向，着力解决人民群众反映强烈的社会问题，让人民群众有实实在在的公平感和获得感，这样才能最大限度地调动社会各界参与社会治理的主动性，激发社会活力，调动各类社会力量参与的积极性，扩大社会治理的成效。旬阳县推进自治、法治、德治“三治融合”的基层社会治理的出发点，是为了解决基层社会治理中的各类突出问题，让群众感受到公平感和获得感，全县因此实现了矛盾纠纷排查调处率、社会治安公众安全感、平安创建知晓率、矛盾纠纷排查调处群众满意率、政法工作群众满意度“五上升”，广大群众自觉守法、遇事找法、解决问题靠法的法治意识也明显增强，从而有力促进了基层社会治理的转型升级，把制度优势转化成了治理的效能。

（四）“三力联调”坚持以人民为中心的思想，形成了“三治融合”基层治理格局

基层治理的核心是服务群众，唯有以人民群众利益为根本导向，解民忧、疏民怨、暖民心，基层治理方能砥砺前行。在推行“三治融合”实践中，旬阳县探索出了司法、行政、道德“三力联调”的新途径，找准了务实管用、善治有序的新抓手，有效提升了矛盾纠纷化解效力。旬阳县以“三治融合”为遵循，组成精干高效的行政调解、司法调解、人民调解三支队伍，健全了行业性、专

业性调委会，不断满足人民群众对公平正义的需求，提高了人民群众的满足感，形成了联系服务群众的示范效应，凝聚了党心民心。

四、专家点评

旬阳县深入贯彻习近平总书记关于“三农”工作的重要论述，按照党中央、国务院决策部署，全面加强和改进乡村治理，破解了基层治理“手段软”的困局，防范和化解了一大批基层社会矛盾。“三力联调”的优势在于将分散的力量优化整合，充分调动了司法、行政、道德三方力量，促使矛盾双方能权衡利弊、理性维权，降低了基层社会治理成本，实现了矛盾纠纷就地解决不上交；将法治的强制性、行政的救济性、道德的教化性有机统一于一事、一时、一人上，转换了治理思路，提升了治理能力，破解了治理难题，是人民调解的新路径、“三调联动”的新完善、“枫桥经验”的新实践。“三力联调”有效地加强了乡村治理体系建设，不仅为实现乡村全面振兴、巩固党的执政基础、满足人民群众对美好生活的需求提供了法治保障，也为继续深入加强乡村治理体系建设提供了有力的支撑。

（西北政法大学民族宗教研究院斯琴讲师撰写）

杨凌示范区杨陵区：精心做实网格化建设 为人民美好生活提供优质服务

一、背景起因

近年来，杨陵区坚持以解决民生问题为根本，将全域网格化管理作为加强和创新基层社会治理、提升基层社会治理体系和治理能力现代化的重要举措，按照“投入充分、功能实用、使用便捷、响应快速、运行高效”的总体思路，构建了“四级网格三级管理”体系，基本形成了“人在格中走、事在网上办”的基层社会治理新模式。2017 年 6 月，省委政法委在杨陵区召开了全省网格化管理现场会。在此基础上，杨陵区按照“精细化管理、人性化服务、规范化运行、信息化支撑、全程化保障”的思路，围绕社会治理、社会服务和社会参与三条主线，不断改进完善服务管理机制体制，强化队伍建设锤炼，丰富网格服务事项，整合基层治理信息，加强部门协同联动，基本实现“大事全网联动，小事一格解决”的共建、共治、共享社会治理格局。杨陵区 2016 年、2017 年连续两年被评为“全省平安建设先进县区”，2018 年杨凌示范区荣膺“2017 全国社会治理创新优秀城市”。

二、主要做法

（一）细化网格强基础，“多网合一”全覆盖

按照精细管理、资源整合、服务群众、责任落实的原则，杨凌区制订并实施了《全面推进社区（村）网格化管理服务的实施方案》。农村以村民小组为单位，以50—80户为标准划分网格，城市社区以居民小区的楼栋或500—800户为标准划分网格，将区域内所有人、地、事、物、组织等要素和服务事项全部纳入网格，一格一员，划分了404个基础网格，形成了区、镇（办）、村（社区）、村组（小区）“四级网格三级管理”体系，实现了城乡网格全覆盖；民政、市场监管、消防、人社、应急管理、生态环境等多种网格与网格化信息平台整合，建立信息总量达26.86万条的社会治理信息大数据库，实现了底数清、情

网格员开展入户走访

网格员发放疫情防控宣传资料

况明，凝聚了网格合力，提升了网格品质。

（二）专兼结合明职责，服务大局勇担当

设立专职网格化系统管理员，社区（村）“第一书记”、驻村工作组成员和1.1万名“杨凌民声”微信粉丝组成兼职网格员，各部门工作人员组成网格协管员，路长、片长、中心户长等下沉网格，实现“一格多员”，建立了专兼结合的多元化网格员队伍；通过线下培训、线上指导，不断强化网格员诉求收集、环境整治、矛盾化解等“八大员”业务技能。在疫情防控和扫黑除恶专项斗争等重点工作中，网格员充分发挥“排头兵”作用，发放疫情防控宣传资料12.5万份，收集疫情线索267条，摸排疫情重点人员4100余人。发放密封信函4.5万件，征集疑似涉黑涉恶犯罪线索92条，初步形成了共建、共治、共享的基层社会治理格局。

（三）多类平台畅诉求，协同联动提质效

坚持以群众满意为标准，创新“网格+微平台”模式，将网格化信息平台与政府网站、微博微信、市民热线等平台有效联通，实现了政务信息公开、办事指南查询、舆情分析研判、网格事件处置等信息和数据共建、共享、共用。开通“杨凌民声”微信公众号，依托“民声快报”收集诉求、建议，利用网格化信息平台，强化事件联动处置，确保诉求问题及时有效解决。为了便于分级管理，依托区、镇（办）、村（社区）综治维稳中心建设，对区、镇（办）、村（社区）三级网格化服务管理工作平台实行标准化建设。建成杨凌（示范区、杨陵区两级合一）、镇（办）、村（社区）

三级网格化指挥中心，下设综治维稳、便民服务、矛盾纠纷调解等功能科室。对于二、三级平台无法解决的网格事件，作为网格化系统控制终端的指挥中心（一级平台）将进行总协调，督促解决，实现了网格事件处理一门受理、一网协同、实时监控、限时办结。

（四）规范流程建机制，强化督办促运行

对网格员上报的事件，社区（村）、镇（街道）、区各级平台根据权限，做好事件“上报、派遣、处置、核查、归档、评价”等工作；实行网格事件周汇总、月通报、季考核，建立网格化联席会议制度，统一分析研判，集中交办督办疑难事件，做到事件“一门受理、一网协同、实时监控、限时办结”。各类平台收集信访维稳信息700多条，化解矛盾纠纷2216起，全区刑事和治安案件发案率连年下降。网格事件办结率一直保持在99%以上，群众满意率、公众安全感逐年提高，2019年全区公众安全感达到96.03%，增长2.2个百分点，位列全省第二；扫黑除恶知晓率98.16%，同比上升11.96个百分点；政法系统平均满意度97.56%，同比上升2.52个百分点。各项指标均创历史新高。

（五）政法力量进网格，依法治理见实效

按照“事从网中来，人到格中去”的解决思路，政法力量下沉网格，创新“三官一律”进村（社区）工作方式，推动矛盾纠纷源头化解。政法委牵头，以深化“向人民汇报、听群众意见、让公众满意”活动为主线，每月统一时间、确定主题，集中组织公、检、法、司，分别在5个镇（街道）、村（社区）、企业、学校、医疗机构等，线上线下开展警情通报、现场庭审、普法宣传、扫黑除恶等主题活动，累计 40 期 199 场次，提供法律服务 650 余次，打破了过去政法各部门“各扫门前雪”“各办各家事”，下基层“走过场”应付差事的问题，为群众提供贴身的法律援助，为推动法治杨陵建设发挥了积极作用。

（六）整合各方资源，开展组团式、全方位服务

立足区情，积极探索“1+N”组团式、全方位服务模式。在一个综治网格基础上，杨陵区积极开展了三大服务：一是便民服务。将与居民生产生活息息相关的信访、安全生产等社会管理事项和民政、劳动、卫生计生等公共服务事项，最大限度地下放到镇（办）、村（社区）办理，推行便民服务事项网格员代办制，为社区群众服务提供优质高效、方便快捷的服务。二是开展治安服务。坚持网格化群防群治，在村（社区）、企事业单位、学校等网格均配备“红袖章”志愿者，开展收集网格事件、调解矛盾纠纷、提供便民服务和治安巡逻等工作。同时，打造“天网工程”，为打击违法犯罪提供有力支撑，群众反映强烈的“偷、盗、抢”事件明显减少。三是开展志愿服务。民政、卫

疫情期间网格员帮助群众代买物资

计、农林、文体、教育、司法等职能部门下沉到网格，定期开展党员志愿服务、政策宣讲、农技培训、困难帮扶、环境整治、医疗保健、文艺汇演等活动，将服务送到了百姓家门口。

（七）运用数据分析结果，破解服务群众难题

让数据发声，杨陵区在谋划重点项目和重点工作中，参考分析数据 700 多条，核减审批事项 13 项，确定了城市管理、噪声污染治理、生态环境治理等重点工作 20 多个，发挥了网格数据的资政功能。让数据亮剑，对于网格事件中涉及的民生问题，杨陵区设立专项资金，实施“微民生”工程，将道路硬化、优化教育学区等 249 个群众关注度高、受益面广的项目入库。有效解决了 178 个群众身边的“小、急、难”事件，真正实现了“微民生”服务零距离。

三、启示思考

（一）网格化建设促进了基层治理由“管控”向“服务”的转变

传统社会管理模式的突出特点是以“管控为主”，群众只能被动接受。针对新常态下群众工作的新特点，杨陵区坚持民本导向与服务型政府理念，变“管控”为“服务”，将网格作为加强基层治理、基础工作的坚强堡垒，通过网格员走访巡查，主动回应和满足群众诉求，扎实做到扣民生之本、解民生之急、排民生之忧，打通了服务群众“最后一公里”的问题。

（二）网格化建设促进了基层治理整体性、体系化的效果

基层社会治理涉及面广、任务重，大量的事项权责不对等，仅仅依靠网格很难解决，建立层级分明、职责明晰、上下联动的网格化服务管理运行模式十分必要，非常关键。杨陵区加强顶层设计，实行高位推动，始终把区、镇、村（社区）三级网格化服务管理中心建设作为重中之重，明确实施路径和建设标准，健全完善工作机制体制，加强部门联动协同，强化事件督办协调，确保服务诉求取得一门受理、一网协同、有效运作的整体性、体系化效果。

（三）网格化建设依托信息化手段体现了基层治理以人民为中心的思想

基层社会治理创新工作中不仅需要把握全局的视角，更需要依靠互联网与大数据信息平台和服务平台的支撑。本着便民、利民的原则，杨陵区依托三级网格化信息平台，通过发放终端机、开设网站和公众号等，推动社会治理与信息技术的深度融合，最大限度加快问题反映、解决、反馈速度。同时，为方便群众查询办理便民事项，杨陵区在网格员代办的基础上，在公众号和网站增设“便民服务办事指南”“民声热线”等模块，切实让群众感受到便民实效。

（四）网格化建设促进了共建、共治、共享基层治理格局的形成

长期以来，基层社会管理资源不仅单一且条块分割，在应对当前复杂多样的矛盾和问题时日益显得力不从心。杨陵区始终将共建、共治、共享的理念贯穿于网格化社会治理全过程，突出整体联动、突破部门壁垒、发动社会力量，通过网格融合、整合资源，联动管理，共享共用，调动多元社会力量参与网格化社会治理，实现“大事全网联动，小事一格解决”，推动形成“各方协同、联动融合”多元共治的网格化社会治理新局面。

（五）网格化建设有效推进了基层社会治理中的综合性和有效性

党的十九大明确提出，“形成有效的社会治理、良好的社会秩序，使人民获得感、幸福感、安全感更加充实，更有保障，更可持续”。杨凌区在创新基层社会治理中，坚持把群众满意作为出发点和落脚点，推动工作从粗放向精细转变，从事后处置向事前预防环节前移，综合施策，同时实施微民生工程，最大限度解决群众身边关注度高、受益面广的“小、急、难”事，使群众的幸福感、获得感不断增加，从而推动基层社会治理的有效性。

四、专家点评

网格化管理是社会治理的触角真正延伸到基层、扎根到基层的重要表现，其核心是提升基层社会治理能力，为人民幸福生活提供更好、更优质的服务。杨陵区以居民需求为服务导向，完善网格化服务工作机制体制，通过推行网格化服务管理的基层社会治理模式，使服务管理水平进一步提升，促进社会治安进一步向好，实现了民情无遗漏、服务零距离，系统性地解决了条块分割、资源短缺、响应迟滞、社会主体缺乏活力等长期困扰基层社会治理的难题。推动网格服务一体化建设，促进基层社会治理朝着规范化、精细化、现代化的方向发展，扎实稳步推进为民服务的基层治理工作不断向前发展，提升了群众对平安建设的获得感，激发了人民群众参与平安建设的积极性和主动性，形成了共建、共治、共享社会治理格局。当然，网格化治理中满足基层群众服务需求的同时，如何增加参与的广泛度，体现中国特色基层群众自治制度的内在要求，也需要进一步予以深化。

（西北政法大学枫桥经验与社会治理研究院执行院长褚宸舸教授撰写）

西安市新城区韩森寨街道：打造社区治理“咸东小哥”模式 新冠肺炎疫情防控创佳绩

一、背景起因

在新城区区委、区政府的指导下，韩森寨街道深入调查研究，立足咸东社区实际，以时代楷模汪勇爱岗敬业、乐于奉献精神和“咸东精神”（即主人翁精神、无私奉献精神、团结友爱精神、探索创新精神）为基础，打造“咸东小哥”品牌，着力探索新时代“枫桥经验”城市版的新城实践。新冠肺炎疫情是对国家治理体系和治理能力的一次大考。社区是疫情联防联控的第一线，也是群防群治的最前沿。韩森寨街道党工委认真贯彻落实中央和省、市、区委关于疫情防控的决策部署，以防疫工作检验拓展“不忘初心，牢记使命”主题教育成果，把“咸东小哥”基层治理模式创新运用到疫情防控工作中，坚持和发挥“咸东小哥”的“铜头”（对党忠诚、信念坚定、敢于碰硬、敢于担当）、“铁嘴”（吃透政策、发动群众、耐心细致、化解矛盾）、“飞毛腿”（深入群众、排查隐患、立行立做、确保平安）的精神和作用，迅速决断，提前储备，调动物业，发动各方，联防联控；街道机关、社区党员干部，物业，志愿者等共1200余名“咸东小哥”冲在前，战在前，让党旗在一线飘扬，让群众切实感受到了街道及社区党组织的温暖，取得了良好治理效果。

二、主要做法

（一）多方联动，拧成一股绳

面对来势汹汹的病毒，街道党工委敏锐地意识到此次疫情防控的严峻性，提前作出科学判断，发挥“咸东小哥”一直以来在城市基层党建共建中的优势，向驻地党组织及党员发出倡议。街道党建联席会成员单位西北工业集团党委16名党员干部到东方社区报到，陕西祥云飞高空技术服务集团有限公司党支部率先向街道及社区捐赠2500多个一次性口罩、350升消毒液等防疫物资，

1200多名“咸东小哥”奋战在抗疫一线

西安福州商会党支部捐赠25500元，陕西鼎盛装饰工程有限责任公司、陕西省燃气设计院等20余家党组织及单位共捐赠5.75万元及价值28万余元的防疫物资，街道674名党员主动捐款82985元。疫情之初，街道就组织有关人员共70余名进行专题培训，指导物业、管理方落实消杀、门禁等工作，对17条道路、公交车站、垃圾压缩站等人流密集公共区域进行每日2次消杀，将保洁员延伸入院对7个无有效管理院落进行消杀，实现消杀工作的全覆盖。街道率先在全区用“小喇叭”宣传，每个社区配备3个“小喇叭”，“咸东小哥”在小区门禁、院落循环播放，组织张贴各类通知等7000多份、宣传标语160余条；沿街铺面显示屏滚动宣传，利用微信公众号宣传，引导广大群众科学防范。

（二）全科网格，联防联控精细

运用汪勇“五字工作法”（“融、联、治、慧、情”），建立网格指导员、专职网格员、兼职网格员和志愿网格员四级网格管理体系，并在总结前期全科网格化试点工作经验的基础上，紧扣“疫情零发生”“防控全方位”两个要求，调整网格架构。织密网格，将党小组建在网格上，通过党员示范引领和发挥先锋队作用，将任务落实到网格内的每一个环节。华清学府城社区将28栋楼分为3个大网格和14个小网格，每个小网格配备1名物业人员和1名社区工作人员担任网格长，安排28名“咸东小哥”担任网格员。韩森寨街道辖区有44000多户约12万居民，人口多，基数大，需要挨家挨户跑，仅靠街道及社区工作人员的力量肯定不行。通过“咸东小哥”志愿者积极参与，仅用3天半时间就于1月29

日完成入户排查任务，为后续防控工作抢占主动权。街道认真落实西安市网格化管理要求，针对群众对严格进出不太习惯这一情况，由“咸东小哥”来守门，设置党员先锋岗50个，外防输入，做实网格，内防扩散。街道还建立一支“咸东小哥”督查员队伍，加大对小区门禁执勤特别是“三无院落”督查频次，上午、下午、晚上各检查一次，将小区门禁执勤落实到位，坚决防止疫情扩散。

（三）真情服务，隔离不隔爱

社区作为抗疫第一线，作为直接对接居民群众的桥头堡，工作任务重，承受压力大，但“咸东小哥”义无反顾，怀着对辖区群众的浓浓真情，全部下沉至战疫第一线。为了保障辖区群众的安全，“咸东小哥”超负荷工作，24小时值守门禁，忙得顾不上吃饭休息。为了满足居家群众的正常生活，“咸东小哥”充当了清洁工、代购员、配送员等多重身份，为群众提供真情服务。2020年1月28日，“咸东小哥”在普天小区124号院设置全市首家进小区“咸东小哥”便民蔬菜点，共设了8个点；还充分考虑群众需求，将爱民路20多个流动摊贩进行整合，在6个大型小区门口设立便民蔬菜点，让群众不出院子或一出门就能买上优质、新鲜、平价的蔬菜，解决了群众的吃饭问题。“咸东小哥”对经扫码核查后居家隔离人员，送上“十二个一律”（每天检测体温、跟踪观察健康状况、帮助购买日常生活用品等）要求、心理疏导服务卡等，为居家隔离人员及行动不便人员，提供购买蔬菜、生活用品等跑腿服务。热情欢迎武汉解封后返回西安人员，“咸东小哥”积极开展“六个一”暖心服务，即“送一封‘武汉开通，

"咸东小哥"在普天小区124院蔬菜便民点为群众服务

西安热情相迎！'的信、一束鲜花、一张'咸东小哥'志愿服务卡、一张心理咨询服务卡、一瓶酒精、一瓶84消毒液"。积极协调辖区东方医院，并通过招募12名资深心理咨询师，组成21人的"咸东小哥"心理疏导志愿服务队，开通热线电话，为100余名群众提供"一对一"个性化心理疏导服务。针对一线抗疫人员、困难群众吃饭不方便的情况，"咸东小哥·饭大爷老年助餐点"志愿者自2月14日以来为一线抗疫人员、特困家庭等每天送出1000多个爱心馒头、花卷。在理发店未开门的情况下，辖区11家理发店的28名美发师主动加入"咸东小哥"志愿服务队伍，为需要理发的群众和防控一线工作人员共1100多人次理发。

三、启示思考

（一）"咸东小哥"模式体现了党建引领，共驻共建城市社区的成果

党政军民学，东西南北中，党是领导一切的。基层治理作为国家治理体系的重要组成部分，必须置于党的全面领导之下。只有把党的建设摆在首要位置，才能有效发挥基层党组织的优势，

实现党对城市基层各项工作的全面领导。“咸东小哥”基层治理模式的形成和推广，得力于新城区韩森寨街道长期以来的党建优势，是党建引领取得的成果，即街道党工委、各社区党委与驻地单位党组织、企事业单位等建立的共驻共建城市社区成果，也是中国共产党城市基层党建工作取得的成果。

（二）“咸东小哥”模式是多元主体参与，合作共治城市社区的实践和探索

基层治理是一项系统性工程，“咸东小哥”基层治理模式架构包括党建共建、民生服务、全科网格、志愿服务、平安社区、智慧政务等六个方面，包含了社区治理的各个方面。通过党组织的坚强领导、党员先锋模范作用带动，基层群众积极参与，乐于奉献，团结互助，体现了强烈的主人翁精神。

（三）“咸东小哥”模式依靠群众力量，构筑了疫情防控的人民防线

社区组织是社区治理体系最重要、最直接的承载者。基层治理，单靠街道及社区唱“独角戏”是不够的，必须要把群众发动起来。新城区韩森寨街道向驻地企事业单位、党员群众发出“人人争当最美‘咸东小哥’”的倡议，得到群众的积极响应，并逐步由街道、社区工作人员发展成为驻地党组织党员、志愿者、物业等组成的1200余名“咸东小哥”队伍，在疫情防控中，市直、区直机关党员干部有组织地下沉到社区一线防控工作中来，加入“咸东小哥”奋战在一线，构筑起了疫情防控的人民防线，解决了群众诸多困难，

华清学府城社区党委书记李婷分享“咸东小哥”抗疫故事

增强了与群众的血肉联系。“咸东小哥”中年龄最大的是咸东社区 83 岁的党员李文西，他手写疫情防控宣传标准百余条；还有 73 岁的党员闵学乾主动请战：“需要我们这些老年‘咸东小哥’，你吭一声就行！”

（四）“咸东小哥”模式充分体现了管理与服务相结合，寓管理于服务之中的理念

基层社区是社会治理的“最后一公里”，也是各种社会矛盾的交汇点。在此次疫情防控中，咸东小哥“硬隔离”让管控有力度，“暖服务”让管理有温度。总之，在基层治理中，要秉持管理和服务并重的现代社会治理理念，把为民服务作为社区治理和社区一切工作的出发点和落脚点，在服务中实现管得住、治得好。新城区韩森寨新园社区普天小区居家隔离的李大姐给社区打来电话

说，自从家门口被贴上居家隔离的提示卡后，母亲一夜未眠。新园社区党委书记高静在电话中得知李大姐的母亲马上要过 91 岁生日，悄悄地买了生日蛋糕送过去。她们在随后发给社区的视频中说："感谢党和政府！感谢咱们社区主任和辛苦在一线的工作人员。今天我母亲过生日，没想到居家隔离还能收到你们送来的生日蛋糕，感谢！感谢！"

四、专家点评

城乡社区是社会治理的基本单元。无论是基层的日常性治理，还是特殊性事项治理，大力加强城乡治理体系建设，努力提升城乡社区的综合治理能力，是实现国家治理体系与治理能力现代化的基础。从全国疫情防控态势看，社区有效治理是城市安全有序的前提。在新冠肺炎疫情的防控中，新城区韩森寨街道的"咸东小哥"基层治理模式以党建引领、聚合各种社会力量，健全社区治理的组织体系架构，整合各种社会组织力量和社会资源，实现了服务与管理的有机融合，全面提升了社区的综合组织能力和社会动员能力，为城市社区治理创新发展进行了有益的实践和探索。

（西北政法大学法治学院王国龙教授撰写）

铜川市王益区红旗社区：打造社区党建“红旗经验”开创城市社区治理新格局

一、背景起因

红旗社区位于陕西省铜川市王益区中心区域，辖区人口密集、破产企业多、下岗职工多，各种社会矛盾突出，是全市社会治理难度较大的社区之一。近年来，红旗社区党总支坚持“组织群众、宣传群众、凝聚群众、服务群众”的宗旨，奋力而为、主动作为，积极探索以“网格化管理、智慧化服务、联动式共建”为主要内容的大联动大共建机制，逐步走出了一条“党建领航、优化服务、促进和谐”的社区党建引领城市基层党建、促进社会治理的新路径，形成了“党建领航、贴心为民、创新服务、头雁引领、多方联动”的“红旗经验”，成为“中小城市基层党建的社区样本和典型范例”，红旗街道党委也因此被授予全国“人民满意的公务员集体”称号。《全国基层组织建设工作情况通报》以《红旗社区党旗红》为题，就“红旗模式”进行了专题介绍并向全国推广，指出“红旗社区的经验，是上海会议精神的生动诠释，为中小城市基层党建提供了社区样本和典型范例”。《中国组织人事报》

以《“红旗”为什么这么红——来自城市基层党建样本王益区红旗社区的报告》为题，分上下两个专版，就“红旗模式”进行了大篇幅专题报道。

二、主要做法

（一）“网格化管理”：一网兜起基层治理“千条线”

设立三级网格，延伸党建触角。按照“便于管理、便于服务”原则，以辖区单位、居民小区、商务楼宇、社会组织等为单位，社区将辖区划分为 8 个片区大网格和 29 个小网格，每个大网格建立 1 个党小组，由离退休党员、无职党员或社区干部担任党小组组长和负责人，专门负责同一网格内的党员联系管理、纠纷调解、服务群众等事务；每个小网格确定 1 名党员中心户，协助党小组组长做好工作；网格内的各类协管人员、居民小组长、到社区报到的在职党员、志愿者、社会组织以及辖区内物业公司等也被纳入管理团队，共同参与服务，由此形成了以社区党组织为领导核心、网格党小组为管理主体、网格党员中心户和服务团队为支撑的三级网格组织管理体系，变“上面千条线，下面一根针”为“上面千条线，下面一张网”，实现党建工作与社会治理的无缝对接。

建立信息档案，消除治理“盲点”。把建立健全居民信息作为网格化管理的基础，社区坚持工作力量下沉、工作重心下移，组织各片区网格员对社区所有居民、驻地单位以及各工商户等群体，实行拉网式排查，建立翔实的基础台账，全面掌握服务对象的基本情况，实现一人一表、一户一档、一幢一册，动态式、全覆盖掌握居民流动、辖区单位和商业网点变更、居民家庭婚丧嫁娶等信息，切实做到底子清、情况明，服务有重点、工作有方向。同时，针对人在户在、人在户不在、户在人不在的实际情况，社区因人因户制宜，分门别类管理，提供不同服务，特别是把社区内的空巢老人、残疾人、低保家庭、社会矫正人员等群体作为重点服务对象，人对人、点对点搞好服务，从源头上消除了社会治理的短板。

推行“十网合一”，增强治理能力。社区党总支将卫生计生、社会保障、环保、水务等十个部门的管理服务纳入同一网格，由区便民服务中心招聘专职网格员，交由社区统一管理，推行网格员一岗多责制，变过去网格员分头管理为一名网格员专职负责社保、民政、安监、综治、党建等十个领域工作，实现了“十网合一”。网格员当好政策法规宣传员、社情民意信息员、维护稳定安全员、邻里纠纷调解员、环境卫生监督员“五员”，做到网格内每个住户家庭成员基本情况、经济状况、遵纪守法情况和网格内就业情况、重点人员情况、困难群体状况“三知三清”，日常服务做到

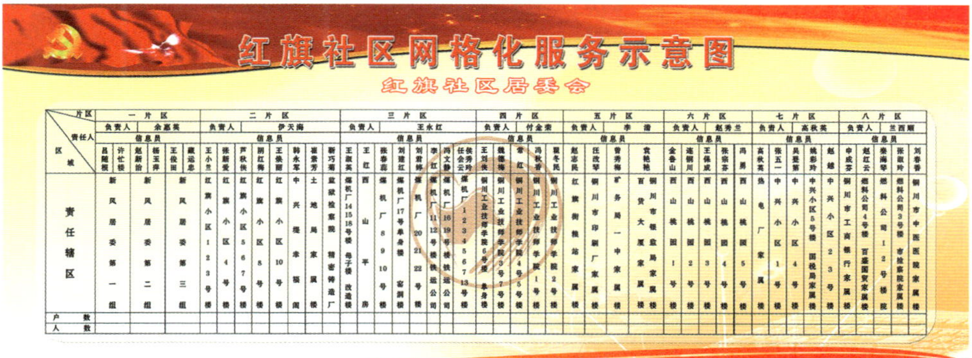

红旗社区网格化服务示意图

居民生活有困难、工作失业、家庭有矛盾、生病住院、重大节日、有孤寡老人，联系户家庭和个人工作生活发生重大变故、联系户有关意见建议、邻里纠纷、发现安全隐患、发现不稳定因素“六必访六必报”，有效发挥了网格化管理在社会治理中的重要作用。

（二）“智慧化服务”：一键联通便民为民“高速路”

创设网上支部，让“传统党建”迈向“智慧党建”。社区开发了集宣传教育、管理服务、互动交流为一体，电脑、手机两个终端承载的“智慧党建”平台，创设指尖课堂，组织广大党员开展“点单式”自主学习，随时随地获取各类知识，实现了党员学习教育常态化。把支部建在网上，推动组织生活线下与线上优势互补，流动党员不管走到哪里，都能与社区党组织在线联系，远程参与网上组织生活，随时互动交流，发表意见建议，参与调查评议，履行党员义务，行使党员权利。开展网上办事，广大党员可通过智慧党建平台，网上办理党费缴纳、转接组织关系等相关事宜，极大地节省了人力物力。

建设智慧社区，让“信息跑路”替代“群众跑腿”。建立“红旗社区一站到底”网络服务平台，将居民养老、就业、社保等10大类100多项公共服务和社会管理事项，全部录入社区信息管理系统，群众只凭一张身份证即可在自助服务终端办理所需事项，自动生成各类证明表册。开通便民服务热线、短信群发线、社区网络沟通线3条信息渠道，让群众与社区联系互动不再“限时、限地、限人”，社区党总支月均受理服务事项比原来增加了4倍，群众满意度高达99.5%。建立党群服务、志愿者服务、小区服务

智慧化服务

代办3个站，将以前传统一厅式办公解放出的人员，下沉网格一线，每天不间断深入网格开展巡查，及时发现问题，并将情况上报智慧管理平台，重大事件第一时间向街道办事处上报，真正把各类问题化解在萌芽状态，达到了重大舆情信息不搁置、小事化解不出网格、大事不出区的目的。

注重智能应用，让“社区管家”变得“聪明精准”。在加强社区党务管理方面，通过智慧党建大数据平台，可以精准查询党员详细信息、流动党员流出情况，对党员队伍建设状况进行智能化统计、分析和研判；对组织生活尤其是“三会一课”制度落实、在职党员进社区服务等情况可以网上记录、查询、统计、分析与监管，实现了线上和线下的融合管理。在加强居务管理方面，社区党总支通过智慧社区大数据平台，精准对辖区居民的综合信息智慧化进行查询、统计和分析，如小区住户有多少、哪些人员达到了享受高龄补贴标准、哪些居民医保还未缴纳等，所有情况一目了然、精准高效。同时，社区党总支充分利用信息化平台，实时查询社区工作者、网格员工作情况，实现了智慧管理。在加强辖区综合治理方面，社区党总支接入了治安、交通等智能监控系统，实时对辖区治安消防、道路交通、环境保护等实施监控，变过去“人防”为“技防”，全面提升了社区管理的智慧化水平。

（三）“联动式共建”：聚力开创基层党建“新格局”

搭建“党建联盟”，构建基层治理“共同体”。社区党总支建立了以党建联席会议为纽带的社区党建联盟，坚持每月召开一次会议，共议共商社区发展。在党建联盟的推动下，各驻区单位、社会组织主动承担强化城市党建、创新社会治理、推动区域发展的责任，先后有32家驻区单位与社区签订了共驻共建协议，落实共建项目14个，促成了一批驻区单位文化体育等活动场所和设施免费向社区居民开放，弥补了社区公共服务资源的不足，形成了社区党组织有号召、驻区单位和各类社会组织有行动、全社会参与基层治理的良好局面。

强化“组织引领”，打造社会组织“孵化器”。社区相继建立了老年大学、琴棋书画室、志愿者服务站等群众活动和居家养老服务场所，为41个共3000多人的社会组织和29支有1600多名党员的志愿服务队伍经常性开展活动提供了场地，搭建了舞台。社区党总支指导各类社会组织建立健全活动章程，列出170余项让其认领的群众需求清单，定期开展邻里纠纷调解、治安巡逻、扶贫济困、助学助残、关爱孤寡老人等活动，为居民提供“从摇篮到轮椅”的保姆式服务。按照业缘、趣缘、地缘等要素，广泛组建医疗救助、物业服务、家政服务等社会组织，引导他们无偿或低偿为居民服务，有序参与基层治理，真正实现了党旗在社区飘起来、党组织的威信树起来、为民服务的口号实起来、党员像一盏明灯在居民心中亮起来的目标。

开展“共驻共建”，共创和谐幸福“新家园”。针对辖区下岗职工多、环境卫生差、人口密度大、城市设施老旧等实际情况，社区党总支把解决下岗职工再就业、改善居住环境、提升居民幸福指数作为基层治理的着力点，千方百计争取人社、工会、妇联等部门支持，创办了“4050”平价餐馆、社区家政服务等5家经济实体，帮助1600多名下岗失业人员解决了就业难题，基本消除了零就业家庭。结合“四创”工作，社区党总支广泛组织开展“社区是我家，美化靠大家”等主题活动，引导驻区单位积极参与社区环境整治，先后协调住建、交通等有关部门，对6条背街小巷实施了道路硬化，修建公厕16座，很大程度上解决了部分居民出行、如厕等难题。社区党总支注重发挥驻区单位和社会组织的优势，动员各方出资出力、建言献策，共同参与精神文明创建，每逢重大节日组织开展丰富多彩、健康有益的文体活动，丰富居民文化生活，引领健康向上的社区文化新风尚，增强居民对社区的认同感、

联动式共建

归属感和荣誉感。在促进社会和谐上，社区党总支动员组织驻区单位、社会组织、物业公司等，参与法制宣传、安全防范、民事调解等工作，组建“红袖章”志愿巡逻队，加强护楼、护院和治安巡逻，共同维护社区和谐稳定，共创平安社区，创造了连续16年无一例“非正常上访”的业绩，群众满意度连续5年位居全市前列。

三、启示思考

（一）党建领航

以城市基层党建引领基层治理，是新时代城市基层党建工作的新要求，也是“红旗经验”的本质特征。红旗社区党总支坚持党的群众路线，积极探索以“网格化管理、智慧化服务、联动式共建”为主要内容的大联动大共建机制，统筹行政资源延伸党建工作触角，明确网格员职责要求，实现党建工作与社会治理的无缝对接，增强了社区治理合力。通过智慧党建大数据平台，加强了社区党务管理、居务管理和综合环境治理，有效提升了社区治理的信息化、精细化、便捷化、智能化水平。通过开展共驻共建活动，社区主动服务辖区单位和各类组织，联络社会各方面的基层组织协同作战，形成了以党建工作联创、社区服务联动、环境卫生联抓、文体活动联办、社会治安联防为内容的“五联共建”互联互动的党建格局。

（二）贴心为民

“红旗经验”的核心要义是坚持和发展党的群众路线工作方

法，以团结群众、凝聚人心。红旗社区党总支坚守为民服务的初心，始终把提升群众的获得感、幸福感、安全感作为价值取向，视群众如亲人，始终把群众的需求放在心上，不断创新群众工作方式方法，给予人民群众人性化关爱，为群众提供常态化、优质化、保姆式服务，赢得了社区居民的广泛认可，巩固了党的执政根基。

（三）创新服务

在服务社区群众的日常工作中不断创新服务形式是“红旗经验”的动力源泉。红旗社区党总支紧跟时代步伐，在守正中破解服务群众过程中遇到的难题，把群众的期望作为创新服务群众形式的目标。一方面，充分运用“互联网+”技术，根据“拆柜台、搭前台、建后台”的思路，让“信息跑路”替代“群众跑腿”，创新管理服务方式，建设起“智慧社区”信息化管理服务平台，着力搭建便民为民“高速路”；另一方面，积极总结社区治理工作经验，创新社区治理服务群众工作新模式。

（四）头雁引领

头雁引领在“红旗经验”的形成过程发挥了关键作用。“火车跑得快，全靠车头带。”书记强，党建强；基层党建强，基层治理方能强，群众才能自觉地热爱党、跟党走。基层党组织干部的水平和能力在很大程度上对基层党建质量具有决定性作用。红旗社区积极推动建立了社区干部到红旗社区挂职和跟班学习机制，培训社区干部近万人次。红旗社区成为广大党务工作者汲取经验、探索创新的实践大课堂，成为培养社区干部的“摇篮”。

（五）多方联动

通过多方联动凝聚各方智慧和力量参与社区治理是“红旗经验”形成的重要保障。单靠社区党组织根本无法充分实现社区治理效果，推进社区治理需要各方联动。红旗社区党总支从共同目标、共同需求、共同利益入手，发挥领导核心作用，协调各方力量，整合各类资源，大力培育发展壮大社会组织，引导他们参与社区治理，定期开展便民为民服务，以社区党组织这一“大齿轮”驱动社会组织“小齿轮”，推进社区与驻区单位、各类社会组织联动共管、共建、共享，形成了基层治理人人参与、人人尽责、人人受益的社区治理格局。

四、专家点评

“红旗经验”是社区治理的党建经验，是党的十九届四中全会关于加强和创新社会治理的有益探索；它以城市基层党建引领社区治理实践，在把握和明确社区治理的方向和目标的同时，调整和优化社区治理结构，积极引导各类社区治理主体有序参与社区治理实践，提升社区治理的能力和水平，实现了尊重、帮助和关爱群众的社区治理目的，形成了人人参与、人人尽责、人人受益的社区治理格局。党建引领是“红旗经验”的本质特征，在此过程中，还必须发挥好基层党员和党组织的模范带头作用，构建科学合理的社区治理机制，凝聚起多方社区治理主体合力，广泛培植便民、为民、爱民的社区党建文化基础。当然，社区治理中还要重视基层群众自治制度的贯彻落实，充分尊重群众的首创精选，发挥基层群众的主人翁作用，使“红旗经验”为后城市化时代中国中小城市社区治理提供有益的借鉴。

（陕西警官职业学院讲师、西北政法大学博士生张永林撰写）

韩城市新城街道乔南社区：创建社区治理“六大体系”有效维护社区和谐稳定

一、背景起因

韩城市新城街道乔南社区党支部针对社区人口密度大、老旧小区多、老龄人口多、商户门店多、学校家政多、弱势群体多等突出问题，抓住“四城联创”的发展机遇，组织在职党员、驻区单位、社区干部、辖区居民、社区志愿者等对小区存在的各类问

乔南社区城市基层党建工作联席会

题进行集中走访调研，倾听居民心声，形成共治合力。乔南社区秉持“党建领航，文化铸魂，共建共治”理念，以创建“平安社区”为主线，大力践行新时代“枫桥经验”，建立社区综治“六大体系”，通过构建制度体系、网格化管理体系、群防群治体系、信息化体系、平安宣传文化体系和扫黑除恶专项斗争体系，有力推进了社区治安综合治理。社区各项工作规范化、精细化、常态化，维护了社区和谐稳定。

二、主要做法

（一）党建引领，构建社区综合治理制度体系

第一书记管大事，破解社区治理难题。韩城市从全市各镇（街道）机关选派23名优秀党员干部，到城镇社区担任第一书记。书记管大事、解难事，发挥引导、示范、联络和桥梁作用，积极开展老旧小区矛盾纠纷排查化解。乔南社区抢抓机遇，全员出动，对存在的问题进行实地大走访、大调研，倾听居民心声，吸收群众意见，及时汇报上级党委获得支持。经过社区党委“四城联创”的综合治理，“脏、乱、差”的司马小区，真正实现了“面子靓，里子净”。

社区党支部牵头，形成共治合力格局。社区党支部组织在职党员、驻区单位、社区干部、辖区居民、社区志愿者等积极参与司马小区的集中治理。首先抓清运垃圾的治理难题，确定“奋战100天小区面貌换新颜”的目标，拆除敞开式垃圾池和各类违建、破旧雨棚；其次，对小区楼体进行粉刷，恢复绿化带，栽种各类

花草树木，配置环保垃圾桶，完善垃圾清理运输管理制度；最后，协调安装健身器材，配备高清摄像头，规划设计各类文化墙、宣传栏。2016 年 8 月，司马小区被评为“市级园林式居住区”。

以支部书记为组长，加强综合治理组织领导，加强各项社区治理制度建设，形成长效机制。成立以支部书记为组长，社区主任为副组长，政法干警、辅警和人民调解员为成员的治安综合治理工作领导小组，建章立制，常态管理。社区设有标准化警务室、人民调解委员会、社区协商议事委员会和综治办公室，协调联动开展日常治安管理、普法宣传、法律援助、禁毒禁赌、防邪打传和社区矫正工作，所有社区组织严格规范管理服务，真正追求长效机制。

（二）借助网格化平台，构建综治网格化管理体系

全面实现社区网格化管理，充分发挥业委会自治功能。乔南社区转变社区治理理念，构建综治网格化管理体系，社区全面实行网格化管理。11 个小区被划分为 4 个网格，设网格督导员、网格长、专兼职网格员三级管理体系，实行一岗多责、分片包干，基本实现入户联系服务和管理的均等化；成立业主委员会，将物业公司纳入区域化党建范畴，形成以社区党组织为领导核心，居委会、居民、物业服务企业、驻区单位和街道办事处相关科室共同参与的治理架构，凝聚社区治理合力。

积极吸纳居民广泛参与，将社区协商民主落到实处。乔南社区成立社区协商议事委员会，定期召开会议听取居民意见建议，协商解决社区治理问题，形成居民事居民议、居民决定的民主氛围；

大力推行“管理+服务”模式，吸纳居民和驻区单位、志愿者担任平安宣传员、民事调解员、民情信息员、治安巡逻员，开展群防群治；针对小区实际和群众需求，结合各类驻区单位、志愿者专业特长，提供各类服务，实现了“资源共享、文明共创、平安共建、事务共管、治安共保”的良性机制。

大力推进社区综合治理，有效提升居民生活幸福感。为有效降低发案率，社区在居民小区、重点部位、重点路段大力推广安装区域电子监控，设立心理咨询室、老年人日间照料中心，以服务赢民心、聚人心。

（三）创建平安幸福社区，构建群防群治、共建共治体系

坚持“群防群治、共建共治”，发动社会力量参与社区治理。驻区单位、社会组织、社区群众成为参与综合治理的主体。社区组建义务巡逻队，组织治安志愿者，不定期在小区义务巡逻。定期联合公检法部门进学校、进小区宣传法治文化，开设法治讲堂，普及法律知识，提高居民法治意识；结合“平安社区”“无邪教社区”等创建活动，成立法治宣传骨干队伍和人民调解队伍，选取法治中心户，建立“三官一律”（警官、法官、检察官和律师）联系制度，定期组织法律工作者答疑解惑。

加强公共硬件设施建设，发挥社区服务群众功能。结合群众年龄结构特点，社区成立日间照料中心，设有综合办公室、厨房、餐厅、康复理疗室、休息室及床位；配备健身房、棋牌室、图书室、心理咨询室、老年大学等，功能齐全，满足60岁以上老年人的膳食供应、个人照顾、保健康复、休闲娱乐、精神慰藉等日间服务

需求；开展各项文体活动、专题讲座、心理咨询指导，开设公开课，解决老年群体共同关注的问题，将日间照料中心逐渐打造成为社区老人的幸福驿站。

发挥先锋模范作用，提供特殊群体主动服务。社区进一步扩大服务覆盖面，充分发挥在职党员的先锋模范作用，结合智慧社区功能，对空巢老人、行动不便的老人、独居老人进行上门服务，进一步提升老年人的幸福感和获得感。

（四）打造社区服务全方位多元化模式，构建综合治理信息化体系

社区服务智能化。实施“雪亮工程”，安装小区监控，利用陕西综治“9+X”平台，实现了群众报告、自动转交、动态管控、跟踪问效智能化；通过设立居民意见箱，开通居民服务热线、微信公众平台，广泛收集民情、处置民意。

社区决策科学化。充分发挥协商议事会作用，全方位打造社区多元化服务模式，建立社区综合服务信息平台。将辖区各类人群信息登记在册，建立重点人员电子档案库，有效提升流动人口、刑满释放人员、邪教人员、传销人员、吸毒人员、精神病患者等各类重点人群的管控效率。

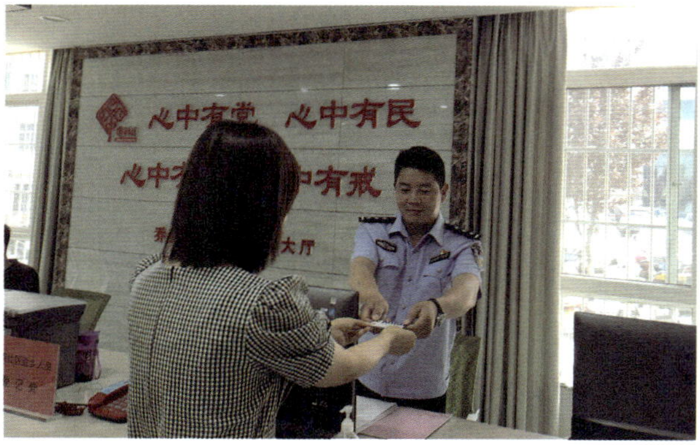

一站式服务

社区服务国际化。

乔南社区外国人管理服务站

社区创新性地成立了陕西省第一个社区外国人管理服务站，为旅居韩城的外国人提供服务，探索出“六个一”境外人员管理服务新模式，即一站、一队、一岗、一群、一圈、一网；建立社区外国人服务站，发放联系卡、建档、走访、提供业务咨询等“3+N”服务模式，实现管家式服务和亲情式融合；建立多语种境外志愿者服务队，帮助外管民警克服语言、风俗、生活习惯上的交流障碍；建立涉外酒店服务岗，出入境民警提前入住涉外酒店服务岗，审查外国人证件资料；建立涉外酒店微信群，外管民警在群内宣传相关法律法规，及时发布各类通知；建立“大外管”工作圈，与党委、政府所有涉外部门建立了常态化的“圆桌协作”机制；建立“三非”（非法入境外国人、非法居留外国人、非法就业外国人）控制网，充分利用公安网和互联网资源，深度挖掘并严厉打击“三非”违法犯罪行为。

（五）注重社区教育，构建综治平安宣传文化体系

多措并举，开展社区文化宣传。社区充分整合资源，聘请社会组织训练指导，将电信诈骗、防邪反邪、传销等鲜活的案例编成小品、相声；依托“3·15”消费者权益保护法宣传活动、“七五”普法、“关爱生命 6·26 禁毒宣传”以及道德讲堂等载体，长期

宣传“平安韩城”建设，宣传劳动保障、婚姻家庭、未成年人保护、安全生产、禁毒禁赌、反邪教、扫黑除恶等与群众息息相关的法律法规知识。

通过“七联七建”，实现“文化铸魂”。社区是文化的载体，文化是社区的灵魂。社区在治理实践中形成了“七联七建”的宣传文化体系，抓住了基层社会治理的精神核心。以法治文化联做，共建平安社区，联合公检法部门进行社区宣传，建立以业委会—楼长—中心户长为核心的“群防群治”网格化体系；以传统文化联办，共建文明社区，开设道德讲堂，开展“家风家训进万家”，节俭持家、孝敬公婆等善行义举评选活动；以健康文化联讲，共建康乐社区，定期举办健康大讲堂，定期免费体检；以校园文化联动，共建活力社区；以科技文化联进，共建智慧社区，搭建社区微信平台、设立宣传栏，推进科普进社区；以民生文化联抓，

乔南社区文化活动

共建幸福社区，开展刺绣、烹饪等培训；以广场文化联谊，共建和谐社区，举办群众文艺演出和体育比赛，开展义写春联、“包饺子连情谊”、“九九重阳节，浓浓敬老情”、“家规、家训、家风”道德讲堂等活动。

建立社区大学，实现社区人的全面发展。2019 年 4 月，韩城市社区大学在韩城教师进修学校成立，全面负责全市社区教育的指导、协调和推进工作。

（六）加强社区文明宣传，构建“扫黑除恶”专项斗争体系

全民动员，全警参战，实现“扫黑除恶”社区宣传全覆盖。韩城市公安局乔南派出所以“平安创建”宣传活动为依托，“全民动员，全警参战”，扎实推进“扫黑除恶”专项斗争宣传深入开展。宣传进家庭、进社区。社区民警及时与街道、居委会进行对接，悬挂“扫黑除恶”宣传条幅，利用警民恳谈会，传递到每一户、每一人，营造发动群众、人人知晓、人人参与的浓厚氛围。宣传进学校、幼儿园。社区民警深入辖区中小学，开展“扫黑除恶”宣传，预防校园欺凌等恶劣事件，印制宣传单，加强宣传实效。宣传进企事业单位。针对企事业单位员工多、接触面广的特点，社区民警将“扫黑除恶”宣传工作作为一项重点工作开展，大力宣传扫黑除恶专项斗争开展的重要性、必要性和紧迫性，努力营造对涉黑涉恶犯罪“人人喊打”的良好氛围。宣传进餐厅、药店。社区民警针对小型商业网点，以广泛发放宣传资料、张贴报警电话、推送微信等方式，让辖区群众在日常生活中主动了解、发现、举报、宣传涉黑涉恶线索，最大限度提升宣传效果，确保“扫黑

除恶”宣传发动不留死角。宣传进场所。社区民警在辖区商场、宾馆、招待所、歌厅、足浴等重点场所、重点区域悬挂“扫黑除恶”的宣传标语，有条件的利用显示屏滚动播放宣传标语，直观形象地宣传“扫黑除恶”，提高群众执法、守法、用法的意识和能力。

成立扫黑除恶专项斗争领导机构，全面贯彻上级安排部署。社区采取微信公众号、显示屏宣传，悬挂横幅、张贴宣传单，网格员走街串巷入户宣传，文艺演出等多种方式，开展密集宣传，动员辖区广大居民关注并参与扫黑除恶专项斗争。联合相关部门对辖区内治安乱点、无物管小区管理乱象及时引导整改，确保社区平安稳定。

三、启示思考

（一）“六大体系”促进多元治理、协作互动，逐步走向善治

城市社区的发展，是各种力量在社区空间中相互作用，逐步迈向善治的过程。要实现善治，政府在城市社区治理中要善于动员和组织各方面的力量，引导和规范各种活动，以增进公共利益。基层社会治理尤其要求发挥政府、企业、社会组织多元治理的作用，协作互动。乔南社区完善了群众参与基层社会治理的制度化渠道，切实贯彻了党的十九届四中全会提出的坚持和完善共建、共治、共享的社会治理格局的要求。

（二）“六大体系”坚持党建引领，多元共治发挥制度优势

在社区利益多元化和复杂化的情况下，社区和谐秩序的重构

有赖于社区各种利益主体的良性互动和利益关系的有效调处，需要充分发挥社区党组织在利益整合与协调方面的作用，保证社区居民积极参与，形成多元共治、群防群治的社区治理格局。乔南社区在党组织的领导下，健全社区管理和服务机制，实现社区治理和居民自治的良性互动，夯实了基层社会治理的基础。在党组织的推动下，社区将社会治理和服务重心向基层下移，把更多教育、文化资源下沉到基层，提供了更好的精准化、精细化服务。

（三）“六大体系”建构有效的网格化管理体系，形成了便于沟通的社区公共空间

乔南社区整合了社区的公共空间资源，实行网格化、精细化管理，建立协商议事机制，扶持各类社区社会组织和志愿者，引导驻区单位参与社区事务，吸引居民投身各类文化活动，使不同群体在共同的生活中得到共鸣，促进了社区公共空间的形成。基于这一空间，社区通过组团式联系服务居民，形成了党建引领，多元主体共同参与，居民自治与社区共治相结合的基层社会治理模式。

（四）“六大体系”动员社区群众广泛参与，合作协商，最大限度凝聚了共识

乔南社区尊重业委会作为业主利益代言组织的地位，有序地引导其聚合业主利益诉求、表达利益主张的行动，凝聚了社区共识，强化了归属感，增强了社区成员之间的信任、协商与和谐关系，从而最大可能地化解各类社区矛盾，维护了社区的和谐稳定。

四、专家点评

党的十九届四中全会指出，健全基层党组织领导的基层群众自治制度，在城乡社区治理、基层公共事务和公益事业中广泛实行群众自我管理、自我服务、自我教育、自我监督，拓宽人民群众反映意见和建议的渠道，着力推进基层直接民主制度化、规范化、程序化。乔南社区以党建为引领，完善了以共建共治为架构的组织体系，形成了基层社会治理的“六大体系”，构建了一套“制度健全、治理有效、民风文明、治安稳定”的常态治理机制。实践了共建、共治、共享的社区治理格局，推动社会治理形成强大合力，创新了社会治理体系，为城市基层社区治理提供了可借鉴的经验。如何进一步加强“六大体系”之间的联系合作，形成整体合力，需要持续用力，接续完善。

（西北政法大学政治与公共管理学院刘文沛副教授撰写）

咸阳市乾县人民法院：建立“一镇一村、两行业、一中心”人民调解机制 有效提升诉源治理水平

一、背景起因

2019年以来，乾县法院针对辖区人口流动性大、商贸发达、矛盾纠纷多发的司法环境以及受理案件中婚姻家庭案件、道路交通事故案件、涉银行金融案件数量所占比例较大的现象，在全面研判辖区案件结构和风土人情的基础上，建立了“一镇一村、两行业、一中心”人民调解机制，即分别在镇、村设立社会矛盾联合调处中心、社会矛盾联调办公室，在乾县交警大队设立道路交通事故诉调对接中心及道路交通事故巡回法庭，在农业银行设立金融纠纷联调中心及金融巡回法庭，在城关人民法庭设立家事审判中心。“一镇一村、两行业、一中心”人民调解机制运行以来，民间矛盾纠纷、交通事故纠纷、金融纠纷、婚姻家庭纠纷等多发、高发案件得到及时、有效化解。“一镇一村、两行业、一中心”人民调解机制，从源头上预防和化解了各类矛盾纠纷，有力推进了诉源治理。

二、主要做法

（一）多元主体参与治理，及时、有效化解民间纠纷

多元治理主体共同参与，是基层社会治理的基本理念。要充分调动多个部门和多元主体，使其在基层社会治理中既各司其职、各尽其责，又紧密配合、无缝衔接。在推进以“一镇一村、两行业、一中心”为平台的矛盾纠纷多元预防调处化解综合机制建设中，乾县法院始终坚持党建引领，主动向县委、县委政法委和上级法院汇报人民调解机制的工作构想，虚心接受各方给予的意见建议，用主动作为赢得了党委和上级法院的全力支持。形成了党委领导、多方聚力的工作大格局；在县级诉前联调工作中，积极借助设立在政法委的联调工作指导委员会的指导、协调，加快对重大典型事件的联合调处；在镇、村矛盾纠纷联调工作中，全面接受乡镇党委指导，村委会参与，集聚驻村法官、司法调解员、能人贤士等调解力量，形成调解工作合力，就近、就地、第一时间化解群众矛盾纠纷。与此同时，乾县法院注重加强与多元治理主体的沟通协调，努力形成问题联治、工作联动、平安联创的工作机制；坚持问题导向、

乾县人民法院设于峰阳镇凤凰村的社会矛盾联调办公室暨巡回法庭

目标导向、效果导向，将交通事故纠纷和涉银行金融纠纷纳入多元化矛盾纠纷解决机制建设的行业治理范围；与县政府金融办、公安局、交警队、人民银行以及各商业银行、各保险公司进行多次座谈协商，形成了以法院为中心，多方支持配合的多元化矛盾纠纷行业治理新格局，打造了良好的营商环境。

对民间纠纷的解决，坚持关口前移，全面打造无讼村、镇，发挥基层群众化解矛盾纠纷的作用。纠纷解决的一般规律是越往后端，风险越多、难度越大、程序越繁、成本越高。因此，立足于预防层面，强调社会纠纷的源头治理，最大限度减少和避免社会纠纷的发生，使纠纷止于未发、止于萌芽，化早、化小，就显得尤为重要。

在镇、村两级分别设立社会矛盾联合调处中心、社会矛盾联调办公室，即“一镇一村”机制，是乾县人民法院推动司法治理和司法服务向基层下移，全面打造无讼村、镇的有益探索。在认真调研全县 6 个基层法庭辖区基本情况和突出问题后，乾县人民法院最终在该县峰阳镇及峰阳镇凤凰村进行“一镇一村”矛盾纠纷多元预防调处化解综合机制试点。目前，乾县人民法院已在峰阳镇人民政府设立了镇社会矛盾联调中心，在峰阳镇凤凰村设立社会矛盾联调办公室，具体由乾县人民法院阳峪人民法庭负责日常运行工作。该试点运行后，激发了各镇、村参与社会治理的活力，同时向乡村的平安创建工作注入了新动力，使得大量小矛盾与小摩擦就近、就地在家门口得以化解。自设立以来，峰阳镇社会矛盾联调中心共接待来访群众 86 人次，化解矛盾纠纷 32 件，引导当事人进入诉讼程序 5 件。凤凰村社会矛盾联调办公室共接待来访群众42人次，化解矛盾纠纷35件，无进入诉讼程序的案件。

（二）强化行业治理，有效化解行业性、专业性矛盾纠纷

随着我国改革进入攻坚期和深水区，社会稳定进入风险期，行业矛盾纠纷多发、易发，影响社会和谐稳定。近年来，乾县法院受理的案件数量也在不断攀升，特别是在道路交通事故、金融领域等行业、专业领域的矛盾纠纷不断增加，且新型案件不断涌现，如果这些行业性、专业性纠纷得不到及时、有效化解，将会影响社会稳定。

鉴于此，乾县人民法院坚持实事求是、因地制宜，从化解矛盾纠纷的实际需要出发，着眼于矛盾纠纷的行业、专业特点和规律，运用专业知识，借助专业力量，大力推进工作理念、制度机制和方式方法创新，努力实现行业性、专业性矛盾纠纷专家调、专家解。大力发挥行业治理的作用，通过严格行业管理预防化解矛盾纠纷。乾县人民法院在乾县交警大队设立道路交通事故诉调对接中心、道路交通事故巡回法庭，在农业银行设立金融纠纷联调中心、金融巡回法庭，就是加强行业性、专业性矛盾化解，推动健全多调联动工作体系的有益探索。

乾县人民法院金融巡回法庭在调解案件

道路交通事故诉调对接中心是承担道路交通事故案件分流和调解职能的全新机构，旨在

通过内合自身资源、外联多方力量，主动参与和保障社会治理创新，创建多元化纠纷解决机制，人民法院、公安机关、司法行政机关、保险行业协会、人民调解组织相互配合、协同共治，形成纠纷解决合力。道路交通事故诉调对接中心工作人员11人，分别来自城关法庭、交警队、律所、保险公司、人民调解委员会等。诉调对接中心下设两个工作组，即诉前调解组，负责立案前调解；诉调对接组，负责对调解未成功案件的分流及诉讼引导。诉调对接中心完成“诉”与“调”的无缝对接，将矛盾纠纷化解工作向前推移，多渠道、多方式、高效率、低成本地化解纠纷。道路交通事故巡回法庭是为了配合道路交通事故诉调对接中心工作运行而设立的专业化巡回法庭。巡回法庭工作由城关人民法庭负责，巡回法庭工作人员6名。其主要职责为：对达成调解协议的案件，开展司法确认工作、办理诉前财产保全、审理道路交通事故纠纷案件等。自2019年6月28日道路交通事故诉调对接中心及道路交通事故巡回法庭设立以来，巡回法庭与交警部门、人民调解委员会、律师、保险公司等共同协作，诉前调解案件73件、引导群众诉讼立案69件，为群众解答咨询各类法律问题180余人次。

金融纠纷联调中心为加快金融案件的审理、化解银行金融风险而设立，主要是为群众、金融企业提供涉及金融案件的法律咨询、诉讼引导、诉前调解等服务。金融巡回法庭对应金融纠纷联调中心而设立，巡回法庭的工作由第四审判团队负责，有工作人员3名。其主要职责是依法审理银行卡、金融委托理财合同、金融借款合同、同业拆借、储蓄存款合同、小额借款合同、金融不良债权转让合同、金融不良债权追偿、保险等涉及金融的各类纠纷。金融纠纷联调中心设立以来，共受理金融纠纷 193 件，其中诉前调解 72 件，达成调解协议 72 件，建议按约定进行仲裁 2 件。

（三）推动家事审判改革，有效化解婚姻家庭领域矛盾纠纷

家庭是社会的细胞，家事审判是民事审判的基础，对维护婚姻家庭稳定，依法保护未成年人、妇女及老年人合法权益，弘扬社会主义核心价值观和中华民族传统美德，具有重要作用。近年来，受经济社会发展和思想观念多元等因素影响，我国离婚率持续攀升，人民法院受理的离婚、抚养、继承等家事案件数量也持续上升。针对此种情形，乾县人民法院在处理家事纠纷工作中，坚持司法为民理念，以维护家庭、婚姻、亲情关系的稳定与和好为原则，设立家事审判服务中心，依托多元化纠纷解决机制，努力实现家事纠纷“案结、事了、人和”。

近年来，乾县人民法院年均受理各类案件 4000 余件。其中，家事审判案件 1400 余件。乾县人民法院 6 个人民法庭作为家事审

法官在家事审判中心调解婚姻案件

判的主力军，每年审理各类民事案件1000多件。为提升家事审判专业化、人性化、社会化水平，体现司法的价值取向和人文关怀，促进良好家风及整个社会良好风气的形成，乾县人民法院建立了以人民法庭为基础的家事审判平台。城关人民法庭设立了乾县人民法院家事审判中心，有诉前调解及家事审判两个团队，负责家事案件审判工作、指导各级家事调解员的调解工作及审判中心的日常运转。此外，以家事审判中心为基础，与妇联、团县委、关工委、司法局等协商，建立县级调解平台；以人民法庭为基础，联系乡镇妇联、司法所、团委等，建立乡级调解平台；以村调解委员会为基础，结合“三官一律”活动中的法官工作室，由妇女主任、其他村干部等家事调解员，设立乡村家事调解室，建立村级调解平台。各级调解平台都设立了家事调解员队伍，并给家事调解员颁发聘书。

三、启示思考

（一）“一镇一村、两行业、一中心”人民调解机制发挥党建引领作用，多元主体参与社会治理，形成治理合力

中国共产党的领导是中国特色社会主义最本质的特征，是中国特色社会主义制度的最大优势。在推进基层社会治理现代化进程中，社会治理体系是由众多子系统构成的复杂系统，其中核心是加强党的领导。乾县人民法院在推进“一镇一村、两行业、一中心”人民调解机制建设中，始终坚持在地方党委的领导下开展工作，紧紧依靠党委、政府建立了与其他治理主体信息互通、资

源共享、力量融合的工作联动机制，充分发挥基层群众的积极性、主动性和创造性，从而实现了多元社会治理主体协同共治。

（二）坚持关口前移、源头预防，有效解决主要矛盾和矛盾的主要方面，体现了以人民为中心的思想

两千多年前，《黄帝内经》中提出，“上医治未病，中医治欲病，下医治已病”，言即医术高明的医生并不是擅长治病的人，而是能够预防疾病的人。中国传统中医防重于治的思想，对当下基层社会治理领域依然具有十分重要的启示意义。乾县人民法院坚持把司法资源、司法治理和司法服务向基层下移，通过在镇、村两级分别设立社会矛盾联合调处中心、社会矛盾联调办公室，降低万人成讼率，全面打造无讼村、镇的做法，就是新时代继承和弘扬“枫桥经验”的生动实践。“一镇一村、两行业、一中心”人民调解机制重点解决民间纠纷、行业纠纷和婚姻家庭领域的纠纷，回应了人民群众关注的热点，也解决了当事人关心的焦点案件，体现了以人民为中心的思想。

（三）“一镇一村、两行业、一中心”人民调解机制坚持联调联动、多元化解，有效衔接了人民调解、行政调解、司法调解，建立了多元调解的联动机制

人民调解、行政调解、司法调解联动是具有中国特色的非诉纠纷解决方式。乾县法院坚持“三调联动”，以多元的方法化解纠纷，如在县交警队设立了道路交通事故诉调对接中心，使交通事故初次调解更专业、更权威、更快捷；在农业银行设立了金融纠纷联调中心，有效防范和化解金融风险纠纷；在城关人民法庭设立乾县人民法院家事审判中心，营造群众放心、信赖的家事纠纷调处环境。与此同时，乾县人民法院还广泛吸纳人民调解员、律师、乡贤名人等社会力量，为开展各项诉前联调工作打好了专业化队伍基础。坚持联调联动、多元化解，也推动实现了“小事不出村，大事不出镇，矛盾不上交”。

四、专家点评

当前，地方党委、政府、基层人民法院都面临矛盾纠纷大量涌现带来的巨大压力。如果单纯依靠单一的诉讼程序化解，人民法院显然不堪重负，治理效果也难以获得群众满意。乾县人民法院“一镇一村、两行业、一中心”的实践表明，法院紧紧依靠地方党委领导，依托基层组织和人民调解网络，可以将司法的专业性和人民性有效结合起来，并通过构建矛盾纠纷多元化解机制，形成纠纷化解的巨大合力，使纠纷止于未发、止于萌芽，推动实现诉源治理。乾县法院“一镇一村、两行业、一中心”人民调解机制，是围绕县域经济社会发展需要，准确把握执法办案和司法为民工作大局，全面审视、研判辖区案件结构，精心谋划创新完善平安创建工作的机制，取得了良好的效果。

（西安交通大学博士生薛永毅撰写）

延安市司法局：推广“两个三”工作法推进法治乡村建设

一、起因背景

2014 年 4 月 21 日，习近平总书记听取司法部工作汇报并作出重要指示，强调“要坚持把全民普法和守法作为依法治国的长期基础性工作”，要“创新宣传形式，注重宣传实效”。2017 年 10 月 18 日，习近平总书记在党的十九大报告中提出要继续坚持全面依法治国，并针对“三农”问题提出“实施乡村振兴战略”，进而要求健全自治、法治、德治相结合的乡村治理体系。2020 年 2 月 5 日，习近平总书记在中央全面依法治国委员会第三次会议上强调：“加强法治乡村建设是实施乡村振兴战略、推进全面依法治国的基础性工作。”“要教育引导农村广大干部群众办事依法、遇事找法、解决问题用法、化解矛盾靠法，积极推进法治乡村建设。”农村（社区）是社会的基石。建设法治乡村，维护基层社会的和谐稳定，离不开法治宣传教育和公共法律服务的助力。延安市司法局认真贯彻习近平总书记要求，充分发挥法治宣传、法律服务工作职能，积极面向农村（社区）群众提供优质高效的普法宣传、公共法律服务，努力为推动实施乡村振兴战略、建设法治乡村贡献力量。“七五”普法规划实施以来，全市乡村法治建设稳步推进，但在实践工作和调研中，也发现了农村（社区）普法、法律服务工作中存在的一些短板和薄弱环节。主要表现在：一是工作力量不足。基层普法工作、法律服务专业人员短缺问题凸显，工作责任难夯实。二是工作方法粗放。基层普法宣传和法律服务工作大多采取“大水漫灌”的方式，注重了表面的工作，难以做到精准服务。针对工作中存在的农村（社区）普法宣传工作不充分、公共法律服务资源供需不平衡的实际情况，延安市司法局收集问题、寻找对策，经过仔细梳理、认真研究、总结分析，从一村、一户入手，形成了“两个三”工作法，并在全市基层村组和社区推广，破解了农村（社区）普法宣传和法律服务工作中的瓶颈，为推动法治乡村建设提供了有效路径。

进行普法、法律服务宣传

二、主要做法

（一）配备“三个人”，明确基层法治宣传教育和法律服务工作“谁来干”

“三个人”，即法治副主任、法律顾问、法律明白人。延安市司法局在全市开展创建标准化民主法治村（社区）活动，为每个村（社区）配备一名法治副主任，负责对本村（社区）农民的法治宣传教育，夯实农村（社区）基层普法责任的根基。推行“一村（社区）一法律顾问”工作全覆盖，为每个村选派一名法律顾问，打造城区半小时、农村一小时法律服务圈。通过有针对性的指导和培训，在每个家庭中培养一名法律明白人，努力使每个家庭都有一名懂法律常识、知晓法律维权渠道的“明白人”，消除普法盲区，打通普法服务群众“最后一公里”。

（二）制作“三张卡”，明确基层法治宣传教育和法律服务工作“怎么干”

“三张卡”，即法律服务联系卡、法律援助卡、普法菜单卡。延安市司法局以县（区）为单位，制作“三张卡”，下发到农村（社区）每户家庭中。面向农村（社区）群众发放一张法律服务联系卡，向群众明确告知本村普法和法律服务责任人的姓名、联系方式，

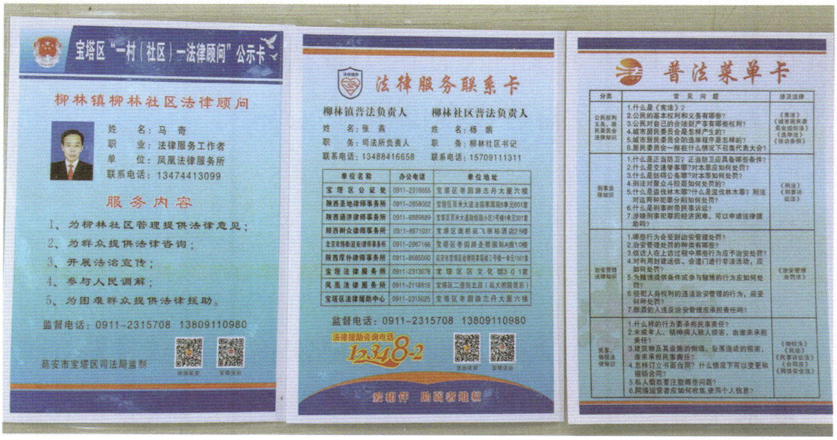

“三张卡”使普法宣传与公共法律服务有机结合

让群众在有法律需求时随时得到帮助；在充分调研群众法律需求的基础上，推广“菜单式普法”宣传方式，根据本地实际情况制作普法菜单卡向基层群众发放，努力做到精准普法，满足群众个性化的法律知识需求；各县（区）将“12348”法律援助热线升级为普法热线，持续加大法律援助工作宣传力度，面向农村（社区）普遍发放法律援助卡，选调业务能力强、工作热情高的优秀法律服务工作者值守热线，畅通基层普法宣传教育和法律援助渠道。

（三）“两个三”综合发力，助力法治乡村建设不断取得新的成效

“三个人”和“三张卡”共同构成“两个三”工作法，在这一工作法内，“两个三”有机结合，综合发力，促使延安市法治乡村建设不断取得新成效、新进展。

首先，工作任务进一步明确。全市“三张卡”统一了模板格式，开通法治延安公众号，设置常见法律问题、法律服务范围、司法局工作职能等板块，基本涵盖基层群众法律服务需求。“两个三”工作法推广以来，各县（区）都结合各自工作特点，扩充入户“三张卡”的内容，有效提升法律宣传和法律服务的精准性，真正使“三张卡”看得明白、用得方便。吴起县、黄陵县在入户发放“三张卡”的同时，同步编印发放《法在农村》《法治宣传农村篇》《社区学法宣传册》等漫画宣传册，将法律知识图文并茂地展现给老百姓。

其次，工作责任进一步夯实。延安市司法局把“两个三”工作法落实情况纳入年度普法工作要点，明确了各县（区）依法治县（区）办、司法局的实施主体责任，确保广大群众知晓本村（社

区）的三个普法责任人，使群众解决问题靠法有保障，确保每个家庭的三张卡片入户，让群众遇事找法心中有底。延川县建立了法律联系人到村值班服务制度，通过一次一记、一村一卷的工作日记和台账，确保法律联系人在人口较多和经济活跃的村（社区）每周服务一天，川道村每半个月至少到村服务一天，山区和较偏远村每个月至少到村服务一天，使较少的法律专业人员更多地为群众提供法律服务。

最后，工作效果进一步强化。延安市司法局要求各县（区）把落实好“两个三”工作法，作为年度目标责任考核，迎接全省、全市普法验收工作中必须考核项目的检查，上下一心补齐短板，共同推动全市法治宣传教育工作取得新的成就。2017 年 7 月，宝塔区临镇镇付家湾村因蒙华铁路项目征地补偿款分配问题引发纠纷，该村法治副主任、法律顾问立即介入，对相关法律问题逐一进行解答，圆满化解了一起可能发生的集体上访事件。2018 年，吴起县白某不堪忍受丈夫的家庭暴力，通过家里的“普法联系卡”向法治副主任和社区法律顾问寻求帮助，法律顾问随即为其申请了法律援助。事后白某感慨道，自己不幸地遇到了失败的婚姻，但又幸运地遇到了“三张卡”和热心的法律工作者，保护了自己的合法权益。

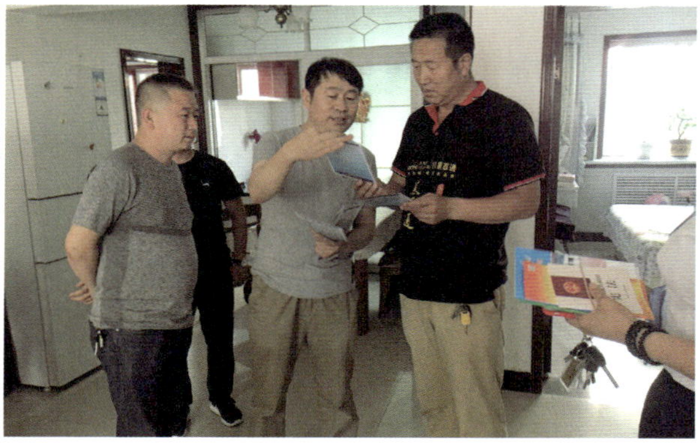

入户发放“三张卡”

据统计，“两个三”

工作法推广以来，全市共入户发放“三张卡”42万余份，明确村（社区）法治副主任1927名，培训“法律明白人”35.6万人，确定法律顾问613人。全市共发放宣传册（页）59万余份，为农村（社区）群众提供法律咨询、开展法律体检和服务共计7800人（次），开展法律讲座2400余场（次），提供法律援助2100余件，解答法律咨询1.5万人（次），制作宣传标语、悬挂横幅5200多条，受教育群众40余万人。

三、启示思考

（一）坚持问题导向是根本

“两个三”工作法紧扣农村（社区）普法宣传和公共法律服务工作中的问题，准确把握“谁来干”和“怎么干”的核心问题，分别从人和事两个方面制定了翔实具体的措施，明确了实实在在的抓手，补齐了农村（社区）普法宣传和公共法律服务短板，做到了有的放矢、精准施策。

（二）有效整合资源是关键

“两个三”工作法紧盯法治乡村建设工作中普法宣传教育和公共法律服务工作重点，通过有效整合司法行政资源，依托“三张卡”，将普法微信、微博和“12348”法律援助热线相关服务平台的法律知识宣传到户，依靠“三个人”将法律援助、公证、律师、司法鉴定等法律服务普惠到人，使普法宣传和公共法律服务有效融合，打出一套司法行政“组合拳”，产生了“一加一大于二”的效果。

（三）服务法治乡村是目的

“两个三”工作法紧贴群众切身利益，坚持通过入户到人等“接地气”的方式，增强普法宣传、法律服务工作的针对性和实效性，通过加大普法力度、完善法律服务体系，让农村（社区）群众“找得到法、用得到法、信得过法”，使以人民为中心的服务理念得到全面贯彻落实，为提升基层群众法治观念，引导农民群众积极投入法治乡村建设奠定了坚实基础。

四、专家点评

法治乡村建设是全面依法治国的重要基础，是乡村振兴战略的必然要求，也是坚持和发展新时代“枫桥经验”，打造共建、共治、共享社会治理格局的重要内容。延安市司法局大力弘扬延安精神，传承司法为民的优良传统，落实“传承红色基因，建设法治延安，创造美好生活”的工作思路，针对农村（社区）普法宣传工作不充分、公共法律服务资源供需不平衡的问题，通过整合司法行政服务资源，形成并推广了以“一村三个人、一户三张卡”为主要内容的“两个三”工作法，取得了显著成效。“两个三”工作法有力呼应了人民群众的需求，促进了法治乡村建设，对市域社会治理现代化也起到了积极的推动作用。

（西北政法大学枫桥经验与社会治理
研究院副院长王斌通讲师撰写）

PING'AN SHAANXI

JIANSHE CHUANGXIN
ANLI XUANBIAN

平安陕西
建设创新案例选编

（一）

下

陕西省委政法委
陕西省委平安办 ◎ 编
西北政法大学

陕西新华出版传媒集团
陕西人民出版社

目录
contents

社会治理篇

平安创建篇

基层基础篇

社会治理篇

SHEHUI ZHILI PIAN

安康市汉阴县：创建“321”治理体系 实现大数据时代县域无缝隙治理

一、背景起因

党的领导是基层社会治理的政治保障。汉阴县委、县政府在确保基层社会正确的政治方向的同时，牢牢把握“治理有效”这条主线，精准施策，以“信息化平台”建设为抓手，形成了“三线两化一平台”（简称“321”）基层社会治理模式。“3”即“三线”，党员联系群众、人大代表联系选民、中心户长联系居民；“2”即“两化”，管理网格化，服务精细化；“1”即“一平台”，村级自治平台。通过“321”体系收集县级综合治理信息，有效提高了全县综治平安建设工作信息化水平，为汉阴县委、县政府推进基层社会治理“精准”“有效”奠定了基础。

“321”基层社会治理模式有效回应了群众心声，提升了党委领导权威和治理效能。社会治理的本质是凝聚基层民心，精准解决群众的各类诉求，把基层社会中遇到的问题、难题纳入党委、政府研究、决策的议题范围，精准施策，及时回应。群众的气顺了、心齐了、劲足了，矛盾纠纷就实现了“就地化解”；基层党组织在及时解决“身边事”“鸡毛蒜皮的小事”的过程中不断提高战斗力，增强凝聚力，党委政府权威领导力也会逐步提高，县域治理活力也就自然呈现。近年来，全县经济保持两位数增长，2017 年全县社会治安满意率达 95.06%，位居全省第 5 位，被评为全省平安建设先进县。2017 年，汉阴县实现生产总值 95.1915 亿元，同比增长 10.8%；2018 年，实现生产总值 107.7 亿元，同比增长 11.1%，全省经济增速位居第五。2018 年陕西省委 1 号文件提出，推广汉阴县以网格化管理为抓手，以信息技术为支撑，实现管理服务精细化的做法。

二、主要做法

（一）创新“三线”机制密切联系群众

“三线”机制是指以镇党委、人大、政府“三条线”为纽带，分别进行延伸，成为密切联系群众的组织网络体系。

以镇党委抓村党支部，党支部抓党员，党员联系群众为第一条线。依托党员“积分制”管理，推行有能力的党员直接联系服务群众的制度，通过走访、约见、接待等形式，面对面宣传党的路线、方针、政策和法律法规，听取、收集群众意见、建议，帮助解决实际困难。实现党员与群众互动、联动，密切了党群关系。通过实事承诺、日常践诺、年终评诺、全年积分制管理，充分发挥党员的桥梁和纽带作用，强化党与群众的血肉联系。

以镇人大主席团抓代表小组，代表小组抓代表工作室，工作室联系人大代表，人大代表联系选民为第二条线。为了增强人大

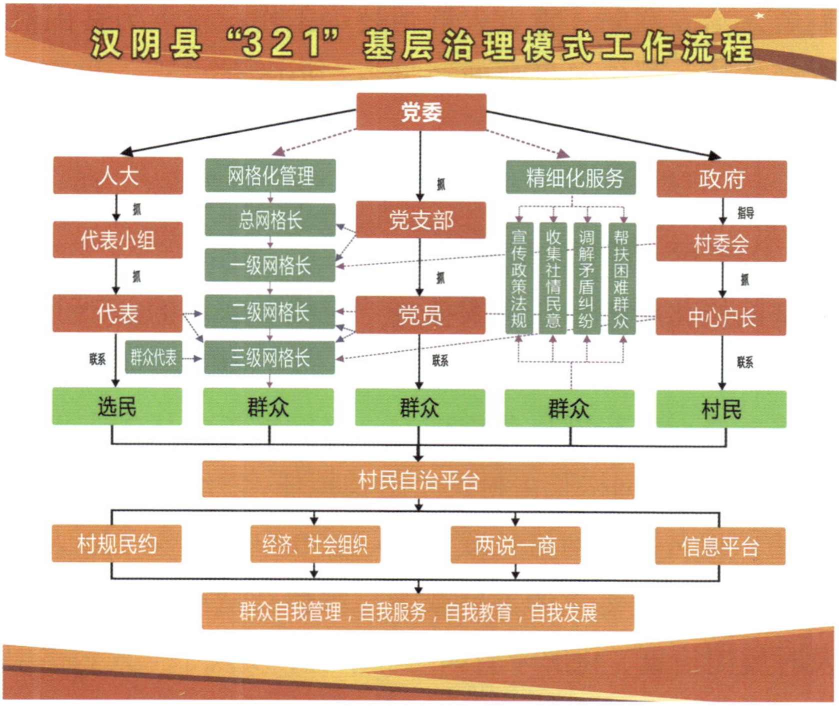

“321”基层治理模式工作流程

代表的公信力，在各村建立人大代表工作室，公开人大代表信息，推行人大代表联系选民制度，通过联系走访、开展周三接待选民日活动，以及每季度召开选民座谈会，收集听取选民意见建议，为群众排忧解难。既增强了村民反映合理诉求建议的积极性，同时也增强了各级人大代表的公信力。2015 年以来，全县 629 名驻村人大代表，共收集选民意见 3000 余条，并一一回应解决。

以镇政府指导村委会，村委会抓中心户长，中心户长联系村民为第三条线。通过镇政府指导村委会工作，群众推选中心户长，依托村组矛盾纠纷调解组织，建立了中心户长联系村民制度。全县共推选中心户长 2354 名，协助镇村做好信息收集、政策宣传、纠纷调解、治安联防、重点人群帮教等工作，重点为贫困群众、鳏寡孤独等特殊群体提供帮助和服务。2015 年以来，共排查调处各类矛盾纠纷 1 万余起。

（二）实行“两化”管理服务

一是网格化管理。在切实抓好“三线”联系的基础上，以村为基本单位，根据村民居住的集散程度、人口数量，划分为一、二、三级网格，全面实行网格化管理。一级网格长由村党支部书记或村主任担任，二级网格长由村民小组长担任，三级网格长由“三线”人员担任，每名三级网格长联系 20 至 30 户、70 至 120 人不等。网格长主要负责宣传党的方针政策、掌握社情民意、收集群众诉求、及时反馈信息、化解矛盾纠纷等事宜，实现了“人到格中去、事在网中办”。

二是精细化服务。在网格化的基础上，实行分级分类管理，镇、村组织对全村所有住户进行拉网式排查，针对各户的经济收入、产业基础、家庭结构、利益诉求等具体情况，将群众划分为放心户、关心户、连心户，分别对其实行“在线、一线、热线”服务：家庭经济收入持平和超过全村平均水平且连续三年被评为“平安家庭”的农户定为放心户，网格中将其标为“绿色”，

“321”基层治理模式对口协商座谈会

村上对其实行等候“在线”服务；家庭经济收入低于全村平均水平且近两年未被评为“平安家庭”的定为关心户，党员、人大代表、中心户长定期到住户家中了解情况，网格中将其标为“黄色”，有针对性地开展“一线”服务；“三留守”人员家庭、残疾人家庭、贫困户家庭、有服刑或刑释解教人员家庭定为连心户，每户确定一名党员、人大代表或中心户长，实行一对一帮包，网格中将其标为“红色”，对其实行“热线”服务。在日常工作中，要求全体党员、村级干部和“三线”人员按照“绿户门前放心行，黄户门前停一停，红户门前要上心”的要求做好联系帮扶工作。

（三）搭建“六位一体”村民自治平台

在畅通“三线”“两化”解决群众个人诉求的渠道基础上，进一步构建以村党组织为核心、村民（代表）大会为决策主体、村委会为执行主体、村监委会为监督主体、村级经济组织为支撑、社会组织为补充的“六位一体”村民自治平台。满足全体村民对村庄经济发展、基础设施建设、公共服务、环境保护、和谐稳定等共性需求。

健全“一约四会”制度。以村（社区）为单位，组织群众制定乡规民约，逐户签订守约承诺，用乡规民约引导群众有效实行社会自治。同时，组织群众建立红白理事会、村民议事会、道德评议会、禁毒禁赌会，着力培育群众自我教育、自我管理、自我服务、自我监督的能力。

大力发展经济社会组织。为适应现代农业发展和群众参与乡村治理的需要，依托龙头企业、现代农业园区、合作社和能人大户，建立一批农民专业合作社，培育一批农村专业协会、公益慈善和社区服务类群众性社会组织，充实治理主体，使其成为群众合作发展、互助服务、情感交流的平台。目前全县共成立村集体经济合作社141家，农民专业合作社318家，互助资金协会116个，志愿者服务队180余支，红白理事会141个，其他类社会组织100余个，带动贫困户近3000户，在推动县域治理方面发挥了重要的组织带动作用。

积极开展民主协商。为不断提升群众自治水平，汉阴县出台了《村级民主协商议事制度》，制定了《民主协商议事规则》，吸纳威望高、办事公道的老党员、老干部、乡贤人士、群众代表参加，广泛开展民主协商。对协商形成的意见，村党组织及时召开会议研究、分类交办，特别重要的按照法定程序提交村民（代表）会议表决。对采纳协商决策成果及执行情况及时向群众公示公开，把群众的建议意见变为村党组织的思路和决策依据，将群众对村集体事务管理的知情权、参与权、监督权落到实处。同时，全县还积极推行“干部说法说政策、群众说事说心声、大事要事民主协商”的“两说一商”机制，创新民意收集渠道，增强群众主体意识、责任意识和自治意识，为全面实现乡村振兴夯实了根基。

三、启示思考

（一）县域治理理念实现了由管理到治理的根本转变

“321”基层治理模式创新了社会治理理念，优化了县域基层治理主体的网络结构，实现了基层社会从“管理”向“治理”的根本转变，党委政府等行政组织也转型为“服务型政府组织”。社会治理模式也由“自上而下”的指令型管制模式过渡到多元互动型模式，基层群众参与社会治理的主体性、主动性明显提升，村民自治水平得到有效提高。

（二）调动各方资源，形成了基层社会治理合力

基层群众自治制度是中国特色社会主义政治制度的重要内容，但由于村民政治参与意识淡薄、参与渠道不畅，长期以来乡村的事务仍然是由少数人操心。“321”基层治理模式通过资源整合，既凝聚了民心，又激发了各类基层组织参与社会治理的热情，通过对农村党员实行实事承诺和积分制管理，激励先进，切实增强了党员的归属感和荣誉感；在各村建立人大代表工作室，年终选民对代表履职情况进行评议，为各级人大代表开展工作搭建了平台；对中心户长实行“以事奖补、以案定补”、跟踪培养机制，让中心户长既有前途，又有“钱图”，真正为基层社会治理储备了力量。

（三）社情民意调查提高了基层社会治理的精准度

依托321治理网络成立了汉阴县社情民意调查中心，配备8名专职人员，随时进行民意动态调查、抽样调查，充分发挥了基层社区群众在社会治理中的主体作用，改变了基层党委、政府长期在社会治理单打独斗的困境，将基层社会组织力量纳入社会治理的体系中，党委、政府的核心地位得到凸显，党委、政府决策的精准度和有效度得到提升。

（四）畅通了诉求渠道，有效维护了农村社会稳定

“321”基层治理模式彻底改变了过去群众“有事只找村干部，无事不登三宝殿”的现象，群众的诉求渠道宽了，听取群众意见建议的人多了，协调解决群众矛盾纠纷的力量强了。通过三线人员与服务对象拉家常、联络感情，及时发现以前村干部难以发现、未及时发现、难以解决的问题，掌握矛盾纠纷隐患，对能化解的及时化解，暂时化解不了的跟踪稳控，做到矛盾不激化、不上交，有效预防了“五失”（生活失意、心态失衡、行为失常、家庭失和、情感失迷）人员恶性案件的发生。连续三年，全县刑事、治安发案同比共下降36.8%、12%，其中命案同比共下降60%；越级访大幅下降，基本实现了“小事不出组、大事不出村、矛盾不上交、纠纷不激化”的治理目标。2017年，汉阴县社会治安满意率由2016年全省第68位跃居到第5位，被评为陕西省综治平安建设先进县。

（五）网格化、数字化全域覆盖，消除了基层社会治理盲区

“321”基层治理体系将群众分为放心户、关心户、连心户，按照“就近、就便、就亲”的原则，精准施策，实行有针对性的定制服务。全县乡村共划分成4876个三级网格，做到了全县10个镇、149个村（社区）、1441个村民小组、7.8万农户全覆盖，真正实现了“人到格中去、事在网中办，每格有人管、每户有人帮”。在网格化管理中，各村都建立了一套民情台账，给每户群众制定了一张“三线”人员联系卡，让群众能随时咨询政策、反映情况

并及时得到回应。以往群众办事是“鞋跑烂、腿跑断、事难办”，现在是“群众动嘴、干部跑腿、干群关系如鱼水”，构建起县域治理的互动网络数字平台，推升了县域数字治理水平。

（六）加强民风建设，提升乡风文明

“321”基层治理模式是以“三治融合”为基础的。“321”基层社会治理体系构建以弘扬“德治”为目标，大力弘扬社会主义核心价值观，通过民主程序制定乡规民约，引导村民依法“自治”。全县各村大力开展“群众说、乡贤论、榜上亮”道德评议活动，设置道德讲堂、红黑榜等载体引导村民参与，提炼推广优良家风、家训、家规，培育文明新风，引领社会风尚。2015 年以来，共评选表彰“好婆婆”“好媳妇”“好妯娌”1825 名、“最美家庭”1967 户。全县 80% 的行政村修订完善了乡规民约，征集优选家规、家训 200 余条，其中沈氏家训被中央纪委在全国推广。

四、专家点评

“321”基层治理体系重构了县域社会治理的基本组织架构，以此收集县域治理的相关信息，进而建立了“321”大数据库，对全县的“人、地、事、物、组织”等数据进行全面采集、挖掘，形成了县域社会治理全覆盖的基础数据。通过数据实时更新、统一归口、动态管理，及时打通了公共信息服务的“最后一公里”，为县域社会治理实现有效治理、精准施策提供了数据支撑。同时，“321”治理体系从根本上解决了县域党政机关密切联系群众的现

实难题，通过数据信息“无缝对接”，科学决策、精准施策，转变了政府服务职能，创新“用数据说话、用数据管理、用数据决策”的基层社会治理新机制，有效提高了公共管理的质量和人民群众的获得感、幸福感和安全感。当然，“321”基层社会治理体系背后是一批担当作为、勇于创新的县域治理创新者，以及从事信息收集、矛盾纠纷化解的“三线人员”，他们通过日复一日的不懈努力淬炼了“初心”，锻炼了能力，是基层社会治理网络的核心和支撑，是基层治理网络中最活跃的“要素”之一。

（西北政法大学政治与公共管理学院院长侯学华教授撰写）

汉中市南郑区：创建重大案件审结后跟踪服务“五步工作法” 预防案后案发生

一、背景起因

“张扣扣杀人案”发生后，南郑区委、区政府高度重视，积极应对，由南郑区委政法委牵头，认真分析研究，有针对性地创新探索预防个人极端行为和“案后案”的“良药妙方”。南郑区委政法委迅速组织政法各部门、相关部门和镇办参与，在深入调研的基础上，出台并印发了《关于落实重大案件审结后跟踪服务“五步工作法”工作机制的实施意见》，提出研判移交，释法说理，安抚疏导，帮扶济困，评估联控“五步工作法”，建立完善重大案件审结后跟踪服务工作机制。“五步工作法”旨在实现司法判决与政府服务的“无缝对接”，有效防控个人极端案件和“案后案”发生。

二、主要做法

（一）“五步工作法”的目标任务

一些刑事、民事、行政案件审（执）结后，涉案当事人家庭监管服务跟进“缺位”；有的案件经人民法院审理、执行终结或交警部门调处后，涉案当事人家庭的衍生矛盾未得到实质解决，恩怨未得到根本消除，或执结后导致家庭生活困难。这些案件后期跟踪稳控服务出现空档，极有可能出现“民转刑”，酿成案后案。窥一斑而见全豹，张扣扣等个人极端案件的发生值得深思和反省。究其深层次原因，基层社会治理工作中存在“三个不到位”：

一是后续跟踪服务不到位。从法院诉讼和交通事故处理流程来看，大多先导入诉前调解和交调委进行民事调解，案件当事人确实无法达成和解的，进入司法程序。法院依据相关法律审判和判决，判决生效后，审判团队派员释法说理，很多案件判后因家庭困难、相关当事人不服等因素，执行不到位，矛盾仍然存在，后续监管服务脱节。1996 年，张扣扣母亲死亡后，案犯受到相应的法律制裁，张扣扣家庭也得到了赔偿。但由于社会治理和政府服务存在“空档”，张扣扣幼小失母的心灵缺乏正面引导和慰藉，其生活和工作没有得到应有关注。

张扣扣案件审理后，司法所、派出所对当事人家属进行思想稳控

二是心理服务机制不到位。基层心理服务人才稀缺，专业机构配套资金短缺，心理服务体系建设还相当滞后。一些邻里矛盾、家庭矛盾等纠纷引发心理不平衡、思想消极、扬言报复。类似情绪得不到及

时疏导疏通，极易发生个人极端案事件。回顾张扣扣案件的起因，其幼年失去母爱，父亲感情冷漠，心理的仇恨和阴影得不到安抚。加之家境窘迫，长期生活不如意，眼瞅着“打死自己母亲的凶手”家庭日子红红火火，轻生的念头和复仇的意念滋生，最终上演了一场悲剧。假如，张扣扣在家庭和社会的双重引导关怀下，生活自给自足，日子美满幸福，这场“为母报仇”的惨案或可避免。

三是纠纷化解联动不到位。城镇化建设进程加快，征地拆迁、债务纠纷、非法集资等领域不断引发新的矛盾，许多矛盾涉及几个部门行业，一个单位解决不了问题，部门单位之间相互推诿扯皮，问题长时间得不到解决，“小事拖大，大事拖炸”，群体性聚集、越级上访事件频发。这些矛盾的解决，需要单位牵头协调，形成化解合力，按照“谁主管，谁负责”的原则依法逐一化解。调解无法达成一致的，引导进入司法诉讼。对于无理取闹、死缠烂打的当事人，应由公安机关采取强制措施，检察院、法院依法起诉、审理，坚决予以打击。

为了填补重大案件后续稳控服务“空位”，建立沟通衔接机制，南郑区成立了重大案件审结后跟踪服务工作专项组，由南郑区委政法委牵头协调，区法院、公安分局、司法局、妇联、团区委、民政局、教体

新集镇在“张扣扣案件”审结后到王坪村进行回访

局等相关单位和各镇（办）为成员单位；建立重大案件会商移交联席会议制度和信息报告制度，定期会商重大案件，交办跟踪服务工作责任。明确了各成员单位职责任务，构建了“政法委牵头协调，当地党委、政府安抚稳控，相关部门配合落实”的工作体系，有效解决了一些重大案件审结后续跟踪“无人管”的问题；明确“五步工作法”，环环相扣，落实后续“补位”问题。将人民法院审理终结和交警部门调处结案后仍有重大矛盾纠纷和存在不稳定、安全隐患案件的涉案当事人家庭纳入后续跟踪服务范围。分五步实施后续稳控服务，确保相关责任、任务的落实，从人员移交、宣传解释、安抚救助、跟踪稳控等不同方面，将责任落实落细，实现预防目的。

（二）“五步工作法”的实施步骤

一是研判移交。每季末，由区人民法院、区公安分局交警大队对本季度审理终结、调处结案的案件进行分析、研判、认定，列出需要移交稳控服务责任清单。由区委政法委牵头，组织相关部门、镇（办）召开专题会议会商，现场交办，明确稳控服务责任。

二是释法说理。按照“谁判案谁负责”的原则，组织办案干警开展判后回访工作。针对涉案（事）当事人及家庭成员深入解释疏导，做到“四清楚一明白”，即把案件事实讲清楚，把双方责任讲清楚，把判决的法律依据讲清楚，把相关法律程序讲清楚，把涉案当事人及家庭成员的疑惑解答明白。通过延伸服务，答疑解惑，有效化解矛盾纠纷。

三是了解涉案家庭成员现状，准确掌握他们的心理状况。对社会不满，认为司法判决不公，仍有对立情绪、性格暴躁孤僻等思想不稳定的涉案家庭成员，落实善于做群众工作的领导干部和本镇、村（居）、组德高望重的干部群众，定期开展心理疏导、情绪宣泄等心理调节服务。必要时可聘请心理辅导专家上门服务，消除怨气、疏通情绪、化解矛盾，直面存在的问题，拿出解决问题的方案，从根本上解决问题。

四是帮扶济困。当地党委、政府从生产生活、入学就医、子女就业等方面对涉案困难家庭予以照顾和救助。采取申请司法救助、民政救助、医疗救助等多种方式予以援助，着力解决生产生活中的困难和问题。把对弱势群体的帮扶救助，作为化解矛盾纠纷的根本方法。

五是评估稳控。把移交的涉案家庭成员纳入镇（办）重点人群管理范围。健全管理台账和工作日志，夯实镇（办）、村（居）、组干部的稳控责任。建立定期分析研判和重大情况信息报送制度，采取一包一或多包一的方式，切实加强动态监测和预警。定期对其家庭生产生活、成员思想状况等方面进行综合评估，强化预防措施，积极作为，有效施策。

（三）"五步工作法"的实践应用

南郑区严格督导考核，推动后续跟踪服务责任"到位"，将此项工作纳入政法综治维稳工作考核内容。同时，南郑区委政法委落实执法监督科专项负责，联系协调、督查督办。建立健全定期督查督办和责任追究制度，对因工作不力、推诿扯皮、管控不到位、帮扶救助不及时导致再度引发人员伤亡的，按照相关规定和程序，实施“一票否决”，严肃追究相关单位和领导干部的责任。自南郑区落实重大案件审结后跟踪服务“五步工作法”以来，移交7个镇办，3个部门后续跟踪稳控服务责任的案件11件；其中，刑事案件7件，交通事故4件，涉案家庭20个。累计开展跟踪走访120余次，心理疏导服务6次，落实司法救助、民政救助、困难救济60余万元。“五步工作法”通过积极作为，采取有效措施，有力疏导、化解重大矛盾纠纷，预防案后案的发生。

三、启示思考

（一）凝聚各方合力，构建多元共治大格局

当前，各类矛盾纠纷趋于复杂化、多元化，化解社会矛盾，维护群众利益，促进社会和谐，必须优化整合相对分散的资源，形成社会治理合力。南郑区建立的重大案件审结后跟踪服务“五步工作法”，由区委政法委牵头，法院、公安、司法、妇联、团委、民政、教体等相关单位和各镇（办）力量参与，稳控服务责任落实至当地党委、政府。涉案家庭生活困难的，由政法委、法院、检察院落实司法救助，民政部门给予生活补助；妇联、团委加大对涉案家庭妇女儿童的关怀帮助力度，适时开展教育宣传和心理疏导；子女在校上学的，夯实教体部门、相关学校的教育、引导和关爱责任；仍有矛盾纠纷的，以当地党委、政府为主体，联合司法、法院、公安等部门深入调处调和，最大限度消除纠纷隐患。仍不能缓和的，由当地党委、政府落实“一案一专班”，夯实镇办干部、村（社区）干部监管责任。建立工作台账，实行动态管

理，定期上门走访，在加强稳控措施的同时，不间断地教育引导，确保矛盾不升级不激化，把相关人员稳控在当地。通过有效整合各级党委、政府和有关职能部门的资源和力量，南郑区形成了齐抓共管的社会治理工作大格局。

（二）坚持综合治理，运用多种手段标本兼治

重大案件审结后跟踪服务“五步工作法”，有助于消除风险隐患，预防矛盾激化，推动矛盾就地化解。充分运用政治、经济、法律、教育、救助、疏导等手段，配合落实打击、防范、服务、管理等多方面工作，主动回应和满足相关当事人最关心、最直接、最现实的利益诉求。在处理“张扣扣杀人案”善后工作中，南郑区按照“属地管理”和“谁主管谁负责”的原则，分别由当地党委，政府、文旅局、林业局成立工作专班，定期上门走访、跟踪服务，解决涉案家庭生产生活难题，民政部门落实临时救助和低保金政策，相关政法部门实施司法救助，最大限度解决了涉案家庭的后顾之忧，充分体现和贯彻了民本导向与现代服务型政府理念。要从根本上解决个人极端案（事）件和“案后案”，必须跳出“事后惩治犯罪，化解矛盾纠纷”的传统治理思维，树立全新的综合治理理念。

（三）严格考核奖罚，推动责任落实到位

完善配套相应考核制度、督办制度和会议制度，重大案件审结后跟踪服务“五步工作法”，夯实了牵头协调、案件移交、稳控服务、督办检查等工作责任。健全与完善督办推进、联席会议、责任追究、考核考评等机制，把机制的建立与考核奖惩挂钩。定期通报讲评、分析研判、督导检查，推动工作常态化开展。把机制落实纳入社会治安综合治理和平安建设考核体系，并对工作不力的单位，严肃追责问责，实施“一票否决”，取消年度工作评先评优资格。把责任压实，形成上下联动、条块结合、协同用力的齐抓共管局面，追求良法善治效果。

四、专家点评

“张扣扣案”的发生，给人们带来极大的震撼，一度引发全社会对于法与情的探讨和反思。南郑区吸取经验教训，亡羊补牢，就如何对案件当事人进行疏导安抚、帮扶救助从而避免“案后案”的发生，建立了重大案件审结后跟踪服务“五步工作法”，用机制消除重大案件的潜在安全隐患，预防涉法涉诉和“民转刑”案件的发生，破解了司法判决和调处结案后仍有纠纷隐患的家庭“监管缺位”难题。“五步工作法”创新了社会治理体制机制，充分调动有关资源和力量，积极预防和化解影响社会稳定的各类风险和隐患，做好案后疏导管理帮助，对预防案后案的发生，将起到积极的作用。

（西北政法大学博士生李乐凡撰写）

咸阳市中级人民法院：创建“五链共治　法在基层”社会治理模式　全力打造市域社会治理现代化咸阳版本

一、背景起因

中国特色社会主义进入新时代，人民群众对美好生活的需要呼唤基层社会治理创新，向往打造共建共治共享的社会治理格局。2020年4月，习近平总书记在陕西考察时强调，要“加强和创新社会治理，坚持和完善新时代‘枫桥经验’”。在当前社会纠纷数量不断增长的背景下，法院立足于审判职能参与基层社会治理的同时，还需要确立“把非诉讼纠纷解决机制挺在前面”的现代纠纷解决理念，努力通过构建多元化社会纠纷解决机制来最大限度地化解社会矛盾，结合地方实际积极探索诉源治理的理想模式。

“诉源治理”是基层社会治理的重要组成部分。2019年8月，最高人民法院发布《关于建设一站式多元解纷机制一站式诉讼服务中心的意见》，指出“聚焦突出矛盾问题，满足多元司法需求，推动形成分层递进、繁简结合、衔接配套的一站式多元解纷机制，加快建设立体化、集约化、信息化的一站式诉讼服务中心，增强多元解纷和诉讼服务的精准性、协同性、实效性”。

“五治”与“五链”

咸阳市根据中央关于推进市域社会治理现代化的部署和省委工作要求，围绕提升社会治理现代化水平，在基层治理实践中建立“五链共治”模式，形成了“专责机关与群众路线结合，司法责任与社会责任共担，审判执行与综治工作联动，诉讼调解与其他调解对接，市域治理与诉源治理联通，基层民主自治与司法治理互动，司法保障与平安建设融合的诉源治理工作格局，走出了一条党政主导、政法主力、法院主推、部门主责、基层主抓、群众主体，社情民意情理兼顾，行政司政调解衔接，依法多元解决矛盾纠纷，确保长治久安的新路子”，具有创新性和启发意义。“五链共治”的诉源治理模式，是把诉源治理工作融入“基层党建链、群众兴趣链、司法保障链、社会文明链、创新服务链”各个环节当中，实现了源头预防为先、非诉机制挺前、法院裁判终局。

二、主要做法

（一）政治引领，将诉源治理融入基层党建链

积极回应新时代人民群众的司法需求，不断探索现代司法理

念，按照诉前程序实质化的要求，努力实现市县一体化，从全局视野出发，以对诉的初始源头治理为起点，将诉源治理融入咸阳市社会治理的总体部署当中。在诉源治理的过程当中，围绕着纠纷的“产生、升级、激化、化解、起诉、终结、消亡”的各个节点，充分发挥司法裁判在保障经济发展、服务全市大局、平复社会矛盾、规范社会行为、深化风险防控、指导多元共治、促进互动自治和引领价值导向的社会治理功能，积极推动在党政引领下的多元主体参与、多方责任共担、多种机制共振和多样资源整合，实现政治、法治、自治、德治、智治的“五治融合”，探索“五链共治、法在基层”，助力更高水平的平安咸阳和法治咸阳建设。

为了落实咸阳市委市政府《关于依法推进诉源治理的工作意见》和咸阳市人大《关于强化多元化矛盾纠纷解决机制推进诉源治理工作的决定》，咸阳市委政法委和市中级人民法院联合出台《全市诉源治理“四级平台”建设标准》，整合市县两级综治中心、矛盾纠纷联合调处中心、诉调对接中心等机构，统一归入人民法院诉讼服务中心，并在镇（街道）、村（社区）分别建立法律服务站和法官工作室；建立“党政主导”的基层社会治理平台，形成“党建先行”的工作机制。按照咸阳市委组织部、市委政法委《关于成立依法推进诉源治理临时党组织的通知》，成立诉源治理临时党组织，推行驻村（社区）法官担任村（社区）党支部副书记、镇（街道）法律服务站临时党支部书记，把党支部建在法律服务站、党小组设在法律服务窗口；出台了《关于服务参与基层党建“法律体检”机制的指导意见》，积极参与基层党组织依法治理，依法服务保障基层党组织的思想建设、组织建设、作风建设和党风廉政建设，不断提升基层党组织依法决策制度化、规范化、程序化。

咸阳市政府制定《关于鼓励社会力量参与矛盾纠纷化解的若干政策》，推动市县两级政府将诉源治理经费纳入同级财政预算，设立委托调解专项经费，鼓励社会力量参与多元解纷，不断推动“党建引领、多元解纷、诉源治理、诉讼服务”升级换代。咸阳市委组织部、市委政法委与市中级人民法院联合下发《关于设置诉源治理工作考核指标的通知》，明确将辖区万人成讼率、诉前化解成功率、失信被执行人比率、行政机关负责人出庭比率、民转刑案件比率等指标纳入党委政府对下考核体系。咸阳市中级人民法院出台了《关于建立镇（街道）法律服务站、村（社区）法官工作室工作机制的指导意见》，把包联法官的工作业绩与岗位考核挂钩，确保工作责任落到实处。

（二）自治固本，将诉源治理融入群众兴趣链

开办法治有我“法学院”，征集专群共治“微心愿”，通过法律进社区、农村、社团、企业、学校活动。将法律知识、法治故事、典型案例与社区文体活动结合起来，拍摄制作《远山槐花香》《崖洞山下的女法官》等法治微电影，定期向公众展播，引导提升群众法律意识。开展包联法官“半月谈”、法官在线“云服务”、“家事和美法管家”等活动，发挥司法在村民自治、村规民约、居民公约制定中的导向作用。制定《关于指导镇（街道）、村（社区）“村规民约、居民公约、家规家训”的意见》，引导社村社团修订“新家训”“新乡约”，助推矛盾纠纷在社村源头化解。出台《关于将旁听群众意见引入审判工作制度》，通过设立巡回审判点，群众评案、判后说法等活动，以案说法、以事普法、以理送法，指导基层组织和群众自我解纷、依法维权的意识和能力，为基层培育了一批不走的“土法官”，推动了乡风、民风的根本转变。

咸阳市委政法委制定《关于开展“无诉讼案件、无民转刑案件、无信访案件、无群体性事件、无安全事故”村（社区）、镇（街道）创建活动实施意见》，积极开展“五无创建”活动。集中表彰“五无”村镇，引导人民群众将矛盾化解在基层，努力做到小事不出村（社区）、大事不出镇（街道）、难事不出县区。创建活动成功化解矛盾纠纷的同时，增强了基层群众自治制度的实践。

（三）法治立规，将诉源治理融入司法保障链

咸阳市中级人民法院出台了《优化营商环境工作零缺陷、程序零违规、办案零差错、服务零投诉、违纪零容忍工作意见》，推动诉前程序、案件速裁、案件庭审、执行质效、案件合议、民意互动、审判监督、刑事庭审、行政化解和对下指导“十个实质化”，及时化解矛盾纠纷；制定《关于推行矛盾纠纷预防化解“三三制”工作机制的实施意见》，在咸阳全市推行矛盾纠纷诉前调解“三三制”工作法，即首轮调解由村（社区）法官工作室或职能部门进行，调解未果的依次转入镇（街道）法律服务站、县（市、区）联合调处中心进行第二、三轮调解，最后由县（市、区）法院诉讼服务中心依法立案或审理，形成市级统揽，县（区）、镇（街道）、村（社区）联调互动、四层共治解纷机制。

咸阳市委政法委、市司法局和市中级人民法院联合下发《关于开展诉调对接工作实施办法》，加强专职调解员队伍建设。全

市选聘 33 名专职调解员、26 名律师进驻诉讼服务中心；规范调解前置程序，明确调解前置结果运用以及拒不接受合理调解惩戒措施；开通司法确认快捷通道，通过司法确认赋予调解协议法律效力。

（四）德治润心，将诉源治理融入社会文明链

设立司法巡回“审判点”、惩戒失信“曝光台”、社村矫正“新生驿”，通过公益诉讼、赡养抚养、乡村邻里、正当防卫等案件的公开审理，大力弘扬社会主义核心价值观。制定《将善良风俗引入审判工作指导意见》，鼓励诚实守信、见义勇为、扶危济困、扶弱助残等行为，倡导正能量，引导人民群众崇德向善。出台《关于强化执行措施加大惩戒力度推进执行实质化的实施意见》，在村（社区）设立惩戒失信“曝光台”，加大对欺诈、失信等不良习俗的矫正和引领。弘扬“崇德包容、尚法创新”的咸阳精神，通过“道德法庭”等载体，从公民个体、家庭群体、社会整体和党员干部四个方面，引导建立健全社区道德评议机制，褒奖善行义举。

（五）智治再造，将诉源治理融入创新服务链

结合“智慧城市”建设，依托综治“9+X 信息系统”，搭建以诉源治理为核心、以智能服务为载体的“矛盾纠纷在线调解平台”，整合在线调解、在线申请司法确认等功能，全面打通与综治管理、法院办公办案等平台的连接，实现市、县（区）、镇（街）、村（社区）四级“纵向全贯通、横向全覆盖”。建立“智慧治理”服务网络。联通诉讼服务大厅、12368 热线、网络和移动客户端，以人工智能引导纠纷分流，以大数据资源辅助非诉调解，通过输入案件关键词和个人基本信息，进行诉讼辅导和风险提示，为当事人提供第一手的“诉讼攻略”，打造“一站通办、全网通办”的“智慧服务”模式。通过微信“法管家”试点、“移动微法院”推广等活动，将审判平台与全市大数据对接，准确掌握各区域纠纷状况、纠纷解决成效、纠纷解决力量配置等情况。及时调配化解力量，制定应对化解措施，切实提高诉源治理信息化、智能化水平，提高精准服务的能力和水平。

三、启示思考

（一）探索创新了司法参与基层社会治理的模式

通过司法的社会治理即司法治理，构成了社会治理创新实践的重要方式和重要领域。与其他治理不同，司法治理具有鲜明的合法律性要求和规则主义导向，是法治主义精神在社会创新治理实践当中的集中彰显。为维护社会稳定和化解社会矛盾，人民法院在司法治理的创新实践当中，不仅要努力通过深化司法体制机制改革推进审判体系与审判能力的现代化，还要努力发挥公正司法的溢出性社会治理效应，不断向社会确认规则和输出公平正义，努力通过深化多元化纠纷解决机制改革，促进共建共治共享社会治理格局的形成。为探索司法治理在基层社会治理实践当中的具体展开，回应市域治理实践的前沿动态，咸阳市中级人民法院立足于诉源治理的创新实践立场，构建“五链共治、法在基层”的司法治理模式，积极融入市域治理体系，是司法参与基层社会治理的成果实践和探索。

（二）通过综合治理优化司法资源、改善司法环境、提升司法效能

发挥党建引领作用，凝聚社会参与、基层群众自治、多元化解矛盾纠纷的共识。发挥多元主体的作用，形成矛盾纠纷化解的合力。经过各种探索实践，咸阳市中级人民法院从诉源治理出发所确立的“五链共治”的工作理念、实践思路、运行机制、制度体系和典型做法，为新时代人民法院传承创新发展“枫桥经验”探索了新的路径，为咸阳市开展市域治理的创新实践积累了宝贵经验。

（三）充分重视矛盾纠纷的依法预防化解，发挥司法的引领、规范和保障作用

在当前我国构建共建共治共享社会治理格局的宏观背景下，人民法院既是国家治理体系的重要组成部分，也是社会治理现代化的重要推动者。人民法院参与基层社会治理的实践，需要坚持以人民为中心，积极回应新时代人民群众的司法需求，遵循司法规律，不断探索现代司法理念。国家治理体系与治理能力的现代化是一个系统工程，需要不同主体共同参与、相互协同和共同推进，并在国家与社会之间形成良性互动。在我国基层社会的治理实践当中，既有的基层社会治理实践往往呈现出“重‘治理’而轻‘服务’”“重‘分工’而轻‘协作’”和“重‘目的’而轻‘手段’”等突出特点，从而在深层次上制约着我国基层社会治理体系与治

理能力的现代化。司法治理实践当中，为回应构建共建共治共享社会治理格局的需要，全国各地法院都在积极探索各种参与基层社会治理的实践路径和理想方式。咸阳市中级人民法院“五链共治，法在基层”充分强调法院在依法治理中的作用，发挥矛盾纠纷化解中司法的引领、规范和保障作用。

四、专家点评

各地法院参与基层治理的实践路径和理想方式有着各自侧重点，在整体上形成了法院参与基层社会治理的不同模式。当前我国各地法院参与基层社会治理的模式，大致可以概括为“法院主导型”模式、“法院与其他部门产生联动”模式和“党委领导下多方协同和政治整合”模式等。当然，法院参与基层社会治理的上述三种不同模式，只是在相对意义上的划分，并非在绝对意义上的区分。为提升基层社会纠纷解决的能力，优化社会纠纷解决体系，法院在参与基层社会治理的实践当中，要努力区分法院的司法性角色和非司法性角色，围绕着法院的司法性角色来积极探索法院参与基层社会治理的各种理想创新模式，坚持在司法性角色的逻辑和脉络当中来参与基层社会治理实践。咸阳市“五链共治，法在基层”的诉源治理模式优化了司法环境，充分发挥了法院在基层社会治理中的作用。

（西北政法大学法治学院王国龙教授撰写）

安康市人民检察院：积极构建生态检察模式 有效守护青山绿水

一、背景起因

生态文明建设事关实现“两个一百年”奋斗目标，事关中华民族永续发展。党中央、国务院高度重视生态文明建设，党的十八大和十八届三中、四中全会更是对生态文明建设做了顶层设计和总体部署。安康市位于陕西南部，是国家主体功能区建设试点示范市、南水北调中线工程的核心水源区、全国十大宜居小城，绿色生态资源优势突出。为切实保护汉江流域（安康段）的生态环境和资源，安康市委四届一次全会提出今后五年建设西北生态经济强市的新目标。在生态建设和经济发展协同推进发展思路的指导下，安康市人民检察院结合自身定位，自2017年开始，用时3年在全市检察机关开展“生态检察”专项工作，打造“专业化法律监督＋恢复性司法实践＋社会化综合治理＋警示性预防教育”的“生态检察”品牌。各县区人民检察院也纷纷立足本地区特色，推出了如汉阴县人民检察院“新绿洲补植复林”、岚皋县人民检察院“生态岚皋、民生检察”、平利县人民检察院“扇形生态检察”

等区域特色品牌。通过强化生态检察，用法治守护安康的绿水青山蓝天。

二、主要做法

（一）依法打击生态犯罪

随着社会经济的快速发展，环境侵权事件时有发生，环境资源问题越来越引起社会的广泛关注。强化对生态环境的司法保护，已经成为检察机关责无旁贷的重大政治责任、法律责任和社会责任。安康市检察机关围绕富硒产业、山林经济、汉江水质保护、国土空间绿化、水资源管理等生态建设，依法打击各类破坏自然资源和生态环境的刑事犯罪；深入开展“破坏环境资源犯罪专项立案监督活动”，对严重破坏生态环境的重大犯罪案件，及时介入，依法快捕快诉；对实施国家主体功能区战略、发展循环经济、

生态检察工作座谈会

国土资源能源开发保护等进程中的职务犯罪、重大环境污染案件和责任事故背后的贪污贿赂、失职渎职犯罪，予以严肃查处；针对环境生态相关领域职务犯罪易发多发环节，不断探索预防职务犯罪的新方法、新途径，推进惩防体系建设。运用预防调查、检察建议等措施，协助发案单位及其主管部门健全管理制度，从源头上预防和遏制职务犯罪的发生。2017 年至 2019 年，全市检察机关共批捕生态环境领域犯罪案件 32 人，起诉 27 人，有力震慑了破坏生态环境犯罪行为。

（二）构建立体检察监督格局

生态检察是一个立体概念，不可能仅靠检察院一家来完成，必须依靠综合治理。安康市检察机关围绕全市发展“飞地经济”、生态友好型产业和绿色工业的基本思路，结合案件办理，积极参与党委、政府生态环境专项治理，充分发挥法律监督职能。对工作中发现的环保监管领域制度不健全问题，及时向有关单位提出对策建议，努力促进监管制度完善，建立了环境行政执法和刑事司法衔接机制；加强与森林公安、环境保护、国土资源等行政执法机关的有效沟通，强化生态文明建设领域案件线索管理、案件移送、立法监督等工作；对近五年人民法院审理以及行政机关处理的生态领域案件进行全面评查，跟踪监督。由检察院牵头，根据不同地域特点，联合不同部门，进行共同治理，探索出一套立体化监督的生态检察模式：与市政府建立了十项机制共同打好污染防治攻坚战；与监察委及国土、环保等行政机关协作配合，共同推动建立相关制度机制；与相关行政执法机关建立了双向线索移送机制，形成打击合力。

汉水流域区县检察院重点保护汉江水源，联系环保、水利等部门，保护水生态安全；秦岭周边区县检察院协调当地林业、公安、国土资源部门，重点保护秦岭生态环境与森林安全。全市各区县院以专项活动为契机，积极拓展法律监督渠道，取得了良好效果。例如，石泉县人民检察院在履职中对石泉县万家宝、庙梁等12座农村水电站未严格执行维持水生态系统稳定所需最小水量要求的行为展开联合调查，发出检察建议书，引起石泉县水利局高度重视，督促12座水电站企业共投资500余万元实施生态流量泄放改造工程，并按照检察建议书要求，安装了监控设备。12座水电站生态基流保障全部实现在线监测，生态环境得到恢复。又如，白河县人民检察院向该县水利局在某施工方向汉江河道倾倒、堆放工程渣土和建筑垃圾一案中不依法履行监管职责发出检察建议书，后经检察院跟进监督，该局积极履行职责，清除了汉江河道3万余立方米建筑垃圾和工程渣土，并对河道进行了平整，切实保护了汉江生态环境。认真开展生态环境领域矛盾风险排查研判，深入乡镇、社区，全面了解基层群众在生态环境保护方面的诉求，解决群众反映强烈的突出问题。在市县两级检察院的共同努力和各单位、各部门的协调配合下，“生态检察”综合治理效果明显，立体监督格局全面形成。

（三）实践探索公益诉讼制度

从党的十八届四中全会提出探索建立检察机关提起公益诉讼制度，到全国人大常委会授权检察机关开展公益诉讼试点，再到

环境移动执法的调查取证

最高人民检察院发布的《检察机关提起公益诉讼改革试点方案》，都明确提出重点对生态环境和资源保护等领域的案件提起公益诉讼。因此，开展打造“生态检察”品牌专项工作，不仅是为生态环境保驾护航，更是推动公益诉讼试点工作取得新成效的有力举措。安康市检察机关围绕全市富硒产业、山林经济、秦岭生态环境保护、汉江水质保护、国土空间绿化、水资源管理等生态建设，以公益诉讼为抓手，主动出击，先后开展了秦岭生态保护、汉江流域生态环境保护、化龙山国家级自然保护区生态环境和资源保护等十余个专项检察监督活动。同时，安康检察院充分发挥地域优势，打破行政区划限制，相继与重庆、湖北、四川、河南等地检察机关建立跨区域公益保护机制，有力地保护了当地生态环境和资源。目前已召开联席会议 5 次，移交相关案件线索 8 起，配合调查取证 12 人次。在全方位努力下，安康市环境公益诉讼工作成效显著。2017 年至 2019 年，全市检察机关共摸排公益诉讼案件线索 1023 件，立案 985 件，发出诉前检察建议和公告 974 件，提起公益诉讼 28 件，法院已判决 24 件并支持了检察机关全部诉讼请求。

（四）贯彻修复生态的司法理念

针对以往破坏生态环境资源类犯罪“重惩罚，轻修复”的简单办案模式，安康市检察机关积极探索恢复性司法，修复遭受损害的生态环境，实现环境生态损害前后平衡，良性循环；按照“谁污染，谁治理；谁损害，谁赔偿”的原则，要求犯罪嫌疑人在审查起诉阶段对其破坏的生态环境进行修复，通过补植复绿、污染治理、土地复垦、渔业繁殖等方式恢复秦岭和汉江流域水域面积、资源功能和生态功能，由相关行政职能部门对修复活动进行全程监督。检察院和法院还将犯罪嫌疑人、被告人的生态修复情况作为量刑情节，以及缓刑考验期的考察事项。

2017 年至 2019 年，全市检察机关通过探索恢复性司法理念，共挽回修复集体生态公益林 521.895 余亩；督促补植林木 4.7716 万株，补植面积 334.431 余亩，有效修复了生态环境。例如，汉阴县人民检察院结合办案实践与该县农林科技局、法院等部门进行有效沟通，听取意见建议，深入案发地开展走访调研，探索建立补植复林修复生态环境工作机制。在汉阴县涧池镇新华村创建陕西省首个补植复林基地——“新绿洲”，通过让涉林案件当事人在基地补植、补种，使受损的生态环境得到有效修复，有效避免了“环境毁了，人被抓了，破坏依然存在”的局面，实现办案的法律效果、社会效果和生态效果的有机统一。同时，在补植复绿基地的日常运行中，汉阴县人民检察院联系县司法局将社区矫正工作纳入补植复林基地内容，定期组织社区矫正对象前往基地参加补植复林活动，通过社区矫正对象的公益劳动，对补植的树苗进行管护，提升树苗的成活率，确保生态修复的延续性，实现法律惩戒功能，也增强了社区矫正对象的生态文明意识和社会责任感，取得良好的矫正效果和社会效应，实现了补植复林基地“警示性预防教育 + 恢复性司法实践”的双重教育效果。

（五）加强教育作用，发挥预防功能

生态文明建设，警示预防教育是关键。“生态检察”模式秉承案发前、案发后、结案时都有警示性预防教育的办案理念，在办案全过程中释法说理，充分利用新媒体、工作简报、宣传专栏等手段，主动开展汉江流域水域生态环境和自然资源保护的宣传教育活动；协同法院在案发地开庭审理破坏生态环境资源案件，进行以案说法，让旁听群众真正认识到破坏生态环境资源行为的社会危害性和刑事违法性。例如，在办理王某滥伐林木一案时，积极推动在案件发生地的村庄开庭，让当地百姓旁听案件庭审。公诉人依据法律规定和案件事实对被告人王某进行指证，被告人当庭表示认罪悔罪，旁听群众明白了砍伐自留山上的林木也可能构成犯罪。在公益诉讼涉案现场，检察机关成立警示教育点，通过在户外设置公益诉讼宣传牌和警示牌，将案件基本情况、行政机关履职整改及检察监督的过程予以公示，不仅能让老百姓了解检察公益诉讼的职能，还可以对行政机关、当事人及普通民众起到警示教育作用，达到“办理一案，警示一片”的办案效果。

“生态检察”还重视将社会矛盾的化解和预防有机结合，采取得力措施预防犯罪；综合运用打击、预防、监督、教育、保护等手段，把化解社会矛盾、修复社会关系、促进人与自然和谐相处的执法司法理念落实在执法办案中；加强调处和化解生态文明建设领域的矛盾纠纷，发挥修复生态的积极作用。同时，结合执法办案，全面调查分析生态环境和资源开发保护领域违法犯罪的特点和规律，充分运用预防调查、检察建议等措施提出对策建议，协助发案单位及其主管部门健全管理制度，从源头上预防破坏生态案件的发生。

三、启示思考

（一）履行了新时代检察机关积极维护公共利益的职能

检察机关全面履行职能是依法治国的基本要求，是生态环境治理的法治保障。检察机关是国家的法律监督机关，是法治建设的重要主体。在经济、政治、文化、社会、生态建设“五位一体”的总体布局下，将各种专项活动与打造“生态品牌”相结合，全面履行检察机关的审查批捕、起诉、法律监督职能，有效打击并遏制了生态环境领域的各类犯罪。检察机关的法律监督，促使行政机关正确履行职责，推动了公共利益的有效维护。

（二）彰显了事关公共利益这一特定领域法律监督的重要性

建立检察公益诉讼制度是推进国家治理体系和治理能力现代

化的内在要求，是检察机关保护公益的法定手段。检察机关依法提起行政公益诉讼、民事公益诉讼，弥补了诉讼主体的缺位，对优化司法职权配置，健全检察监督体系具有十分重要的意义。诉前和诉讼并重的指导思想，既通过诉前督促行政机关及早发现问题、解决问题，督促法律规定的机关和组织提起诉讼，对于没有提起公益诉讼或拒不纠正违法行为、履行法定职责的案件，又通过起诉、应诉和支持起诉以及执行监督工作，维护了宪法和法律的尊严。

（三）体现了环境保护与资源整合的综合治理原则

跨部门、跨区域联动机制，促进了行政执法与刑事司法的有效衔接。环境资源领域内的案件，往往具有长时期、跨地域和主体复杂等特征，部分案件还涉及职务犯罪。司法机关办理此类案件对外界有很强的依赖性，必须依靠综合治理，注重资源整合，加强部门之间的协作沟通。检察机关与各相关行政执法部门通过定期召开联席会议、专项整治活动以及日常的沟通联络，形成信息共享、案件双向移送、配合调查取证的合作保护机制，坚持综合治理，有效协同，才能有力打击生态资源领域内的犯罪行为，形成治理合力，为生态防治提供切实有力的保障。

四、专家点评

在经济、政治、文化、社会、生态建设“五位一体”的总体布局下，实现生态环境的善治，离不开法治的保障。安康市检察机关的“生态检察”模式，通过全面履行检察机关的公诉、监督职能，充分发挥公益诉讼职能，严厉打击了生态环境领域内的犯罪，构建了全面的立体监督检察体制机制，并通过公益诉讼中诉前、诉中的有效结合，弥补了诉讼主体的缺位。生态领域治理中推行修复性司法更是基层治理创新中的亮点，对修复生态资源挽回损失，有着十分重要的意义。“生态检察”模式的打造，体现了综合治理的理念，使得检察机关在生态环境保护中积极有效地发挥了法治主体的作用，并且协同行政机关及早预防、有效制止生态环境领域内的侵害行为，为开展生态环境保护法治建设，提供了有益的探索。

（西北政法大学政治与公共管理学院院长侯学华教授撰写）

西安市碑林区人民法院：创建“一站快审”机制有效提升认罪认罚案件办理质效

一、背景起因

为了及时审理和判决事实清楚、法律关系明确、嫌疑人认罪认罚的刑事案件，2017 年 10 月西安市碑林区人民法院会同公安碑林分局、区人民检察院和司法行政机关，建立了“一站快审”机制，提升此类案件的审判绩效。相关单位设立联络人，负责此类案件的信息沟通工作，节约办案时间和经济成本。职能部门通过集中分析研判案件，审查具体案件是否应当适用“一站快审”机制。在确认基础上，不同机关相互衔接，无缝对接，完成案件的侦查、审查起诉、赃物追缴与发还、赔偿协商及实际支付、开庭审理、判决、交付执行等工作，使认罪认罚全流程“一站快审”机制顺畅实现。实施 3 年来，碑林区认罪认罚案件的审理得到了各个相关职能部门的密切配合，极大提升了此类案件审判质效。繁简分流改革是司法改革重要内容之一，碑林区认罪认罚“一站快审”机制，不仅创造性贯彻落实了繁简分流改革，还实质性推动了宽严相济刑事政策的实施，节约审判资源，减轻罚金刑的执行难度，使追赃、

听取案件情况，集中研判分析

退赃和赔偿等工作落到实处。相关部门的配合，也强化了缓刑环节的管理、约束工作，保证了最佳的社会治理效果。

二、主要做法

（一）“一站快审”机制创建的过程

2017年10月10日，碑林区人民法院按照与碑林区人民检察院、公安碑林分局、碑林区司法局会签的《“一站快审”机制实施细则》，对被告人贾某危险驾驶案启动认罪认罚全流程“一站快审”机制。该案在碑林区人民法院和碑林区人民检察院、交警碑林大队、司法局值班律师等的共同努力下，从对被告人贾某采取刑拘强制措施至宣判结束，仅40小时即完成了案件侦查、车损赔偿处理、审查移送、法律帮助、审查起诉、开庭审判等流程，成功完成了陕西省首起适用认罪认罚“一站快审”机制审理案件的工作。

2017 年 10 月 18 日，碑林区人民法院再次召集碑林区各政法单位及相关人员，在公安碑林分局长安路派出所召开现场会，总结经验，并就其中发现的问题深入调研，对认罪认罚从宽制度试点工作特别是全流程“一站快审”机制的进一步完善达成共识。会议研究确定了 4 个派出所以及碑林刑侦大队、交警碑林大队等 5 个单位为全流程“一站快审”机制的先行推进单位，制定了相关工作的时间表，为按时完成试点工作铺平了道路。

在不断总结和提高认罪认罚从宽制度试点和创新的基础上，碑林区人民法院又一次启用“一站快审”机制，审理李某盗窃案。自公安机关2018年2月6日17时50分许抓获盗窃案被告人李某起，至 2 月 7 日 18 时 35 分一审宣判，碑林区人民法院会同公安碑林分局、碑林区人民检察院和司法行政机关，互相协作，通力配合，在 24 小时 45 分钟内完成了该案侦查、审查起诉、赃物追缴与发还及开庭审判全部工作，再次刷新了认罪认罚案件审判纪录。

碑林区人民法院在不断总结前期认罪认罚试点工作经验的基础上，深挖潜力，不断完善，于 2018 年 5 月 24 日 14 时 30 分会同碑林区人民检察院、交警碑林大队、碑林区法援中心等相关单位，对 6 起危险驾驶案件同时启动认罪认罚“一站快审”机制。至 5 月 25 日 16 时 30 分，完成了 6 起案件的侦查、起诉、审判诉讼活动，共计耗时 26 小时，同时启动多起认罪认罚案件“一站快审”机制获得成功。

2020 年 3 月 18 日，碑林区人民法院通过智能审判平台，线上适用认罪认罚“一站快审”机制，远程公开审理了 6 起危险驾驶案件。由于在新型冠状病毒疫情期间，原有实地集中办案方式存在风险，碑林区人民法院利用智能审判平台，远程在线召集公安、检察、值班律师等对案件进行线上会商研判，确定对其中6案启动“一站快审”机制，并通过网络平台进行了案卷材料与法律文书的流转、送达，公诉人讯问被告人、值班律师提供法律帮助等工作。院党组成员、主管副院长董宁生同志亲自主持其中2起案件庭审，6起案件全部当庭宣判，省、市电视台等多家媒体进行了现场报道。该6起案件从2020年3月17日10时公安机关对6名被告人刑事拘留，到3月18日15时全部宣判完毕，总计历时29小时，创立了认罪认罚“一站快审”机制的线上适用模式。

截至2020年4月底，碑林区人民法院已成功通过该机制办理认罪认罚的轻微刑事案件101起，其中通过网络平台启动6起，侦、诉、审全流程最短用时21小时；9起认罪认罚案件同时启动“一站快审”机制，共计用时22小时。随着经验的不断积累，碑林区人民法院与碑林区人民检察院、公安碑林分局、司法行政机关、交警队等相关单位之间对于该机制的运用娴熟，规范完毕，效果良好。

（二）“一站快审”机制实施的具体流程

集中研判确定适用“一站快审”机制的案件。认罪认罚“一站快审”机制在公安机关破案后，针对案情和案件涉及的法律关系提出，由公安机关联络员向检察机关和法院、司法行政机关分享信息，并由相关机关集中研判，确定适用“一站快审”机制的案件。例如，2017年11月27日12时许，被告人白某在西安市

法院、检察院现场完成案件审查工作

碑林区雁塔路中段赛格电脑城一楼B1062柜台购买手机保护壳时，趁机骗取放置在该柜台内的待售iPhone8 Plus手机一部。案发后被告人白某逃离现场。公安机关接到报案后，通过监控视频迅速锁定了作案人员白某的身份与行踪，并将其抓获归案。

公安机关通过认罪认罚联络员制度在第一时间向碑林区人民法院、碑林区人民检察院通报情况，碑林区人民法院接到通报后迅速部署。当日下午，相关办案人员迅速赶往公安碑林分局办案指挥中心，经过会商，各办案单位认为本案符合条件并达成共识，碑林区人民法院果断启用认罪认罚“一站快审”机制。

办案人员分头完成相应工作。公安机关迅速完成对被告人的讯问，并调取相关的证据材料。在讯问的过程中，值班律师同时开展法律帮助工作，并对被告人讲解有关认罪认罚从宽制度和刑事案件速裁程序的相关权利义务，指导被告人签署具结书等相关法律文件。检察官、法官则就公安机关制作的讯问笔录和调取的相关证据进行审查。在法院和检察院对案件材料进行审查的同时，公安机关完成对被告人的刑事拘留手续，并根据法院和检察院审查案件所提出的要求，完成对案件证据材料的补充，将案件移送检察机关审查起诉。白某案中，在抓获被告人白某的同时，公安机关从其身上查获了涉案赃物手机及相关附件，并立即完成了扣押。同日，被害人接到通知后赶到，在对赃物手机进行辨认后，接受了公安机关的发还；因赃物手机已被拆封使用，被告人白某及其家属还对被害人的经济损失进行了赔偿，被害人的损失得到了及时挽回。办案法官随即向被害人落实了赔偿与谅解情况。最后，检察机关依法审查起诉。2017 年 12 月 2 日上午，碑林区人民检察院审查了案件的全部证据材料，并依法对涉嫌诈骗罪的白某进行了讯问，认为本案事实清楚、证据充分，被告人白某的行为已触犯《中华人民共和国刑法》第二百六十六条之规定，构成诈骗罪，遂于当日 12 时许决定对被告人白某诈骗一案提起公诉。

法官在值班律师在场情况下向被告人核实认罪认罚情况

人民法院依法公开审理和判决。2017 年 12 月 2 日 13 时许，碑林区人民法院对案件进行受理审查后，决定开庭审理。为了保证办案效率，公安碑林分局民警直接将被告人白某押赴碑林区人民法院，并与法院司法警察完成交接。承办法官向被告人白某送达起诉书副本，在值班律师全程在场的情况下，向其出示、确认案件相关证据，告知其适用认罪认罚从宽制度的全部内容及相关法律后果，并在值班律师的指导下由其签具认罪认罚告知书、确认书，后由值班律师对其提供具体法律帮助。承办法官在对案件全部事实、证据以及白某在公诉机关签署的认罪认罚具结书等审查无误后，决定正式开庭审理。

2017年12月2日15时许，承办法官敲响了开庭法槌。庭审中，被告人白某对公诉机关指控其犯诈骗罪的犯罪事实供认不讳，并自愿认罪认罚。法庭认定被告人白某构成诈骗罪罪名成立，判处其拘役六个月，宣告缓刑一年，并处罚金8000元。被告人白某当庭表示不上诉。法官于15时30分许宣布闭庭，随即对被告人白某办理取保候审手续。至此，本案侦查、起诉、审判过程全部结束，案件从抓获嫌疑人到宣判只用了28小时。

（三）“一站快审”机制发挥作用的条件

在全面提升审判质效的同时，“一站快审”机制取得了综合的司法效果，推进了刑事司法政策的落实。但是，公正是司法的生命线，必须重视相关配套机制，才能保证这一改革取得实效。

律师辩护全覆盖，充分保障犯罪嫌疑人（被告人）的各项诉

案件当庭宣判

讼权利。在侦查、审查起诉与审判全流程中，公安、检察、法院积极与值班律师联系，保证犯罪嫌疑人（被告人）在案件全流程中始终处于值班律师的法律帮助之下。在值班律师在场的情况下，犯罪嫌疑人（被告人）接受讯问，并就认罪认罚相关问题向值班律师进行咨询，在全面了解认罪认罚内容和所产生的法律后果的前提下，签署认罪认罚具结书等法律文书。庭审前，办案法官又在值班律师在场的情况下就案件认罪认罚情况向被告人进行核实，从而全方位、无死角地保障被告人的各项诉讼权利。

对于判处缓刑、罚金刑的案件，做好与相关部门的对接，注重刑罚的执行，追求刑罚适用的社会效果。实践中，罚金刑执行难是一个比较严重的问题，“一站快审”机制充分考虑罚金刑执行的方式、方法，保证判决的权威性。碑林区人民法院还重视做好与司法行政机关、相关社区等的对接，落实被告缓刑期间的考察措施，使缓刑真正发挥作用。

三、启示思考

（一）认罪认罚从宽工作试点和刑事案件速裁程序衔接，提高了审判质效

碑林区人民法院会同碑林区人民检察院、公安碑林分局、碑林区司法局等相关单位互相协作，通力配合，完善认罪认罚从宽制度与刑事案件速裁程序的对接，形成了明确、完善的机制，操作性较强。“一站快审”机制的实施，切实维护了当事人合法权益，大大提高了办案效率，较好体现了司法公正。

（二）实行综合治理，追求司法效果的最大化

诉讼过程中，公安机关、检察院、人民法院、司法行政机关等相互监督、相互配合，形成合力，对此类犯罪进行综合治理。案件审理过程中，通过对嫌疑人有针对性的惩治、教育，通过其积极的退赃、退款，表明愿意悔改，减小了犯罪的社会危害性，也有效保护了受害人合法权利。认罪认罚“一站快审”机制的实施，有助于发挥司法的社会治理功能，追求良好的社会治理效果。

（三）不同部门积极衔接，打通制度壁垒，实现司法公正

认罪认罚“一站快审”机制，与刑事案件速裁制度、量刑规范化改革等，都存在一致的制度设计目标，体现相同的宽严相济刑事政策。对于案件事实清楚、法律关系明确，被告人认罪认罚，积极悔过，退赃、退赔到位，社会危害性不大的犯罪，适用特别程序快速审理判决，节约办案时间和经济成本，体现了司法公正的要求。

（四）践行人权保护原则，符合新时代以人民为中心的发展理念

人权保护不仅体现在对被告人及时、公正审理，发挥司法的教育功能，通过司法活动预防、减少犯罪方面，还表现在加大对被害人权利保护，恢复被犯罪破坏的社会关系等方面。尤其在侵财类案件的办理过程中，被害人财产损失的追回、赔偿是衡量犯罪后果的重要因素。只有通过认罪认罚机制，才能更好发挥被告

人退赃、赔偿的积极性、主动性，及时挽回被害人的财产损失。另外，加大财产返还、赔偿损失等环节的工作，重视财产刑的执行，也打出了惩罚财产犯罪的组合拳。

四、专家点评

认罪认罚“一站快审”机制回应了预防犯罪与惩罚犯罪有机结合这一社会治理的重大课题，是创造性贯彻和落实宽严相济刑事政策的尝试，也是司法为民政策的具体实践。刑事案件繁简分流，避免对犯罪情节轻微的案件，因为侦查、起诉等环节耗时过长，导致嫌疑人长期羁押，无法判处较轻的刑罚；或者嫌疑人在羁押期间与重刑犯罪嫌疑人、累犯、惯犯嫌疑人一同关押，相互交流犯罪经验，造成“交叉感染”。司法公正要融入国家治理体系之中，并服务国家治理现代化的要求。建立公正、高效、权威的社会主义司法制度，是国家治理现代化的应有之义。简案快审、繁案精审是繁简分流改革的要义，碑林区人民法院认罪认罚“一站快审”机制，回应了社会各界对认罪认罚案件及时、公正审判的客观诉求。

（西北政法大学校长助理、枫桥经验与社会治理研究院院长汪世荣教授撰写）

榆林市米脂县人民法院：创建新“三三制”审判工作模式 传承创新人民司法优良传统

一、背景起因

1940年3月，为了巩固陕甘宁边区政权和敌后抗日根据地，中共中央发出了关于抗日根据地政权问题的党内指示，提出了“三三制”的民族统一战线政权模式（即在民主政权组成人员的分配上，共产党员、非党员的左派进步分子、中间分子及其他分子各占1/3），保证了党的领导地位，扩大了抗日民族统一战线的范围，为取得民族抗战胜利，打下了坚实的基础。近年来，米脂县法院为有效应对案件持续增长、审判资源紧缺以及人民群众法治意识增强等问题和挑战，继承和发扬米脂县红色文化传统，按照司法工作中“为民、务实、清廉”原则，在总结多年司法实践经验的基础上提出了新“三三制”审判工作模式，即法官、人民陪审员和社会力量三方都参与到审判活动中，发挥各自的优势，形成工作合力，共同化解矛盾纠纷。2014年7月17日，最高人民法院院长周强来米脂法院调研，对“三三制”的实施情况给予高度评价和充分肯定，指出这一机制是中国特色社会主义司法制度优势的体现，是在新的时代条件下对人民司法优良传统的创新发展，要认真总结经验，不断加以完善。

二、主要做法

（一）社会力量参与，合力化解矛盾纠纷

法官负责主持各项司法活动，居于主体地位。诉前，法官召集人民陪审员、群众代表开展诉前调解活动；诉中，法官负责主持庭审活动，人民陪审员参审，群众代表旁听并发表意见，裁判文书的制作充分吸收人民陪审员、群众代表的意见建议；判后，法官负责主持判后答疑工作，由人民陪审员、群众代表共同参与，从情理、法理、道理入手，做好判后答疑工作。

人民陪审员依法参加审判活动，做好协助和监督工作。经县

深入农村了解纠纷实际情况

法院审委会提名、县人大审批的人民陪审员在参加案件的审理和执行活动的同时，还参加诉前和诉讼调解工作，监督法官的执法行为和法官与律师、当事人三方参与诉讼的其他行为。

社会力量参与是指充分发挥社会各界在促进司法公正中的作用。吸收人大代表、政协委员、新闻媒体、妇联组织、乡镇司法人员、村镇联络员、人民调解员、社区代表、知名人士、技术人员等参与案件的审理、调解、执行。各界代表参与案件主要有三种情形：一是提前介入、了解、化解矛盾纠纷，力争做到诉前调解；二是及时与法官取得联系，通报矛盾纠纷发生的根源，探讨解决矛盾的思路；三是协助法官进行诉讼调解和案件审理，引导当事人析理明法。各界代表参与案件的人数、程度和方式依个案需要而定。

（二）过程公开透明，判决能够被广泛认可

2014 年 4 月 13 日上午，姬家峁社区 300 多名居民因社区平安物流公司与金泰氯碱公司货运纠纷，以及金泰氯碱公司在社区随意倾倒有害垃圾、废渣等，雇人用铲车铲土，封堵了金泰氯碱公司南、北、中 3 个大门。随后金泰氯碱公司也出动 300 多名职工，头戴安全帽，手持棍棒、盾牌，在高压水枪的掩护下强行清理土堆。双方发生了群体性激烈打斗，造成部分车辆受损，群众受伤。

事件发生后，当地社区代表打电话向联系法官反映了这一情况，联系法官接到电话后，认为事态比较大，涉及人员又多，立即向米脂法院院长霍静初汇报了情况。为了避免矛盾纠纷扩大，霍院长亲自带队，邀请了人民陪审员和企业代表、社区代表，共同进驻金泰氯碱公司和姬家峁社区。经过三天的走访了解，弄清了矛盾根源。为了及时化解矛盾纠纷，霍静初院长与企业代表、人民陪审员直接到企业负责人办公室，协商解决矛盾纠纷，使双方最终达成了一致意见。仅用了五天时间，米脂法院就妥善化解了这一矛盾纠纷，得到社会各界的好评。

（三）讲法释理，妥善化解矛盾纠纷

2013 年 12 月，70 多岁的高新（化名）老人到法院来咨询，说想要起诉自己的儿子高源（化名），要求增加赡养费，并要求儿子能时常回家看望自己。负责接待的法官通过群众联络员姜彩梅和社区代表联系到了高源，与双方谈话之后了解到：这并非一起单纯的赡养纠纷，其实是“精神赡养”纠纷。高新祖籍米脂县，是 20 世纪五六十年代移民到延安的。高源在延安出生，不到百天其母就去世了，高新只能将高源寄养在邻村的李彦（化名）家，

法官、人民陪审员、各界人士参与化解纠纷

每年给李家些粮食和钱，直到高源八岁的时候才接回家中。因高新又新娶妻，重新回家的高源与家人（继母、妹妹）相处得不是很融洽。后来高源在十几岁时开始和父亲高新学木匠手艺，但父亲要求比较严格，因此成年后的高源回到了祖籍米脂。多年来父子之间走动比较少，一是因为父子之间有了隔阂，二是两地生活走动不方便，三是那时的高新身体还硬朗，生活能自理。现在高新 70 多岁了，随着年龄的增长越发思念儿子，希望儿子能回家来看看他。但高源一直以做生意忙为由没有回去看他，可以说他们父子之间的关系也就是“只寄钱，不问安”状况。没办法，老人只能以诉讼的方式解决。

法官了解到纠纷的根源后，与群众联络员姜彩梅、社区代表对高源进行了耐心的讲法释理：一方面让高源设身处地从其父高新的角度考虑问题，加深骨肉亲情；另一方面，让其认识到赡养义务不仅是物质上的，还有精神上的慰藉与生活上的安慰。最后，高源认识到错误，承诺以后要多回家看望老父亲，并当面给老父亲道歉。高新感动得握住法官的手说：“谢谢！谢谢你们！半天的讲理讲法比我给他打两个月的电话都强。”

（四）对症下药，有效解决矛盾纠纷

2014 年 4 月 26 日，杨占飞法官深入龙镇麻山村，访村干、访党员、访群众，了解民意、建立台账。在座谈过程中，村书记朱立新提到一起人身损害赔偿纠纷，表示不好处理，希望能帮助解决。杨占飞听后，立即找来群众代表去纠纷现场。通过实地察看现场，简单进行询问，充分了解了当事人的情况。

法官现场指导群众化解纠纷

受害人姬国（化名）与朱新（化名）系隔条小渠的对面邻居，双方的关系原来一直都很好。朱新在自家院内种植蔬菜作物，担心有鸡等牲畜侵害作物，在地上撒了农药；结果，姬国家的一只鸡被毒死了。姬国知道后，来到朱新家院里骂朱新，发展至双方互骂、打斗，致姬国左胳膊骨折。事发后，双方多次找到村干部，要求处理此事。村干部法律知识有限，多次组织协商均未果，纠纷有进一步加剧的可能。

杨占飞法官了解事发经过后，邀请群众代表分别给他们做思想工作。与朱新交谈时，杨占飞法官说：“根据你与周围四邻的居住情况来看，你在院区撒农药期间没有设立公示牌，不仅有伤害牲畜的可能，也可能有伤害小孩的危险，在这起事件中你也有一定的过错。”与姬国交谈时，杨占飞则说：“饲养牲畜就同照看小孩一样，牲畜对别人的伤害你也要承担相关责任，在鸡被毒死之后，你本应冷静协商解决这起事情，不该用极端手段处置。现你们双方在斗殴之中，造成了姬国左胳膊受伤，你应承担相应的法律责任。”

通过法官杨占飞和群众代表耐心细致地讲道理、说法律、举例子、摆事实，争执双方都认识到自己的错误。朱新说：“我的确做得不对，没想到会有这么严重的后果。”姬国也表示：“为了一只鸡，的确不应该啊，邻里邻居伤了和气，对娃们以后的生活也会带来影响。”最后，在朱书记的见证下，朱新给姬国当场赔礼道歉，并付给姬国500元医药费。此事了结，双方言归于好。朱书记激动地说：“还是你们能行，我代表当事人及村民感谢你们……”

（五）落实政策，保护妇女儿童权益

2014年，桑则沟村村民郭某与杜某，经人介绍认识仅一个月就结婚了。由于婚前缺乏足够的了解，两人婚后常因小事吵架，郭某动辄就殴打妻子杜某，而且一次比一次下手狠。杜某也曾几次提出离婚，但终因丈夫的暴力行为和家庭的压力而委曲求全。对此，村上也干涉过，但作用不明显。2014年5月，郭某持刀刺伤了杜某。杜某哭着到群众代表杜成明家，要闹离婚。杜成明给联系法官吕剑峰打电话。吕剑峰与妇女代表姜彩梅立即赶往事发地点。

了解情况后，为了防止事件再度升级，吕剑峰与姜彩梅开始做当事人的思想工作。姜彩梅负责安抚杜某的情绪，了解她的思想动向；吕剑峰则和群众代表杜成明来到郭某处，与郭某谈心交流。郭某说，与妻子吵架时由于情绪太激动，就随手拿起了水果刀刺伤了妻子，现在也很后悔。但对于家暴行为，郭某却认为打老婆是自己家里的事情，别人最好不要干涉。吕剑峰耐心地做郭某的思想工作，说：“于法，故意伤害行为触犯法律，重者可构成犯罪；于情，换位思考，如果是你的姐妹被人这样伤害，你感受如何？于理，不论出于什么理由，打人、伤人都是不对的，特别还是针

对没有还手之力的妇女。”

双方都冷静下来后，法官吕剑峰对双方当事人面对面进行调解。杜某坚持要求离婚，郭某也表示同意。考虑到双方当事人矛盾不是一时形成的，感情伤痕难以愈合，如果继续一起生活，可能会有更大的危害发生，法官、妇女代表、群众代表耐心细致地释法析理，使双方最终自愿达成离婚协议。至此，一起因家庭暴力而引发的婚姻家庭纠纷得以及时解决，避免了矛盾进一升级，维护了当事人的合法权利。

三、启示思考

（一）提升了群众参与处理各类矛盾纠纷的积极性和主动性

让群众参与司法，这是践行党的群众路线教育实践活动的有效抓手，也是实现司法民主的有效尝试。党的十九大提出要坚持以人民为中心。基层司法活动以人民为中心就是要坚持党的群众路线，拓新、拓展、拓深司法活动为人民服务的模式、方式、方法。米脂法院的新“三三制”审判工作模式是践行党的群众路线，增进法院与人民群众之间的联系，更好地服务于人民群众的有益探索。通过法官走进农村社区、群众来到法院法庭，法官了解到群众的所思、所想、所盼，群众也能知法、懂法、守法，从而达到了“调解一起纠纷，教育一片群众”的效果。

（二）增强了司法的透明度

解决矛盾纠纷不能仅凭法官，还要凝聚各方力量，吸收民间智慧，形成解纷合力，公开透明。这既能防止司法擅断、机械司法，也能有效应对法院目前所面对的案多人少、司法资源严重不足等问题。广泛吸收人民陪审员、社会力量参与诉前调解、诉讼调解、判后释疑、巡回办案，使他们在解决纠纷中各展所能，这不仅减轻了审判工作的压力，还能有效化解矛盾纠纷，减少群众的讼累。

（三）取得了“便民惠民、工作有序、质量提升”的“人和”效果

矛盾纠纷的化解，必须找准“源”，才能治好“流”。这是化解矛盾的根本所在，法官为此要与当事人进行心与心的交流和碰撞。米脂法院的新“三三制”审判工作模式拉近了法官与群众的距离，使得法官在确保公正司法的前提下，能够兼听社情民意，在充分了解情况、准确把握症结并兼顾风土人情的基础上，依法作出或提出合情合理的裁决或解决方案，使人民群众在每一个司法案件中都感受到了公平正义。

四、专家点评

米脂法院继承和发扬米脂县红色文化传统，践行人民司法的“公正性、民主性、公开性”，针对审判工作实际和存在问题，提出并实践了新“三三制”审判工作模式。新“三三制”审判工作模式是法官负责、人民陪审员参加、社会力量参与的矛盾纠纷化解机制。它既切实贯彻了党的群众路线，能凝聚社会各界力量，有效地化解矛盾纠纷，也依法有效地保障了诉讼当事人的合法权

益，保证了司法工作的公正性，还减轻了司法审判工作的压力，减少群众的讼累。米脂县人民法院新“三三制”审判工作模式是司法在新时代践行“以人民为中心”的体现，创造性发展了人民司法的优良传统。

（西北政法大学法治学院朱继萍教授撰写）

商洛市洛南县人民法院：创建“1+3+4”家事审判模式有效化解家事矛盾纠纷

一、背景起因

为贯彻以人民为中心的思想，推动家事审判工作改革，发挥家事审判职能作用，进一步深化家事审判方式和工作机制改革，最高人民法院发布《关于进一步深化家事审判方式和工作机制改革的意见（试行）》，对家事审判方式和工作机制改革作出部署。商洛市洛南县人民法院结合本地实际，发挥首创精神，深入推进家事审判理论、制度和实践创新，对影响和制约家事审判工作发展的突出问题开展调查研究，及时总结经验，推动完善家事审判制度体系切实转变和提升家事审判理念，深入分析家事纠纷特点和家事审判规律，统筹家事审判专业化建设和深化司法体制综合配套改革，逐渐探索出“1+3+4”的家事审判新模式。“1”就是“一个主题”，即创新机制理念，以“和”为主线，以“情”为主调；“3”就是“三化体系”，即审判团队专业化、审判方式柔性化和纠纷解决机制多元化的家事审判体系；“4”就是“四步法”，即“听、忆、找、调”家事审判调解方式，增强了人民群众的获得感、幸福感、安全感。

二、工作做法

（一）加强组织领导，优化家事审判队伍建设

为加强组织领导，强化责任落实，成立了以党组书记、院长任组长的家事审判方式和工作机制改革工作领导小组，活动领导小组下设办公室；制定了一系列制度文件，如《洛南县人民法院关于全面推进家事审判方式和工作机制改革工作的实施意见》《家事案件审理规程》等。

在健全完善制度的基础上，建立了专业化审判队伍：一是选派专职家事调解员。将热爱家事审判工作、熟悉婚姻家庭审判业务、善于做群众工作的 5 名员额法官调整到家事审判法庭作为家事调解员；二是聘请家事调查官和心理辅导员。加强横向联合，

在家事法庭开庭审理案件

争取多机关支持、多部门配合、多主体参与、多资源利用，不断健全家事纠纷多元化解机制，完善社会参与家事审判的工作格局。从县妇联、总工会、团县委、关工委、家事法庭所在社区聘请了6名善于处理家事关系、具有专业技能的家事调查员、心理辅导员；三是建立专业化审判团队。建立了以兑山法庭为主，由8名法官、3名法官助理为成员的家事审判团队，组成3个合议庭，结合家事审判的特点选任已婚法官作为团队主要力量，配备一定数量的女法官，着力打造一支以家事法官为核心、家事审判辅助人员为成员，精通家事审判业务、善于做群众工作的专业化审判团队。此外，在优化人员配备的同时，树立物质装备服务审判的理念，高度重视家事审判硬件设施建设。

在新审判大楼二楼建立家事审判文化长廊，设立家事调解室、调解员工作室、心理疏导室、家事法庭和少年法庭，构建对等、和谐、温情的诉讼环境，彰显家事审判的人文关怀和服务意识。同时，协调建立特邀家事调解员等院外辅助人员的经费保障机制，为家事审判顺利推进提供物质保障。

（二）“1+3+4”家事审判模式建设

坚持机制创新。针对“赌气式离婚”，引入家事感情心理疏导机制；针对因家事纠纷的隐蔽性和私密性导致的取证难问题，建立家庭情况调查网；针对弱势群体遭受、面临家庭暴力或者暴力威胁需要及时予以庇护的实际，依托在“红雨伞”反家暴中心成立的反家暴工作维权点，为遭受或者即将遭受家暴威胁的当事人提供法律援助。把审判工作所依据的法律刚性与以公序良俗为主要约束依据的家事纠纷的柔性结合起来，把审判工作的职能与其所担负的社会责任结合起来，改变思维模式，准确把握家事审判的公益性、人伦性、关联性、修复性和前瞻性等特点，发挥家事审判的诊断、修复、治疗作用，把情、理、法结合起来，注重现实、长远和社会效果。

建立“三化”体系。一是专业化。挑选审判经验丰富、社会阅历广泛的已婚法官 8 名（其中女法官 2 名）成立了家事审判团队，聘请有一定社会影响力、善于处理家事纠纷的人民陪审员和社区工作人员担任家事审判调解员（其中女性 2 名），成立了家事调解委员会，组建了“家事法官 + 家事调解员 + 心理咨询师”的家事纠纷专业团队；二是柔性化。从家事纠纷自身特点和当事人的实际诉求出发，将情、理、法统一起来，做到在严格执法的同时兼顾义理人情，在公正司法的同时促进家庭和睦、社会和谐，提高人性化服务水平，充分体现家事审判人文关怀特征，借助“圆

在家事调解室调解案件

桌式”家事审判庭，拉近法官与当事人、双方当事人之间的距离，借助“家居式”客厅调解室，促使当事人回忆、寻找家的温馨和自己在家中的位置，让当事人之间多一分理解，多一点沟通，多一度宽容。紧扣家事案件的柔性化，竭力修复“危机婚姻”，和平解决“死亡婚姻”，发挥家事审判的诊断和治愈功能；三是多元化。探索建立多元化纠纷解决机制，建立和完善婚姻家庭纠纷多元化解的协作联动工作机制，贯彻调解优先、调判结合理念，构建起社会广泛参与的诉调对接家事纠纷多元调解平台，引导当事人更多选择非诉讼方式化解矛盾纠纷。借力民政、妇联、共青团及其他社会组织等相关职能部门，形成合力，多渠道化解家事纠纷，效果显著。

通过“四步法”有效化解纠纷。“听”就是倾听当事人的心声，卸掉当事人胸中的“闷气、怨气”，缓解其压力，防止矛盾激化；“忆”就是通过播放结婚纪录片、翻看家庭照片，让当事人通过“品茶香、看电影”达到“忆往事”的目的，最大限度地挽回爱情和亲情，唤醒当事人的家庭责任；“找”就是通过倾听当事人的心声，观察当事人“忆往事”的效果，找解决纠纷的突破口；“调”就是在走完前三步的基础上，找准症结，抓住时机，对症下药，促使双方当事人达成合意。“听、忆、找、调”四步法调解方式，最大限度地化解矛盾纠纷，防止“民转刑”事件的发生。

（三）构建“专业化建设、人性化审判、社会化合力、多元化解纷”家事审判工作新格局

洛南法院深刻认识家事审判改革对加强社会治理、推进社会

建设的重要性和必要性，围绕“专业化建设、人性化审判、社会化合力、多元化解纷”要求，准确把握家事审判改革的目标任务，积极应对家事审判改革的形势要求，进一步加强专业化建设的有效保障，落实人性化审判的具体要求，发挥社会化合力的强大功能，实现多元化解纷的良好效果，积极构建新型家事审判工作格局和审判体系。在家事审判中，善于用法治手段弘扬社会主义核心价值观，加强对基本家庭伦理道德的司法保护，注意判别婚姻死亡和婚姻危机，既发挥家事审判的裁判职能，更发挥家事审判的救治职能。积极探索和完善多元纠纷解决机制、适合家事纠纷特点的特殊审判机制和专门诉讼程序，以及家事法官和辅助人员分类管理制度，维护婚姻家庭稳定、依法保护弱势群体合法权益、弘扬社会主义核心价值观、推进社会建设。近几年，利用家事法庭、家事调解室审理案件360余件，调撤近300件，调撤率达85%，发出人身保护令近30件、给予离婚冷静期84件，调和离婚当事人20余对，发出离婚证明书50余份，为当事人提供了便利，赢得了当事人及家属的一致称赞。洛南法院不断加强组织领导和品牌创建，把家事审判改革推向深入，推动家事审判改革取得更大成效，为新时代家庭文明建设提供有力司法服务保障。

三、启示思考

（一）推进了家事审判机构的专门化建设

随着社会的发展，我国家事纠纷也呈现出新特点，数量巨大，种类繁多，日趋复杂，仅在财产分割一个方面就可以管中窥豹。

市场经济的发展使得人民获得财产的途径多样化，如房地产、商铺物业、金融资产、公司股份、古玩字画、投资受益、股息红利等，离婚时因家庭财产构成复杂、确认困难、不易分割。在此种情况下，以前的家事审判机制已经远远不能适应现实生活中的需要，进行家事审判专门化建设是顺应现实社会的要求。家庭文明建设已经作为现代社会主义文明建设的一项重要内容，在新形势下，继续深入推进家事审判改革，提升家事审判水平，是社会发展的必然趋势和客观要求。洛南法院在家事审判机构专门化的具体路径上，考虑到我国司法改革的渐进性和具体国情，推进机构队伍专业化建设，组建专业化家事审判团队，配备专门从事家事调解、家事调查、心理辅导等工作的司法辅助人员，并视具体情势，配备家事案件专职调查人员，协助法官查明事实，促进家事案件的调解与和解。积极探索新时期家事审判规律，不断开创家事审判专业化途径，实现家事审判司法功能与社会功能有机结合，最大限度化解矛盾，维护婚姻家庭和谐稳定，依法保障未成年人、妇女和老年人的合法权益，培育和践行社会主义核心价值观，促进社会和谐健康发展，不断满足人民日益增长的美好生活需要和对家事审判工作的新需求新期待。

（二）确立了人性化的审判理念

法律的生命在于逻辑，更在于经验，达到人心的平和与理性在于法之施行，更在于法在人心的弥散。洛南法院针对家事案件出现的新特点提出解决问题的办法、对策及实践路径，坚持以人为本，将案件审判由侧重财产权益保护转变为全面关注当事人身份利益、人格利益、情感利益和财产权益，充分发挥家事审判的诊断、修复和治疗作用，实现了家事审判司法功能与社会功能的有机结合，对尚未破裂的婚姻和问题家庭的救治，能够促进家庭和睦，培育良好家风；坚持以化解家事纠纷、修复受损情感为指向，对当事人的保护要从身份利益、财产利益延伸到人格利益、安全利益和情感利益，保护当事人隐私，注重人文关怀，充分发挥家事审判对婚姻关系的诊断、修复和治疗作用，运用“听、忆、找、调”四步法家事审判调解方式，最大限度地化解矛盾纠纷，防止“民转刑”事件的发生，弘扬文明进步的婚姻家庭伦理观念，推进家风建设和家庭美德建设，倡导文明进步的婚姻家庭伦理观念，积极培育和践行社会主义核心价值观，弘扬中华民族传统家庭美德，维护公序良俗。

（三）体现了从单兵突进向协同联动的转变

家事审判改革是一个系统工程，不能局限于法院内部，其有效开展需要立法机关、行政机关、社会组织和专业团体的参与。家事纠纷虽然发生在家庭内特定人之间，但其影响涉及整个家庭乃至社会的稳定，因此，无论是为了恢复原有秩序还是重新营建未来新秩序，都需要有一定的外部力量协助，需要加强统筹协调、协同联动、形成合力。洛南法院探索建立多元化纠纷解决机制，建立和完善婚姻家庭纠纷多元化解的协作联动工作机制，贯彻调解优先、调判结合理念，构建起社会广泛参与的诉调对接家事纠纷多元调解平台，引导当事人更多选择非诉讼方式化解矛盾纠纷。借力民政、妇联、共青团及其他社会组织等相关职能部门，形成合力，多渠道化解家事纠纷。法治社会的建构，不仅在法庭之内，也在法庭之外，加强与相关职能部门和单位的协调配合，动员和激励社会各界力量共同参与，推动建立司法、行政和社会相结合的多元化纠纷解决机制，积极推进落实法院、公安、司法、妇联、民政等单位之间的“大联调机制”，促进家事纠纷的化解，共同打造共建、共治、共享的社会治理格局是家事审判改革的发展方向。

四、专家点评

家庭是社会的细胞，家庭和谐稳定是国家发展、社会进步、民族繁荣的基石。步入新时代，洛南县人民法院开拓进取、求真务实，大力推进家事审判方式和工作机制改革，不断创新家事审判工作特色制度机制，积极探索心理辅导、家事调查、出具离婚证明书等工作机制，由专业心理咨询师、婚姻家庭咨询师为家事纠纷调解提供心理疏导与婚姻家庭咨询；重点加强家事审判机构和队伍建设，成立了专门的家事审判团队，选拔任用熟悉婚姻家庭审判业务、具有一定社会阅历、掌握相应社会学和心理学知识、热爱家事审判工作的法官担任家事法官。紧紧依靠地方党委，与民政、妇联、社会组织等单位合作，动员社会各方面力量共同参与家事纠纷化解，创建完善社会广泛参与的家事纠纷多元调解机制，使审判方式更贴近群众，发挥化解矛盾纠纷的作用更加有效，有力推进了基层社会的综合治理。

（西北政法大学博士生高娟撰写）

商洛市商南县人民检察院：建设 12309 智能化综合服务平台 提供高效便捷检察服务

一、背景起因

12309 检察服务中心是全国检察机关统一部署建设的智能化检察为民综合服务平台，集网络平台和实体大厅于一体，履行检察服务、案件信息公开、受理民事和行政公益诉讼线索、接受监督等职能，旨在向社会提供更加便捷高效的“一站式”检察服务。2018 年以来，商南县人民检察院以 12309 检察服务中心建设为契机，将 12309 检察服务中心作为维护稳定、促进平安建设的有效抓手，创建“来访者之家”，使群众来信件件有回复。聚焦检察办案主责主业，不断加大矛盾纠纷和信访案件排查化解力度。将问题和矛盾消除在基层，化解在萌芽状态，有力促进了平安建设社会基础，促进了经济发展，维护了社会稳定。

二、主要做法

（一）精心谋划，明确“来访者之家”化解信访矛盾纠纷的定位

商南县人民检察院依托12309检察服务中心，真心实意处理群众来信来访，严格落实“群众来信件件有回复”制度，保证7天内进行回复、3个月内办理过程或结果答复，真心实意为群众解难题、办实事，有效助力了商南县的平安建设，实现了信访接待“零投诉”、涉检赴省进京上访“零记录”。院党组多次召开专题会议研究部署高检院提出的“群众来信件件有回复”工作要求，统一思想认识，明确信访工作任务，根据“谁接信，谁追踪；谁分管，谁负责”的原则，压紧压实工作职责，分管领导主动靠前，研究处理来信方案，带头督查督办，推动信访件及时妥善处理。要求信访检察人员切实提高政治站位，牢固树立以人民为中心的发展思想，充分认识群众来信非小事，对于检察机关而言，这是“送上门来”的群众工作，既是加强与人民群众联系的重要纽带，也是了解民情民意不可或缺的重要渠道，真正做到“群众来信无小事，件件回复有承诺”，让人民群众切实感受到检察机关的司法温度。

建成了标准化的12309检察服务中心，为来访者提供了庄重、文明、舒适的环境。在等候室配置了空调、饮水机、医药箱、沙发、茶桌、老花镜、报刊、法律书籍等一系列必备用品，以供来访者使用。同时添置了检察机关信息查询电子触摸屏、自动举报电话，更新了办公桌椅，制作了检务公开和各项接待制度图板。

建立了以建设好“来访者之家”为主线的控申工作综合评价体系，具体做到“三个明确”，即职责明确，对主管领导、部长和干警工作任务和承担的责任明确分工，作出了具体规定；目标明确，把长期规划任务阶段化，把阶段任务数量化，使工作既有质的规定，又有量的标准，便于考核；奖惩明确，把责任履行的效果与个人利益挂钩，使责、权、利三者结合。

（二）建章立制，充分发挥“来访者之家”预防化解矛盾纠纷的作用

换位思考。上访者大部分属于社会弱势群体，他们大多都是在自身问题得不到公正解决的情况下，不得已走上艰辛的上访之路。“来访者之家”以家的深情接待来访群众，以诚挚和热忱抚慰来访群众的身心，解开他们的愁绪。通过建章立制，明确专人负责，强化工作责任。确定专人负责接收、登记、受理、分流、回复群众来信工作，要求对群众反映事项，严格依法高效办理，有理有据规范回复。为统一回复标准，除了统一使用最高检制定的模板，规范回复标准外，还根据群众来信、来访反映的具体问题和回复内容，灵活采用短信、电话和视频等多种方式答复，实现“数据多跑路，群众少跑腿”。对于程序性答复采用书面答复函和短信回复的方式，实体性答复一律书面函复。

建立群众来信办理台账，同步登记信件来源、收到时间、来信人相关信息、反映的主要问题、信件处置、答复时间及方式、答复内容等情况，并对来访群众现场答复满意后签字，确保来信处理件件有留痕，便于管理、核查及监督。同时，做好实时检查、

流程管控、跟进督办，及时掌握工作进度，随时做好与信访群众的信息沟通和情况对接。对来信的处理情况实时追踪，倒排处理工期，确保每一位群众的来信在 7 日内程序性答复，3 个月内实体性答复。对于属性模糊、责任不清的信访件，由院领导主持协调配合，推动信访件进入处理程序，防范处理程序停转。建立“周统计、月清理、季总结”制度，形成明细台账和分析结论，确保同类信访问题答复统一，并及时报送相关职能部门，为信访工作决策和业务指导提供参考。

对群众来信原则上当日拆、当日审、当日登记，由员额检察官负责初核，明确来信的基本性质及处理方向，第一时间甄别是否符合受理条件。除匿名或联系方式、联络地址不明确的信件以外，均做到自收信之日起 7 日内程序性回复，属本院管辖的及时分流至办案部门办理，3 个月内实体性回复办案结果，不属本院管辖的及时移送至有管辖权的单位，并向来信人做好解释工作。明确收信当日即告知信访人信件收悉和分流情况，对于疑难复杂、诉求不明的信访件当日确不能立即判明分流去向的，7 日内经审查判明后再次回复信访人，为信访人清晰掌握流程信息提供便利。例如，在收到一名西安的案件利害关系人来信后，商南县人民检察院诉讼监督部经认真审核认为应由本院办理，当日即给其电话答复并同时发出书面回复函，改变了以往用口头或电话回复来信的办理方式，以实实在在的工作作风赢得点赞。

依托 12309 检察服务中心，接访小组认真分析每一起来信、来访案件的诉求。对属于检察机关管辖的及时办理，对不属于检察机关管辖的积极协调解决诉求；对重大疑难复杂等线索，及时协调召开跨部门检察官联席会精确研判案件属性，依法正确处理诉求，积极开展释法说理工作，切实提升回复效果。

（三）严格责任，确保“来访者之家”化解矛盾纠纷的效果

积极化解矛盾，努力消除积怨，与来访者建立和谐的“家人”关系，是商南县人民检察院在实践中的一个主要做法。党组重视集中处理涉法上访案件，实行“一把手”工程，成立了由检察长任组长的集中处理涉法上访问题领导小组。确定了“四定”（定领导、定措施、定期限、定责任）、“三包”（包解决问题、包思想稳定、包息诉罢访）、“一落实”（落实稳控责任）的具体工作措施。确定院党组成员为涉法案件包案领导，层层落实了具体责任人。包案领导亲自办理案件，亲自做稳控息诉工作，真正发挥了领导干部在集中处理涉法上访案件中的示范引路作用。

强化事前预防，注重跟踪服务，力争让群众“最多访一次”。对属于本院处理答复的来信，在回复中告知处理依据和救济途径；对于不属于本院处理答复的来信来访，告知具体的处理部门，对于案件已经处理终结，依法已经不能导入检察监督程序的，做好信访人的释法说理工作，必要时召开听证会或者公开答复。坚持将信访案件办理和司法救助工作相结合，对于符合司法救助条件的当事人，帮助引导申请国家司法救助。

坚持“有访必接，有诉必理，有信必办，有难必帮”的原则，对群众来信来访应接尽接，生人和熟人一个样，初访和再访一个样，本地人和外地人一个样，一视同仁，热情接待，真诚服务。树立全院一盘棋思想，充分运用一体化办案机制，在接收来信后按照诉访分离的要求及时对来信进行受理分流，督促承办部门及时办理，做到分工协作，高效处理。坚持“谁受理谁回复，谁办理谁答复”原则，需要释法说理的，由信访工作人员和办案人员协同答复，充分发挥集体智慧和力量，共同做好群众来信办理和回复工作。另外，尊重民情，多办实事。工作中，不断探索为来访者服务的新途径，根据实际接访和案件进展情况，提高服务层次，变来访为下访，主动深入到来访者家中，说服其依法上访，开导其息诉停访。

（四）与时俱进，推动“来访者之家”不断创新发展

推行案件回访机制，发挥长效作用。设计案件处理情况登记卡，将来访人、申诉人的基本身份情况、发生矛盾纠纷的简要过程、基层组织的处理情况、司法机关处理情况、判决、裁定及相关处理决定的执行情况等一并纳入登记卡。实行一案一卡、一事一卡，对业已处理的信访矛盾纠纷，有针对性地进行回访。通过回访，关心他们的生产生活，帮助其解决一些实际困难，提供耐心细致的法律服务，使其迅速从矛盾纠纷中摆脱出来。

开展法治宣传

推行巡回检察制度，服务基层群众。出台了《巡回检察工作暂行办法》，通过巡回检察工作向基层延伸服

务。该办法规定巡回检察工作每两个月开展一次，每次由一名党组成员带队，各科室抽调专人组成工作组，采取定期巡访、带案下访、专项检察、召开座谈会、聘请联络员等形式，走访联系人大代表、政协委员，接待群众来访，受理群众举报、控告、申诉，开展监督监外执行和社区矫正工作，参与社会治安综合治理和平安创建工作。开通网上 QQ 视频接访平台“QQ 检察官”和商南县检察院官方微博“商南检察”，并指定专人担任管理员，负责 QQ 视频接访和微博的信息发布、日常维护和运行。进一步畅通群众诉求渠道、提升检察服务品质、丰富法律监督内涵，与时俱进，推动检察服务工作不断创新发展。

开展巡回检察

三、启示思考

（一）向社会提供高效便捷的检察服务

办好群众来信来访体现的就是检察机关服务大局、服务人民的使命担当。通过办理群众来信，能够更加充分了解服务对象的司法需求，精准发挥法律监督职能，保障合法权益，营造良好环境，促进经济社会发展。“来访者之家”关心解决群众的操心事、烦心事、揪心事，做好回复工作，人民群众才能有更好的获得感、幸福感、安全感。

（二）体现了新时代司法为民宗旨

带着真情办理群众来信来访，当事人感觉到诚意和热情，必然会卸下心理包袱，敞开心扉、坦诚相见，双方距离无形拉近。和善可亲、公道正派的检察官形象，有助于双方真诚沟通，消除障碍，解决问题。因此，注重细节，在细节中体现真情，接听电话或回复、答复当事人多说尊敬性用语，接待当事人用行动拉近情感。

（三）注重实现法律监督的效果

以高度的责任心，遵循办案流程和办案时限，办好每起信访案件，是检察机关作为法律监督机关的职责体现。群众来信来访

群众送来锦旗

涉及方方面面的内容，既是司法办案的“晴雨表”，又是全面审视检察工作的一面“镜子”。检察机关既要认真对待、处理好群众来信反映的问题，又要善于通过群众来信发现自身的问题和不足，切实提高办案水平和服务质量。

四、专家点评

商南县人民检察院依托 12309 检察服务中心打造的“来访者之家”，有助于提升服务群众的能力和水平。接待好每一位来访群众，为人民群众提供“便民、规范、高效”的检察服务，展现讲文明、重礼仪、求实效的良好检察形象，“来访者之家”创新了工作方法，提高了人民群众的满意度。新时代的人民检察工作，要在以人民为中心，践行司法为民宗旨方面，积极作为，奋勇前行。通过法律监督，推动宪法法律的实施，充分保护公民、法人的合法权利，维护社会公平公正，促进社会文明进步。

（西北政法大学博士生李乐凡撰写）

杨凌示范区杨陵区五泉人民法庭：推动家事审判方式改革 满足人民权益保护新期待

一、背景起因

2017 年 3 月，咸阳市中级人民法院家事审判方式改革试点工作被写入十二届全国人大会议最高人民法院工作报告。为维护婚姻家庭和谐稳定，依法保障未成年人、妇女和老年人的合法权益，培育和践行社会主义核心价值观，促进社会和谐健康发展，不断

最高人民法院民一庭庭长郑学林调研家事审判

满足人民日益增长的美好生活需要和对家事审判工作的新需求新期待，根据陕西省高级人民法院家事审判改革试点工作安排，杨陵区五泉人民法庭被确定为家事审判方式和工作机制改革试点单位，成立家事纠纷合议庭。五泉人民法庭立足实际，积极探索创新家事审判专业化、社会化和联动性解决方式，编织立体“亲情网”，初步形成法院推动、多方支持、综治协调、社会参与的家事纠纷多元化解工作格局，取得了较好的社会效果。

二、主要做法

（一）三方合力：明确改革思路

“院校合作，镇办参与，法院主导”，与西北农林科技大学人文与社会发展学院、杨凌职业技术学院思政系达成院校合作协议，共同开展家事审判方式和工作机制改革工作。西北农林科技大学人文与社会发展学院多位教授到法院与法官座谈，担任当事人的心理咨询师，担任社会监督员。杨凌职业技术学院师生多方位参与家事审判，初步确立了大学提供理论支持，法院通过家事审判方式改革实践，共同探索适合地方特色的家事诉讼特别程序和相关制度的方向。根据家事案件分布特点，将五泉法庭纳入家事审判试点，并依法庭实际情况，设立家事审判合议庭。法庭作为教授与法官之间的纽带，为他们提供多方位交流平台，将高校理论研究的成果及时运用到司法实践中，并将司法实践中的成熟做法予以总结，形成理论上的成果，最终促进理论与实践的共同发展。

（二）多方联动：内外协同推进

不断建立健全法官与镇、村（社区）对接机制，充分发挥基层组织优势，多层次解决矛盾纠纷。家事案件审判人员深入当事人所在社区、村委会、村小组，向村组干部、村调解员、妇委会了解案件起因和过程，以及当事人的社会关系、平时表现等情况，听取他们对案件处理的意见和建议，能够为案件有效调解、依法判决找准事实依据。同时，为保障当事人的合法权益，对弱势群体进行更全面的帮助和救济，积极协调并建立了多部门协作的联动机制。五泉人民法庭与公安、妇联、民政等相关单位共同协商，制定了《关于人身安全保护令申请与执行的实施办法》，明确规定，妇联协助，对求助的妇女、儿童等进行司法救助。对遭受家庭暴力不适宜回家的妇女和儿童，由民政局所属的救助站提供基本的居住及饮食条件。对实施家庭暴力或违反人身安全保护令裁定的行为，公安机关介入处理。2017 年 12 月，第一例人身安全保护令签发后，当事人受到了震撼和教育，经过法庭训诫及疏导调解，申请人与被申请人最终自愿和好，撤回离婚诉讼。

（三）制度保障：确保改革实效

制度保障是有序推动各项工作的基本要求。家事审判试点改革以来，五泉人民法庭完善了人身安全保护机制、建立了家事案件财产申报制度、统一了家事案件法律文书样式、丰富了儿童权益保护制度、规范了家事案件审理流程等，并建立了责任分解表，将具体责任落实到人。2019 年 3 月底，五泉人民法庭各项保障制度均制定完毕，共制定《家事案件财产申报制度实施办法》《关于人身安全保护令申请与执行的实施办法》《家事案件审判规程》《家事案件未成年人权益保护实施办法》《家事调查员工作规程》《家事案件心理辅导员工作规程》《家事调解员工作规程》等7项制度，为顺利推进家事审判试点改革提供了依据。

（四）队伍建设：提高审判水平

五泉人民法庭受理的案件中，六成以上都是家事案件。五泉人民法庭建立了以家事审判合议庭为审判组织的专业化家事审判机构。当然，家事审判法官既要懂法律，也要有丰富的处理家庭生活问题的经验。家事合议庭自建立以来，法官干警切实转变家事审判理念，创新家事审判工作机制，努力打造家事审判品牌。目前，五泉人民法庭配备了2名法官、1名法官助理、2名书记员、1名法警，从事家事审判工作。为

家事案件审理

家事案件调解

促进离婚案件当事人的感情修复，实施婚姻冷静期制度，共向当事人送达《冷静期通知书》千余份。而且，家事审判合议庭一直审理涉及妇女、儿童、老年人权益案件，积累了丰富的审判经验，涉及妇女、儿童、老年人权益的民事案件大多和家事案件重叠，让他们专门审理家事案件，便于落实制度措施，总结改革经验。

（五）调解优先：形成化解纠纷合力

针对家事案件的特点，实行家事案件诉前调解制度。收案后确定45天的诉前调解期，留给法官足够时间做精细化调解的同时，也给予当事人一个冷静期。调解是一种治愈性纠纷解决机制，在家事案件审判中突出调解手段显得尤为重要，建立专业的家事审判场所，营造温馨、舒适的调解、审判氛围以缓解当事人的心理压力，对家事案件的调处有着良好的促进作用。筹建家事审判法庭和温馨调解室，从房间装饰、器具布置等方面特别注意吸收地方文化因素，尽可能营造温馨、放松的空间氛围，避免引发当事人对抗情绪。法庭中没有设置旁听席，与家事审判改革中“以不公开审理为原则，公开审理为例外”的理念相契合，也是希望当事人能意识到婚姻从根本上是夫妻双方的事情，解决婚姻问题的关键在当事人本身。座席上也没有设置标示审判人员、双方当事人身份的席牌，称谓也以当事人姓名为主，尽量淡化专业法律称谓给当事人带来的不安感，避免引发对抗情绪。

（六）服务延伸：追求最佳社会效果

转变被动司法观念，改变审判方式，充分调动积极性，将诉讼服务向前向后延伸，通过开展法治宣传活动，提升公民法律意识，促成理性解决纠纷。通过强化业务指导，提高基层调委会化解纠纷能力，将纠纷止于诉前。结合法庭文化建设的契机，将传统美德和解决家事纠纷典型案例以生动的文字配图形式展示在法庭文化长廊供当地村民参观、了解，在诉讼中也将其纳入调解工作中教育、影响当事人，一个个故事、一幅幅图画，发挥着润物细无声的效果。致力于儿童权利保障机制建设，积极与团区委、辖区小学建立沟通联络机制，成立红领巾法学院，保护儿童权益，促进儿童健康成长。

三、启示思考

（一）家事审判方式改革体现了以人为本的价值观念

常言道：家和万事兴，家固天下稳。家庭是社会的基本细胞，婚姻家庭关系的和谐稳固是国家发展、民族进步、社会和谐的重要基石。妥善审理婚姻家庭、继承纠纷等家事案件，对于维护家庭和谐，保障未成年人、妇女和老年人合法权益，培育和践行社会主义核心价值观，促进社会建设具有重要意义。各级法院要提高思想、统一认识，充分发挥家事审判的重要职能作用，妥善化解家事矛盾纠纷，维护当事人合法权益，制裁不法和侵权行为，促进家庭和睦，培育良好家风，为未成年人健康成长营造良好家庭环境，如此才能切实保障和推动社会文明进步。家事审判同时承载着当事人的微观诉求和社会公众的宏观期待，是法院工作融入和推动社会治理的重要领域。研究家事案件的裁判方法和艺术，对于提升司法公信力、增强人民群众的司法获得感具有重要意义。家事审判是一门法、理、情相交融的裁判艺术，既植根于博大深远的法学理论，也浸染着人间烟火气，既要实现个案正义，也要满足亿万家庭团圆和睦的社会期许。

（二）家事审判方式改革体现了依法化解矛盾纠纷的要求

依法审判是人民法院的法定职责，合法性和公信力是权力运行效果的衡量依据与评判准则。家事审判改革举措主要集中在诉讼程序方面，在实体法没有修订的情况下，既不能突破实体法的规定，也不能弱化实体法的地位。在新形势下，人民法庭只有不断转变价值理念、完善工作机制、创新工作方法、规范自身建设，才能更加贴近基层司法需求，在司法便民上求突破，在案结事了上抓实效，在普及法律上谋创新，无愧于人民法庭的时代使命。习近平总书记指出，基层是一切工作的落脚点，社会治理的重心必须落实到城乡、社区。在司法治理领域，发挥好人民法庭在基层社会共建共治共享中的主体作用，既是人民法庭认真履行自身职能的应有之义，也是全面推进依法治国的必然选择。在服务保障地方平安建设、推进法治中国建设的征程中，人民法庭大有可为。人民法庭作为法院的派出机构，不仅要结合基层实际，充分发挥贴近群众的优势，积极融入当地矛盾纠纷化解工作格局中去，服务乡村振兴战略实施，做到“小事不出村，大事不出镇”，而且要以不断满足人民群众日益增长的美好生活需要为价值追求，把“以人民为中心”贯穿到包含家事审判在内的法庭工作的方方面面，最大限度满足人民群众的多元司法需求。

（三）家事审判方式改革体现了社会主义核心价值观

当前，经济、科技发展日新月异，社会生活中的新生事物、新型问题层出不穷。家事案件与基础社会关系及当事人的基本生活需求密切相关，所以家事审判领域面对的新问题更多、更复杂，社会关注度也更高。在家事案件审理过程中，应当坚持“有法律依法律，无法律依习惯，无习惯依法理”的司法适用原则，深入研究、准确把握法学理论的真正含义，并与经济社会发展水平和公众情理观念相结合，使判决结果既有法理基础，又有助于推动社会发展进步。为充分发挥司法裁判对社会价值的重要示范引领作用，基层人民法庭应当注重探索家事审判工作规律，积极稳妥开展家事审判方式和工作机制改革工作，从不同角度体现和弘扬社会主义核心价值观。注重对未成年人权益的保护，注重夫妻共同财产认定等问题，及时总结人民法院适用人身安全保护令的成功经验，促进社会安定和谐。

（四）家事审判方式改革体现了基层社会综合治理的要求

司法的基本职能在于解决争端，化解矛盾，保障民生，优化营商环境。基层人民法庭参与地方平安建设是坚持能动司法的重要平台，是不断满足人民群众司法需求的现实需要，是维护农村社会和谐稳定、服务保障地方平安法治建设的必然要求，群众满不满意是衡量基层人民法庭推进平安建设成效的一项重要标准。五泉人民法庭积极对接家事调解、家事调查、心理疏导等特殊程序，充分发挥多元解纷机制的作用，努力实现矛盾纠纷的源头化解，促进社会综合治理。法断曲直，理通肺腑，情暖心肠，家事审判是一项情、理、法结合的综合性工作，家事法官要不断提高群众工作能力和语言表达能力，丰富知识储备，在与当事人沟通交流的过程中，做到设身处地，感同身受，切实赢得信任、理解和认同。要积极进行案后跟踪、回访和帮扶，及时全面了解当事人的工作生活情况，对符合条件的当事人依法提供必要的帮助。除了家事审判工作之外，基层人民法庭还担负着指导人民调解委员会业务的工作，在便利群众诉讼，解决农村矛盾纠纷，维护社会稳定等方面都必须发挥好关键作用。基层人民法庭要在法律和政策允许的范围内，以更加主动的姿态，贴近基层群众需求，因地制宜，提供最实用的法律指导和诉讼服务，便民利民，努力让群众少跑冤枉路，少花冤枉钱，以最低成本最高效率解决矛盾纠纷。

四、专家点评

人民法庭是人民法院的派出机构，是人民法院审判工作的前沿阵地，是人民法院深入基层、联系人民群众的服务窗口，是人民群众合法权益得以实现的重要保障。在维护社会稳定、促进社会和谐过程中，充分发挥基层人民法庭在家事审判中的积极能动作用具有重要意义。五泉人民法庭在家事审判的试点改革中，认真贯彻落实习近平总书记关于文明家庭建设重要指示精神，自觉强化试点担当，主动转变思维理念，着力创新体制机制，坚持回归家庭本位，推动审判方式改革，集聚解纷合力，推动家事矛盾有效化解，重视宣传教育引领，推动文明家庭建设，精心打造家事审判合议庭，不断探索多元化纠纷解决机制，延伸司法服务，化解群众心结，让当事人能够在司法中切实感受到法律的温度，感受到公平正义。五泉人民法庭推动的家事审判改革，回应了新时代人民群众对权利保护的新期待、新要求，有效维护了辖区社会的和谐稳定，取得了良好的社会效果。

（陕西警官职业学院讲师、西北政法大学博士生张永林撰写）

平安创建篇

PING'AN CHUANGJIAN PIAN

延安市甘泉县：
“土专家”巧治“疑难症”
“小调解”实现“大平安”

一、背景起因

随着我国社会主要矛盾的变化，人民群众不仅对物质文化生活提出了更高要求，在民主、法治、公平、正义、安全、环境等方面的需求也日益增长。同时，我国改革发展进入攻坚期、深水区，各类社会矛盾也进入多发易发阶段，基层社会矛盾日渐复杂化、多样化，及时化解社会矛盾，优化基层社会治理，构建社会主义和谐社会，是我们党全面推进小康社会建设，实现中华民族伟大复兴的重大战略部署。这就要求基层干部高度重视社会矛盾纠纷的排查化解工作，通过有效、便捷、群众最认可的方式调解基层群众之间的矛盾纠纷，当好化解纠纷的“公道佬”，做一把打开群众“心锁”的“金钥匙”，在构建和谐社会中发挥基石作用。甘泉县委、县政府坚持“化纠纷、解难题、创平安”思想，不断探索基层社会治理的新机制，充分发挥乡贤能人的影响力，使其作为“土专家”参与民间纠纷的调解，设立在城乡社区的人民调解工作室，有效预防化解各类矛盾纠纷，“小调解”调出“大平安”。

劳山乡林沟村“九平人民调解室”积极总结调解经验，在矛盾纠纷预防化解中发挥了重要作用。甘泉县委、县政府推出了“九平人民调解室”创建活动，推动了人民调解室建设的标准化，丰富拓展了调解文化，极大提升了社会对人民调解工作的支持和认可。甘泉县司法局在县委政法委的领导下，扎实推动人民调解的体制机制建设，人民调解成为推动基层群众自治制度、化解矛盾纠纷的有效途径。

二、主要做法

（一）优化阵地建设，让调解“活”起来

在调解阵地建设上，按照方便就近、规范提升、分层推进、温馨舒适的原则，因地制宜设置调解组织，真正将调解室设在群众最需要的地方、设在矛盾纠纷突出的村组，做到哪里有矛盾，哪里就有调解室，哪里有条件，调解室就建到哪里。

坚持标准，整合资源，突出温馨化。在条件好的村，按照“四室一中心”的要求设置调解室、心理疏导室、沟通室、咨询室、综治维稳中心，将功能与村级便民服务、代办群众事项有机融合，做到“四个一”，即一张笑脸相迎、一把椅子相让、一碗香茶相敬、一颗诚心相待，使群众有归属感、信任感。

因地制宜，突出实用性。在一些偏远村、拐沟村，将调解室与村会议室、党员活动室合并使用，有的把调解室设在村民小组长家、老党员家、退伍军人家，也有的设在产业合作社、产业园区、旅游景区等。由于村组撤并，乱柴沟村民小组离村委会有十多里路，

为了方便群众，石门镇王坪村将调解室设在了老党员张登攀家，先后成功调处矛盾5起。甘泉大峡谷在游客接待中心成立了调解室，营造良好的旅游服务环境。劳山乡丰足村王台村民小组在退伍军人钟学德家成立了夫妻党员调解室，先后调解邻里纠纷、家庭纠纷6起。

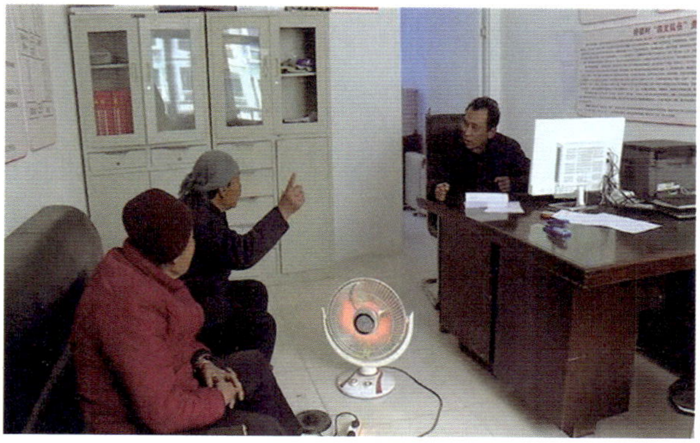

认真听取当事人的陈述

灵活多样，结合实际，突出流动性。对地界纠纷、林权纠纷、宅基地纠纷、家庭纠纷等，调解员主动介入，第一时间深入田间地头、农家院落了解情况、查找症结，做到早发现、早处置、早化解，使矛盾纠纷调解始终活跃在老百姓身边。

预防为主，大事化小、小事化了。调解室工作以预防为主，具有“早发现、早介入、早处置、早化解”特点，能够及时将农村群众生产、生活中的一些小纠纷、小隐患、小问题、小误解化解在萌芽状态，有效减少了社会矛盾，降低了社会风险，促进了社会和谐，夯实了平安建设的根基。

（二）优化队伍建设，让调解“强”起来

在调解员队伍建设中，突出“五好”原则，即热心服务好、政策宣传好、品德作风好、调解能力好、个人威望好。

注重挖掘农村“土专家”。按照“本人自愿、群众推选、支

部把关”的选用程序，将一批德高望重、群众公认、敢说真话、办事公道、热心调解的农村老党员、老典型、老干部、老法官及乡贤能人选用到调解岗位上来，他们通达人情世理、熟悉乡风民俗、了解群众秉性，掌握群众的行为习惯，经常与群众交朋友、拉家常，为群众办实事、解难事，调解矛盾也就得心应手，全县共选聘“草根”调解员685名，68个村（社区）每个村平均10人以上。

选派专业“说法团”。为了弥补基层调解员在法律、政策等方面的不足，充分利用“两说两联”机制，为每个村选派“三官一律”驻村服务队，定期开展法律宣传咨询、矛盾纠纷排查化解、解决生产生活中的问题；各乡镇、街道办也组织派出所民警，国土所、司法所、民政站、食药所工作人员组成说法服务队，在工作中开展调解说事。由此建立了由30名优秀调解员组成的调解专家库和由37名法官、检察官、警官、律师及行政执法人员组成的驻村“说法团”。根据“九平式调解”工作的需要，及时提供调解力量和法律政策支持，实现了人民调解与“专家团”“说法团”的优势互补，从根子上消除了摩擦、预防了矛盾纠纷，大大减轻了治安压力、审判压力、执行压力，节约了司法资源，实现了社会治理重心下移，有效提升了基层社会治理水平和治理能力，取得了良好的社会效果和法律效果。例如，劳山乡林沟村“九平式调解室”注重源头化解矛盾纠纷，彻底解决了全村312户退耕还林多年不能兑现的问题，实现了全村由“乱”到“治”的转变。2018年度，劳山乡被延安市委、市政府评为全市平安建设先进集体。

加强培训提技能。在注重调解员之间的“传、帮、带”的同时，采取知识培训、法律讲座、案例分析、现场参观学习等灵活多样的

顺利化解双方矛盾

方式，每年对调解员实行分层分类培训，重点对调解方法技巧、法律法规知识进行培训，提高调解能力和调解水平。通过加强人民调解员培训工作，完善人民调解员等级评定、持证上岗等制度，不断提高人民调解员的职业素养，增强人民调解员的职业认同感，调动人民调解员的工作积极性。坚持创新驱动，加快信息化建设。积极推进信息化建设和智能化水平，加快建设人民调解管理信息系统。

（三）优化方法策略，让调解“巧”起来

“四重四讲”彻底调。“四重四讲”即重根源，讲政策；重事实，讲法律；重调和，讲道德；重兑现，讲效果。2018 年 4 月 20 日，桥镇乡玉芽沟村民刘某和邻居李某因宅基地产生纠纷，双方各执一词、互不相让，调解员樊九平经过深入细致的了解发现，问题的症结根本不在你多我少上，而是因为平时的琐碎事产生了积怨，都想通过宅基地问题“出一口气”。找到问题的根源后，

樊九平给双方当事人讲“六尺巷”的故事，以理服人、以情化人，最终刘某的平房后退5米，李某主动给刘某帮工，两邻居由当初的面红耳赤、互不相让的尴尬境地“化干戈为玉帛”，这件事很快成为四里八乡津津乐道的话题。

“三心三让”公平调。“三心三让”即办事热心，让群众称心；调解公心，让百姓放心；工作实心，让大家齐心。一些当事人受法律政策水平的限制，诉求有时会超出法律政策底线。在调解过程中，要求调解员始终做到依法依规、“一碗水端平”，确保调解结果合法有效、公平公正。石门镇油粉村李某和宋某因土地界限发生纠纷，该村调解员张启明虽然和李某有亲戚关系，但是他在调解过程中用事实说话，不偏不倚，使问题得到妥善化解，取得了双方都满意的效果。

讲求策略巧妙调。恰当的方法是确保调解成功的有效法宝。兼顾情理法，用心劝和。“九平调解室”总结推出“调解十法”，即政策引导法、换位思考法、理性教育法、冷却待机法、亲情感化法、扬长避短法、现场听证法、案例启迪法、成本折算法、部门联动法，把法律政策转换为直白明了、浅显易懂的“土话”，做到因事而异、因人而异和以情动人、以理服人。例如，桥镇乡新庄科村思某与安塞贾某因婚后不和，思某提出离婚，贾某坚决不同意，双方甚至动员了家族数十人，大有剑拔弩张之势。调解员樊九平耐心倾听、苦口婆心“打劝”双方，最终两人重归于好，化解了婚姻危机，更避免了一场群体性事件的发生。

利用多方资源，拉近党群干群关系。上下联动、干群一心，在调处过程中，民警、法官、检察官、行政执法人员与调解员协同配合、并肩作战，与群众打成一片，说群众的话、解群众的忧、暖群众的心，依法依规、公平合理化解矛盾纠纷，真心实意为群众解难事、办实事，赢得了群众的信任和认可，进一步密切了党群干群关系。石门镇油粉村针对遗留问题多、时间跨度长、涉及农户多的实际，县法院“流动法庭”进村开展说法，先后化解了涉及 8 个村民小组、498 户、1567 人的 3490 万元高速公路征地补偿款分配到户的问题、大棚地承包款收缴的问题、51 户群众宅基地划分的问题，使全县有名的“烂杆村”转变为人心思稳、人心思富的先进村。

情理法相统一，以法促调、以调促宣、以案说法。以情动人、以理服人、以法育人等方式，既化解了群众的“烦心事”“闹心事”，又教育引导群众遵纪守法、孝老爱亲、文明友善、勤劳致富，摒弃假恶丑、等靠要等不良风气，有效转变了群众思想观念，提振了群众发展信心，达到“调解一案、普法一片、稳定一方”的效果，为深入实施乡村振兴战略提供了有力保障。道镇南义沟村支部班子敢于担当作为，调解矛盾纠纷彻底有效。2017 年以来，整合各类资金 620 万元，建设 100 座日光温室大棚蔬菜，承包给全丰实业有限公司，涉及 30 户村民，其中带动贫困户 6 户，村集体实现承包收入 10 万元，有力地促进了党的建设、农业产业发展、基础设施建设、群众文化活动、农村社会治理等各项事业的协同发展，成为全县实施乡村振兴的“样板村”。

（四）优化机制保障，让调解“实”起来

实行“以案定补”奖励激励机制。为了调动更多的调解员参与到调解工作当中来，甘泉县制定了“以案定补”机制，给予调解员在误工、交通费用等方面适当的补助。口头调解，形成调解协议书，每案以案定补 50 元；调解一般性纠纷，形成案卷的，每案以案定补 100 元；调解较复杂纠纷，形成案卷的，每案以案定补 200 元；调解复杂（重大疑难）纠纷，形成调解协议，并经司法确认的，每案以案定补 500 元。同时，将调解矛盾纠纷与爱心超市积分兑换、甘泉好人评选等有机结合，进一步调动广大调解员及群众参与矛盾纠纷化解的积极性。

健全完善制度机制。为了促进调解工作的规范运行，调解室建立健全了调解员职责、调解工作纪律、纠纷隐患排查制度、调解工作流程、当事人注意事项、考核奖励办法等制度，实行日接待、周排查、月分析制度，主动接受群众代表、县乡人大代表的监督，促进调解工作的规范有序开展。制定相应工作制度，使人民调解工作规范、严谨。拓展行业调委会，根据形势变化，不断推动人民调解规模化、丰富行业调解领域，由原来的医疗、交通两个行业调委会，扩展到劳动争议、物业、消费、旅游、电子商务等领域，实现了热点领域和疑难领域的全覆盖。

落实组织领导保障机制。县委成立了由县委常委、政法委书记任组长，相关部门参与的创建“九平式调解组织”工作领导小组，县委、县政府主要领导多次调研指导，并在以案定补经费的落实上予以大力支持，各乡镇（街道办）落实专人负责此项工作，在阵地建设、调解员的选配、办公设备的配置上予以全力保证，村“两委”班子全力配合，达到村级事务管理与矛盾纠纷化解同促进、双驱动，有力推动了全县“九平式调解室”创建工作的深入开展。

三、启示思考

（一）充分发挥人民调解在城乡治理中的作用，是践行基层群众自治制度的要求

在中国共产党的领导下，实行基层社会综合治理，发挥人民群众在基层社会治理中的主人翁地位，是社会主义建设事业蓬勃发展的需要。村党支部是村级各种组织的领导核心，也是引领各项工作的“火车头”。在“九平调解室”建设过程中，村党支部发挥着举旗定向、组织谋划、引领实施的作用，在谋发展、惠民生、解难事上发挥着主导作用。村党支部凝聚一班人的思想认识，整合村级各种组织的力量，以问题为导向，聚焦村上发展的重点、难点问题，同向发力，敢于动真碰硬，调动调解员主动参与矛盾纠纷的化解，为调解工作的开展提供坚强的组织保障，促进了“九平调解”落地生根，开花结果。只有发挥中国特色社会主义政治制度优势，才能实现综合治理，取得最佳治理成效。

（二）“大平安”目标体现了以人民为中心的思想，党的群众路线是持续推进平安建设的灵魂

人民调解是一项群众工作，依靠群众、发挥群众智慧和力量是抓好该项工作的不竭动力。甘泉县的人民调解工作得到广大群众参与和支持，群众对调解的认同度高，发生纠纷愿意接受调解，由过去的“小事小闹，大事大闹”主动向“大事化小，小事化了”转变，做到了“小事不出村，大事不出乡镇，矛盾不上交”。农村呈现出气顺了、人和了、劲足了的良好局面。相信群众，依靠群众，赢得群众的支持和理解，人民调解才能更好发挥作用。坚持全心全意为人民服务的根本宗旨，坚持自治、法治、德治结合，形成共建共治共享治理格局，更高水平的平安建设才能落到实处。

（三）“土专家”在人民调解中大显身手，体现了基层群众的智慧，反映了人民群众的首创精神

矛盾化解的成效如何，调解员的选用至关重要。公道选人、选公道的人，将群众信任、思路清晰、公道正派、勇于担当、敢说真话的乡贤能人选为调解员，发挥他们情况熟、事理明、方法巧的优势，使一些疑难问题迎刃而解，也涌现出了“樊公道”“贺公道”“张公道”“曹公道”等一大批优秀调解员。作为“土专家”，他们了解乡土民情，阅历丰富，在无数次的调解实践中，成为群众信赖的人，在基层社会治理中发挥着独特的作用。

（四）“小调解”是预防化解矛盾纠纷的有效手段，通过谈判、协商解决矛盾纠纷是现代社会的发展趋势

人民调解通过抓源头、重事实、找症结，实现矛盾纠纷的公正解决。调解不是“稀泥抹光墙”，无原则的“息事宁人”，而是坚持法律底线、道德底线、习俗底线，运用“情理法、说劝和”等方法，使矛盾纠纷公平公正、完全彻底地化解，实现群众生活安定有序、社会和谐稳定。鼓励当事人积极参与纠纷化解，设身处地为当事人提供多种可供选择的解决方案，尽可能使人际关系得到修复，所有这些，只有通过深入细致的思想工作，通过双方当事人不断谈判、协商，才能有效实现。“小小人民调解室”在基层社会治理中的作用，不可忽视。

四、专家点评

人民调解具有早发现、早介入、早处置、早化解的特点，也有方法灵活、形式多样的特点。其充分发挥广大人民群众的力量，将德高望重、群众认可、敢说真话、办事公道、热心调解的农村老党员、老干部、老法官及乡贤能人选用到调解岗位上来，弥补人民调解员人手紧张的不足。同时，将调解矛盾纠纷与“爱心超市”积分兑换、“甘泉好人”评选等活动有机结合，调动广大人民群众积极参与到调解工作中来，使群众从参与矛盾纠纷的化解中学习法律知识，增强法律意识，从根子上消除了摩擦、预防了矛盾纠纷，大大减轻了治安压力、审判压力、执行压力，实现了社会治理重心下移，有效提升了基层社会治理水平和治理能力，取得了良好的社会效果和法律效果。“九平人民调解室”创建活动，在推动人民调解规范化发展的同时，通过宣传典型人物、典型案例，弘扬了调解文化，夯实了调解发挥作用的基础。“土专家”广泛参与，“小调解”积极作为，“疑难症”得到治理，“大平安”得以实现，中国特色基层群众自治制度的制度优势就一定能够转化成为治理的效能。

（伊犁师范大学讲师、西北政法大学博士生程静撰写）

延安市宝塔区枣园街道办：推行“五治融合” 助力平安建设

一、背景起因

枣园街道位于延安市主城区西北 7.5 公里处，是全国著名的红色教育基地。辖区面积 112 平方公里，下辖 2 个社区、12 个行政村，总人口 44473 人，其中农业人口 11338 人，城市人口 33135 人。有居民小区 22 个，物业公司 18 家，非公企业和社会组织 107 家，酒店 17 家，餐馆 102 个，个体门店 230 家。近年来，随着每天上万名的外来游客参观、学习、入住，社会治理、平安建设成为枣园街道对外展示形象、对内提升发展的重要任务。为打造好枣园“窗口”的社会治理和平安建设工作，枣园街道办以习近平新时代中国特色社会主义思想为指引，深入贯彻延安市委改革部署，坚持以新时期“十个没有”平安建设为抓手，立足“小事不出户，大事不出村，矛盾不上交”总目标，构建政治、法治、德治、自治、智治保障的社会治理体制，全面打造平安枣园。

二、主要做法

（一）发挥政治引领作用，推行党建先行

一是点亮“四盏明灯”，用“灯光党建”指导平安建设工作。通过点亮“信念之灯”，补足精神之钙，做政治忠诚、思想忠诚、行动忠诚的政治上的“明白人”；点亮“担当之灯”，夯实党建之责，始终坚持“党建引领，旅游带动，项目支撑，提升产业，创新服务”的发展理念来推进各项工作；点亮“为民之灯”，凝聚群众之心，打造“张思德”服务体系，做好为民服务；点亮“廉洁之灯”，打造清正之风，通过“十项纪律”和“三抓三提示”，全面打造过硬作风。通过这四盏“明灯”，为枣园的社会治理提供了坚强的思想保障和方向指引，画好区域治理的同心圆。二是抓好支部书记队伍建设，发挥“头雁效应”。积极推行并全面完成12个村支部书记、村主任“一肩挑”工作，结合“不忘初心、牢记使命”主题教育、农村集体产权制度改革等工作，加强对村支部书记培训，确保这些“领头雁”思想先进、行动积极，全面推进基层人才建设，促进经济发展，提升社会治理水平。三是深化党组织战斗堡垒作用。积极推进小区党支部组建工作，在居民小区普遍建立基层党建制度体系，层层签订共建协议、服务双向认领，构筑基层治理“朋友圈”，目前参与党组织45个，党员235人，成立居民小区党支部3个，达成共建意向党政单位23个、非公企业125家、酒店餐

饮和个体门店349家，有效充实了基层治理力量，将党的领导体现在社会治理最末梢，使党建引领这条红线，在社会治理中得以有机融合、有效发挥。

（二）发挥法治保障作用，规范管理体制

一是加大普法力度。结合“七五”普法教育，从制度建设入手，认真落实“一村一法律顾问”、开办法律知识讲座、依法调解矛盾等政策措施，普及法律知识，弘扬法治精神，培育法治理念，树立法治权威。街道全年先后开展法治宣传教育活动40余场次，培养法律明白人200多名。枣园街道上砭沟村成功举办了陕西省第十届新媒体快乐普法进乡村大赛延安赛区预赛。二是明确各辖区单位站所在平安枣园建设中的职责任务。由枣园街道办负责总体牵头，抓好全局，枣园派出所负责治安维稳和打击犯罪，枣园交警队负责保障交通便利和打击违法驾驶，枣园司法所负责普法宣教和社区矫正，枣园法庭负责法律政策解答和协助矛盾调解，枣园城管中队负责市容市貌维护，枣园社区卫生服务中心负责医疗安全，枣园供电所负责电力安全，形成各单位站所各司其职、各尽其责的有效治理机制。三是加强对执法单位督查指导。组织街道辖区党代表、人大代表、政协委员视察，开展站、所、单位评议，对派出所、交警队、司法所、城管中队等驻地单位工作进行全面督查检查，夯实平安枣园建设责任；同时，定期召开平安建设推进会，安排部署平安枣园建设任务，并且结合扫黑除恶专项斗争工作，依法完善社会秩序，深入推进基层警务、政务站点等基础管理建设，夯实辖区治安稳定平安工作。

（三）发挥德治教化作用，加强道德修养

一是结合各项创建工作，开展形式多样的活动。通过结合延安创建国家文明城市、食安城市、健康城市等活动，把平安枣园建设融入各项创城工作中，达到事半功倍效果。二是精心组织各类文体宣教活动。通过深入开展传统文化教育、文明素质教育、社会价值观教育等活动，组织开展群众喜闻乐见的各类文体活动。同时积极开展宣教活动，引导群众树立正确的世界观、人生观、价值观，激发群众热爱枣园、爱护枣园、建设美丽枣园的热情。街道全年举办枣园讲堂 10 次，专题宣讲活动 20 余次，组织公益活动 10 次以上，发放宣传材料 3 万份，入户宣传 2800 余户。三是开展行之有效的志愿服务活动。认真开展志愿者登记，目前共登记辖区志愿者 800 余人，成立了张思德志愿者服务队、张思德矛盾调解队、张思德志愿宣讲队、张思德治安巡逻队等志愿服务队伍，在便民服务、矛盾调解、政策宣讲、治安巡逻等方面开展大量工作，成为平安枣园建设的有力保障。四是开展常态化道德教育引导，培养群众知法守法、依法办事的法律意识。通过社区、学校、单位等方方面面的教育引导，塑造枣园人热情向善、平等友爱的品格，提高辖区干部群众建设平安美丽枣园的使命感，实现了润物细无声的柔性治理，创新了社会治理模式，提升了枣园城乡治理水平。

（四）发挥自治组织作用，夯实基层治理基础

一是发挥村组自治功能，打造平安村组。在各村组成立平安

建设工作领导小组，明确建设任务和人员分工；详细登记村民和外来人员信息，实现人员信息动态化更新；吸纳村干部、村组党员以及乡贤能人打造村级矛盾调解队，努力实现小事不出户，大事不出村。二是打造共建共治共享的城市治理格局。借鉴“枫桥经验”与“两说一联”工作机制，形成“区域联治、行业联动、治安联防、信息联通”的治理机制，通过打造平安校园、平安酒店、平安餐馆、平安门店、平安小区、平安景区、平安商场等一系列城市元素，广泛调动城市范围内各行各业参与到平安枣园建设中，共筑平安建设之基。三是开创各类平安载体，全面提升治理能力。第一，打造了枣园张思德调解室。联合枣园派出所、司法所、法庭等单位站所，吸纳专职工作人员、“两代表一委员”、乡贤能人、专业律师、基层干部等，成立百人调解专家库，推行“四心”工作法，培养金牌调解员 14 人，做到矛盾就地化解，问题不上交；第二，打造了张思德便民服务体系。建立张思德便民服务大厅，组建了张思德志愿者服务队、张思德电力服务队、张思德治安巡逻队、张思德矛盾调解队、张思德宣讲队等五支便民服务队伍，广泛开展各类志愿活动，既方便群众办事，又第一时间解决基层群众困难问题和矛盾纠纷，成为提升基层治理的有效载体。

（五）发挥智治支撑作用，提升工作质效

一是提升技防水平。枣园街道办结合实际，在 8 个物业小区推广使用智能系统，3 个小区安装了人脸识别门禁系统、车辆识别系统，落实小区公共区域监控全覆盖，实现小区管理智能化；在丽森花园酒店、黄土情餐馆等 12 家酒店、饭店落实明厨亮灶，实

现后厨可视化；在各大中小学校、幼儿园以及纪念地景区推进公共基础技防，实现公共区域视频监控全覆盖，有效保障区域安全。二是推行社区网格片区化管理。针对城市社区管理实际，按照“社区—片区—网格—楼栋”四级管理模式，配备片长 12 人、网格长 30 名、网格员 92 名、楼栋长 215 名，片警 12 名，其中片长为社区工作人员，网格长、网格员均由物业、单位、公司等社会人员担任，充分发挥社会人员的基层治理能动性，积极构建共建共治共享的社会治理制度，密织了一张网格片区化管理的“安全网”。三是建立完善的综合指挥一体化平台。通过把基层治理网格、城市管理网格、社会服务网格、社会治安网格等进行融合，将社会治安、应急救援、市场监管、城市管理、便民服务等功能全面嵌入，实现受理、派单、交办、督办、结案、反馈统一调度，提高解决问题的能力和效率，有力推进枣园街道平安建设指挥一体化。

三、启示思考

（一）坚持党建引领，发挥党组织在社会治理中的核心领导作用

基层社会治理现代化的根本优势在于党的领导。牢牢坚持以党建为引领，不仅可以保证基层社会治理创新的正确方向，同时也有助于确保基层党组织健康发展，成为凝聚党员群众的“主心骨”；有助于促使广大党员干部全心全意为人民服务，成为推动社会发展的“领头羊”；有助于凝聚和带动社会各界力量共同参与公共事务，组建起社会治理的“生力军”。平安枣园建设取得

显著成效的关键在于党建引领，而新时代基层社会治理现代化的根本保障也在于党建引领。

（二）坚持以人民为中心，切实提升群众幸福感、获得感、安全感

基层社会治理现代化的重要目标是体现人民利益、反映人民愿望、维护人民权益、增进人民福祉。人民群众是历史发展和社会进步的主体力量，是社会治理的参与者，人民高兴不高兴、满意不满意、答应不答应，是检验工作的主要标准。要时刻注意密切联系群众，紧紧依靠群众，通过一系列为民便民的举措，努力解决好群众最关切的生产生活、公共安全、权益保障、公平正义等问题，美化、亮化、净化人居环境，提升人民群众的生活质量和满意度。

（三）坚持五治融合，构建“十个没有”平安建设体系

基层社会治理现代化的有效路径在于推进五治融合。五治融合的要义是集中发挥政治强引领、法治强保障、德治强教化、自治强活力、智治强支撑的综治优势，积极释放各个方面、各个环节、各种形式的治理效能，使基层社会在“十个没有”平安建设的过程中成为一个多措并举、相互协调、有机统一的整体。要注重各行业、各单位、各部门和社区村组之间的沟通和协作，深化区域联治、行业联动、治安联防、信息联通的“四联”治理格局，动员社会力量广泛参与治理，及时化解矛盾纠纷，全面提高社会治理水平。

四、专家点评

基层社会治理是国家治理的基石，提升基层社会治理水平是实现国家治理体系和治理能力现代化的重要环节。在新时代的历史方位中，在社会主要矛盾已经转化为“人民日益增长的美好生活需要和不平衡不充分的发展之间的矛盾”的背景下，夯实基层治理根基，提高社会治理效能，既是社会治理创新的重要目标，也是不断增强人民群众获得感、幸福感、安全感的必然要求。陕西省延安市宝塔区枣园街道将弘扬延安精神、传承红色基因与社会治理创新结合起来，推进“十个没有”平安建设，打造“张思德”服务体系，丰富“两说一联”调解工作机制，注重源头治理，加强风险防控，及时化解各类矛盾，为社会治理现代化和平安中国建设提供了生动案例。

（西北政法大学枫桥经验与社会治理研究院
科研助理、法律硕士仝孟玥撰写）

渭南市临渭区：打造智慧社区警务新模式 提升社区平安建设上层次

一、背景起因

城中村是我国城市化进程的产物。由于流动人群聚集、人口构成复杂、城市规范化管理缺位等原因，城中村矛盾纠纷多发，安全隐患与治安问题相对突出，一直是基层社会治理的难点。渭南市公安局临渭分局为有效破解城中村治安管理难题，积极探索智慧社区警务模式，借力人脸识别、云摄像、网管、重点部位智能设防等科技优势，成功打造社区安防系统。智慧社区警务模式促进了警民融合，共建共治共享，实现了各类警情明显下降、防范效能明显提升、群众安全感明显提升的“一降两升”目标。

二、工作做法

（一）坚持党建引领，警民携手共建平安社区

为加快推进城中村社会治安治理，环北路派出所（以下简称“环北所”）着眼问题导向，针对各村存在的实际问题，通过党

以党建为引领扎实推动辖区治安防控体系建设

建引领、组织共建、工作相融的举措，强化警社联动基层党建融合，把公安机关社会治理的“独角戏”变成基层党组织的“大合唱”，走出了一条党组织领导下城中村综合治理的新路子。

环北所党支部和槐衙社区党总支常态化开展共驻共建活动，党员民警和社区党员加强沟通交流，深入各村组调研，从细节入手全面摸排存在问题，广泛听取社区群众意见建议，找准治安问题存在的症结，共同出谋划策，共创平安和谐社区。先后组建社区微型消防站、社区巡防队，购置消防器材、巡逻电瓶车，对社区巡防队员开展安全防范技能和业务培训，大大提升群防群治力量参与治安防控和发现制止违法犯罪的能力和意识；在做强人防物防的基础上，走出去参观学习，借鉴发达地区社区管理经验和好的做法，对现有技防设施进行升级改造。寻求专业科技公司的帮助，从实际出发，以问题为导向，以社区治理需要、居民需求为切入点，探索将社区人、地、物等数据采集并入系统，搭建网络化的服务管理平台，实现对社区的智慧管理。

（二）坚持聚焦实战，积极探索智慧社区警务模式

2018 年，公安临渭分局党委提出聚焦警务实战需求，学习借鉴先进经验，大胆尝试智慧管理新型警务模式。环北路派出所作为该局确定的智慧社区建设试点派出所，按照分局党委关于智慧公安工作布局，以“实战、实用、实效”为总体原则，以“试点先行、边探索、边建设、边完善”为工作思路，立足辖区实际，选取槐衙社区等三个小区作为智慧社区试点，充分利用物联网、云计算、移动互联网等信息技术，积极探索信息化、智能化、数字化的智慧社区管理新模式，争取打造符合城中村特点，贴近实战实用的智慧样板社区，最终达到“人过留影、车过留牌、卡过留痕”的目的。方案确定后，公安临渭分局与环北路派出所积极

环北路派出所党支部与槐衙社区常态化开展共驻共建活动

与各有关单位沟通，最大限度争取人、财、物等方面的支持，投资200余万元，携手中威电子、易星电子开展智慧安防建设，实现对社区视频全覆盖，人、车、物的智能识别、全程跟踪、智能管理，探索共建共治共享的智慧社区治安防控新模式。

（三）坚持精准发力，强势推进智慧社区建设

“智慧社区”建设初期，面对技术难点多、涉及业务部门多、资金短缺、工期紧张等重重困难，环北派出所加强与分局业务部门、街道办事处和社区居委会的沟通联系，通过多方协调、共同筹划、群策群力，分析梳理出工作中存在的短板和问题，现场办公，一一化解。分局主要领导多次深入建设一线，指导工程建设，要求务必真抓实干，将“智慧社区”打造成民心工程，让“智慧社区”成为临渭公安“民心工程”的一张亮丽名片。

环北所通过在村道、出入口、单元楼布点，增设201路公共场所视频监控系统，36台防盗电子围栏相机，10台车辆抓拍相机，8台人脸识别系统，29台人脸识别门禁，建成集公共场所视频监控系统、小区边界电子围栏系统、车辆出入门禁系统、进出通道（楼宇门禁）人脸识别系统及电瓶车充电管理系统等五个子系统于一体的智慧社区安防系统。通过智慧安防系统，对人

指导社区居民利用人脸识别门禁实现“智慧出行”

的管理做到“出去知道轨迹，回来知道住址”，对车的管理做到“白天知道几时出，晚上知道哪里停”，对物的管理做到“实时知道状态，异常知道原因”。槐衙智慧社区三级平台建成后，社区居民实现了刷脸轻松出行，如有可疑尾随人员，平台自动识别抓拍留档并启动报警。防盗电子围栏24小时监测围墙状况，进出社区人员、车辆实时抓拍比对，就像给社区加上了一把高科技“安全锁”。

（四）坚持整合资源，不断提升治安防控效能

为有效整合各类视频资源，环北所利用网管技术，通过互联网WiFi云传输图像，将辖区市政府、区委、高铁北站、街道办、高中等20家重点单位视频导入派出所二级平台。针对人行道视频盲区案件高发的问题，环北所联合中威公司大胆尝试，利用云摄像机将人行道沿线的商业门店视频，通过WiFi传输至中威云端，派出所二级平台直接登入中威云平台，调取相关视频数据，对商业门店的视频探头实现共享共用，有效地杜绝单位、店铺门店的人行道视频盲区现象，实现了重点路段视频监控与人行道视频的无缝对接。利用网管、云摄像机等信息技术，将各政府单位、商业门店自建的视频探头整合进派出所二级警务平台，把公安视频的触角进一步向学校、医院、饭馆、商铺等最基层的

利用派出所二级警务平台开展网上巡防

“点”上延伸，最大限度使更多社会视频资源为公安机关所用，为立体化防控体系建设提供强有力的科技支持。

（五）坚持信息共享，彰显数据赋能优势

在惠及社区居民的同时，环北所依托“雪亮工程”，利用云摄像机、网管等先进技术，把辖区公共视频资源、重点要害单位视频、智慧社区三大部分接入派出所二级警务平台。通过二级平台，民警足不出户可实时查看辖区重点路段、重点单位、重点部位的实时视频；针对突发警情，指挥员可以实现对人、地、事、物等社会治安要素，进行实时可视动态监控，根据需要，合理化部署警力，有效提高应对突发事件的应急处置能力；智慧社区人脸识别系统抓拍头像与分局一级平台对接后，通过人像比对，可实时对嫌疑人员进行预警，为精准打击提供情报支持。

2018 年 9 月，环北所辖区梁村连续发生电动自行车、自行车被盗案件。当犯罪嫌疑人潜入槐衙社区伺机作案时，被人脸识别

“雷霆 2018”专项行动赃物发还仪式

系统抓拍到，办案民警通过对抓拍头像进行比对分析，确定嫌疑人身份，后通过遁线追踪成功将犯罪嫌疑人宋某抓获。宋某到案后如实交代其在渭南城区疯狂作案60余起的犯罪事实。案件成功侦破后，环北所召开了赃物返还大会，将追回的23辆被盗电动车现场发还失主，受到群众一致好评。2019年槐衙社区持续零发案，先后被评为全市文明社区、社会主义核心价值观主题社区。

三、启示思考

（一）智慧社区警务模式服务党委、政府中心工作，确保社区平安稳定

智慧社区安防系统建设一方面技防产品种类繁多、型号各异、技术复杂，需要依靠党委、政府通盘考虑，规范建设标准、各类技术参数，有效解决系统孤立、各自为政的问题，为未来实现全市互联互通打下坚实的基础；一方面项目多、投入大，需要足够的资金保障。可以按照“政府主导、部门参与、社会支持、公安融合”的思路，结合“雪亮工程”“平安创建”等一系列政府工程，按照“谁受益，谁出资”“谁使用，谁出资”的原则，采取政府出资、企业投资和社会众筹等多种方式，鼓励新建小区强行入轨、老旧小区积极改新，推动智慧社区遍地开花。

（二）智慧社区警务模式服务智慧社区建设，提升社区治理的效能

智慧安防是智慧社区建设的核心内容。通过对视频大数据的

构建和分析，主动发现、主动分析、主动研判，实时感知可疑人员、可疑车辆基本信息，通过“人—机”互动，深度运用，实现对人、地、事、物等社会治安要素实时可视动态监控。这打破了传统社区警务工作“跑断腿”“走不完”“反应慢”的弊端，借力现代科技实现了打防管控和服务群众的“耳聪目明”、快捷高效。智慧社区与社区警务的融合发展，对于整合警务资源、提升治安工作效能具有极大的推动作用，将是我国基层公安工作与社会治理发展的有效路径。

（三）智慧社区警务模式广泛动员群众参与，提高社区综合治理能力

基层治安工作，必须坚持社会治安综合治理的治安工作总方针，动员广大基层群众积极参与，发挥群防群治作用，构建立体化、信息化的治安防控体系，把人防、物防、技防结合起来，三者并重，使之相互配合，这样才能收到理想的治安防范效果。随着现代科技的迅猛发展，技防、物防的手段和设备日益先进，其在安防体系中的地位和作用也越来越重要。智慧社区建设正是“传统＋科技”“众智＋众力”的有效结合，不仅将社区警务从被动后发地处置犯罪转向主动先发地预防犯罪，而且有助于加强公安和社区居民的协调联动，形成内外一体、互为呼应的社区群防工作新格局。

（四）智慧社区警务借助现代化信息手段，保障居民安居乐业社区和谐稳定

智慧社区作为“城市大脑的神经元”，既是社会治理、居民

自治和共治的基本单元，也是居民感受“智慧城市”便捷和温暖的最好载体。未来智慧社区还将通过手机程序与手机连接，实现在线物业报修、在线报警、邻里沟通分享等与居民生活息息相关的各项便民服务。智慧社区将通过信息技术，给社区居民提供更加安全、便捷、智慧的生活环境。为社区警务工作提供高效的情报信息支持，也为社会治理和治安工作提供巨大助力。

四、专家点评

党的十九届四中全会报告中指出，“完善党委领导、政府负责、民主协商、社会协同、公众参与、法治保障、科技支撑的社会治理体系”“完善社会治安防控体系。坚持专群结合、群防群治，提高社会治安立体化、法治化、专业化、智能化水平”，这对于新时代的公安工作尤其是社区警务工作提出了更高要求。大数据、云计算、人工智能等现代科技的不断发展，则为社会治理与治安工作提供了巨大助力。公安临渭分局顺势而为，努力向科技要警力，积极探索智慧社区警务模式，取得了显著成效，“信息来源更广、立体防控更严、民生服务更优”，提升了社区居民的安全感、获得感、幸福感，其做法对于解决城中村治安管理难题，推动平安社区、和谐社区建设，具有参考和借鉴意义。

（西北政法大学刑事法学院院长冯卫国教授撰写）

汉中市西乡县公安局堰口派出所：
厉行“五五”工作方法 提高防控风险服务群众能力

一、背景起因

汉中市西乡县公安局堰口派出所辖区面积大、人口多、治安重点部位多，社会稳控工作任务重、压力大。近年来，堰口派出所面对新形势新任务，紧密结合辖区实际，大胆探索创新，着力推行“五五”工作法。“五五”工作法的主要内容是：一日工作“五个一”、一日养成“五个好”、所领导一日工作“五个勤”、重点工作“五个清”、队伍管理“五个一”。“五五工作法”的五个举措之间紧密联系、相辅相成，通过一日工作“五个一”明确工作任务，把派出所每天琐碎杂乱的工作串联起来。全所民警达到一日养成“五个好”，所领导身先士卒，做表率，严格要求自己。所领导做到一日工作“五个勤”，按照重点工作“五个清”的要求，明确了辖区重点工作任务，有效抓住治安工作主动权，全面掌控堰口治安大局，确保辖区治安井然有序。通过队伍管理“五个一”，履行好职责使命。“五五”工作法有力地推动了派出所各项业务工作和队伍正规化建设，不仅赢得了党委、政府的充分肯定和辖区群众的高度赞誉，还受到省、市肯定。2018 年，所长被县委表彰为全县维稳工作先进个人，堰口派出所被汉中市公安局命名为“执法示范科所队”，被推荐表彰为全市人民满意政法单位。

二、主要做法

（一）明确工作内容和任务，规范工作流程和方式

一日工作“五个一”。每日工作要做到“五个一”，即每日召开一次例会，每日整理一次个人内务，每日开展一次针对训练，每日开展一次重点区域巡逻，每日进行一次自我总结。把每天的工作制度化、具体化、规范化，通过抓日常、严经常，提升民警精气神，提高队伍整体素质，形成个个向前，人人争先的良好氛围。

堰口派出所民警查看道路安全情况

一日养成“五个好”。警容严整形象好，内务整洁环境好，公平公正执法好，办事干练作风好，注重细节习惯好。把良好的日常行为习惯内化于心、外化于行。促进队伍职业化、

干警在训练

正规化，树立良好形象。

民警在肖家湾村开展矛盾纠纷、社会治安排查整治分析研判会

所领导一日工作“五个勤”。所领导每天做到“五个勤”，即勤盯自己做表率，勤盯民警抓落实，勤盯所容促规范，勤盯职责防失误，勤盯治安握社情。所领导既是指挥员，又是战斗员，要求民警做到的自己首先做到，身先士卒做表率，带动整个团队，促进工作层层抓实，事事抓细。

派出所重点工作“一口清”

重点工作“五个清”。做到“五个清”也就是目标思路清，责任措施清，任务进度清，基础台账清，动态情况清。对重点工作采取抓重点、重点抓的工作思路，把重点工作的目标、思路、责任、措施和效果，形成一个链条，每一个环节、每一个结点都有领导把控、有民警负责。实行挂图作战，图表式管理，数字化运作，每天看变化，每周看进展，每月看成效，每年看业绩。

队伍管理“五个一”。队伍管理做到“五个一”，也就是，一人一档案，一日一学习，一周一谈心，一月一座谈，一季一评比。为每名民警建立了一份包括个人基本情况、社会关系、爱好特长等内容的个人档案，根据个人特点有侧重安排工作，发挥优点，做到人尽其才。每天坚持集体学习20分钟，学理论、学业务、学先进。每周所长与民警开展一次谈心活动，掌握思想动态，及时解决个人困难，打造精诚团结集体。每月召开一次座谈会，征求民警意见建议，交流工作心得，剖析短板问题，跟进改进措施，凝聚向心力，释放战斗力。每季度对民警的工作和作风情况进行无记名投票评议，对优秀民警张贴小红旗，表扬鼓励，营造比、学、赶、帮浓厚氛围。

（二）强化管控，借助民力建成立体防控体系

为抓住工作主动权，派出所对近几年辖区发案情况和社会治安情况进行了分析研判，并制作成“辖区重点工作一口清”图表悬挂在值班室，引导民警抓住重点，主动防范，主动管控，把隐患杜绝在萌芽状态。对发生的矛盾纠纷，及时主动介入，会同相关单位进行妥善化解，把警力延伸到最前沿，不仅有效预防了案件和重大事故的发生，还让辖区群众能够经常看到警车和民警而安心，让重点防范单位防微杜渐，更让重点对象因为民警的经常上门“敲打”而收敛自律。

在镇党委的领导下，镇综治工作中心、村综治工作站、网格长、平安家庭代表人的四级工作体系得以构建和规范。镇综治中心下设“一厅两室”，即群众接待厅和矛盾纠纷调处室、监控研判室。村（社区）成立综治站，下设“三室”，即群众接待室、警务室（视频监控室）和矛盾纠纷调处室，并成立了村治安巡逻队，落实了

人员和装备。四级工作体系的建立有效整合了社会资源并进一步向网格、家庭延伸，实现了信息共享和基层平安联创与社会治安联防的有效结合，大大减轻了民警负担，降低了可防性案件的发生。

建立了“三调联动”机制，在镇、村设立矛盾纠纷调处室，积极调处化解矛盾纠纷，尽力做到小事不出村，大事不出镇。对重大复杂社会矛盾纠纷，采取“1+2+2+1”调解模式（即1名牵头责任人+2名司法工作者、法律顾问+2名人民调解员+1名家庭法律明白人），积极协调化解处理，切实实现人民调解、司法调解、行政调解的无缝对接和整体联动，消除了治安隐患，客观上也减少了报警量。

（三）提升干警素质，提高警务效能

落实“五五”工作法，建立和完善了针对队伍和治安工作实际的《值班备勤暨执法执勤工作规范》《一日工作“五个一”规范》《一日养成“五个好”规范》《所领导一日工作“五个勤”规范》和《请示报告事项规范》等规范制度，充分调动民警的主观能动性和工作积极性，强化民警干事创业、争先创优意识，提升了干警素质，有力地推动了队伍的健康发展。

“五五”工作法还改革了运转模式，进一步盘活了警力资源，在提升队伍素质的同时也提高了警务效能，确保了辖区社会治安大局的持续稳定，实现了“发案少、秩序好、党委政府放心、群众满意”的目标，效果显著。一是掌控了大局，确保了平安。作为西乡县管辖户籍人口最多、面积最大的派出所，各项工作忙而不乱、有条不紊，辖区社会治安大局持续稳定、西镇高速等重点

工程稳步推进，连续三年没有发生一起“民转刑”恶性案件和极端事故，无重大火灾事故发生、无涉爆涉群重大安全事故发生。2017 年刑事发案率同比下降 28%，2018 年同比下降 13%，2019 年上半年刑事立案 10 起，继续同比下降了 17%。二是警务运行更加规范。“五五”工作法的运行，让职责分工更加明确、责任落实更加到位，警务运行更加贴近堰口实际。民警以前上班无所事事等领导安排，现在知道一天上班该干什么、怎么干，工作自觉性、主动性进一步增强。三是文化气息更加浓烈。通过开展民警备勤休息用房建设，所容所貌得到了全面改善和美化，办公和休息房间全部添齐了空调等用具，完善了洗衣、洗浴等生活功能室，丰富了警营文化，派出所美观大方、整齐划一，成为民警工作的一个“像样的家”，大家心情舒畅、更有凝聚力。四是比学赶超、争先创优氛围日趋浓厚。全所民警快乐工作、工作快乐，派出所成为一个大家干事创业、施展才华的平台，争先创优意识和集体荣誉感明显增强。堰口派出所多次被评为全省优秀公安基层单位和省市公安机关执法示范所队。全所民警零违纪，8 人次受到上级表彰，所长彭志东 2015、2016 年连续两年被评为全市优秀科所队长。

三、启示思考

（一）坚持统筹兼顾，实现综合治理

统筹兼顾，从工作全局出发，既突出重点，又照顾一般，使派出所的各方面工作协调发展。一系列工作机制、经验模式、创新亮点，服务效能得到了全面提升，不仅实用，而且真正为群众

所欢迎；树立了一盘棋的观念，对整个派出所的工作分出轻重缓急，进行合理安排，既集中精力抓好重点工作，又兼顾一般工作，使整体工作有重点、协调推进；统一筹划和全面推进派出所的队伍建设、治安防控等工作，不断提高警务工作的整体水平；将唯物辩证法的两点论和重点论具体运用到实际工作中，坚持重点论，抓住了治安防控的重点工作，如制定了重点工作“五个清”制度，抓住事物的主要矛盾和矛盾的主要方面，所里的重点工作任务清晰明确，掌握了警务工作的主动权。坚持两点论，抓住主要矛盾的同时也不忘抓全局，点面结合，全面推进。

（二）坚持制度化、规范化、常态化管理，形成警务工作长效机制

“五五”工作法最突出的特点就是将日常的工作通过制度落实、落细、落准。堰口派出所制定了各项制度，并且能够落实到位，取得了显著效果。建立健全了工作机制，规范了警务管理行为，使派出所工作走向规范化、制度化、标准化，不断建立健全与新形势相适应的队伍管理、社区（农村）警务、巡逻防控、治安管理、案件办理、综合内勤等方面的规章制度，做到了用制度管人，按制度办事，提升了警务工作的科学化、规范化水平。对每项工作的具体内容进行科学分解，做到定人、定位、定责，并建立逐级负责、人人有责的链条式体系，确保各项制度、工作精准落实。在完善制度建设的基础上，加强日常的监督检查，建立健全监督考核机制，狠抓制度规范的执行和日常养成，将制度的执行纳入绩效考核，不断激发队伍活力，努力营造争先创优的工作氛围，

提升警务保障工作效能。

（三）坚持求真务实、改革创新，提升公安机关参与社会治理的能力和水平

堰口派出所着力更新理念思路、完善机制制度、丰富手段方法、创新工作理念，积极探索新机制，不断提升警务实战效能，努力做到了主动预测预警预防，切实提高了防控风险和服务群众的能力，刑事案件发案率大幅下降，保障重点工程建设稳步推进，不断增强群众的安全感和满意度。按照专业化建设、实战化运行的要求，推进警务管理体制改革，构建了务实高效的警务运行机制，不断提高警务管理和实战能力。坚持围绕实战、服务实战，创造性地开展工作。将预防预警、打击犯罪、维护治安、服务群众的工作落实落细；不断改进工作作风，提升战斗力，做到打击更有力、防范更严密、应对更有效、服务更周到；派出所领导充分发挥表率作用，勇于担当、真抓实干，着力提高破解难题、治理社会的本领，切实担负起维护一方稳定、确保一方平安。

四、专家点评

堰口派出所充分发挥职能作用，强化使命担当、忠实履行职责，积极探索新机制，提升警务实战效能，围绕促进社会公平正义和提高执法公信力，进一步完善警务运行机制；围绕调动民警积极性和激发队伍内部活力，进一步改进警务管理制度；围绕提升警务工作效能和战斗力，进一步完善警务机制改革。推行“五五”

工作法，着力做好防控风险、服务发展的工作，做到主动预测、预警、预防，切实提高了防控风险、服务群众能力，不断提升公安机关社会治理的水平，为经济社会发展创造安全稳定的社会环境和优质高效的服务环境，对当代社会治理具有启发和借鉴价值。通过改革实现精准服务、精细化管理，“五五”工作法体现了不忘初心，担当使命的时代要求。

（西北政法大学校长助理、枫桥经验与
社会治理研究院院长汪世荣撰写）

共青团陕西省委：积极构建“大权益”工作格局 有效服务青少年权益保护

一、背景起因

共青团陕西省委秉持“党有号召，团有行动”的优良传统，将维护青少年合法权益作为共青团参与社会治理的重要领域，通过针对青少年群体的有效服务和权益维护，参与社会治理，不断提高团组织在国家治理体系和治理能力现代化过程中的作用，彰显了共青团作为党的助手和后备军的定位。共青团开展权益维护工作，本质上是为党“高举旗帜、巩固阵地、争取人心”的政治工作，事关党的事业后继有人。共青团权益工作的对象是青少年，他们是社会治理的重要群体，具有不可忽视的治理力量，事关社会和谐稳定。青少年是国家和民族的未来，预防青少年违法犯罪、做好未成年人保护等权益工作具有战略意义，事关国家长治久安。作为平安建设委员会的成员，共青团陕西省委深入学习贯彻习近平总书记关于青年工作的重要思想，突出权益工作的政治性、政策性、专业性。坚持党的领导、依法维权、促进社会和谐稳定和有机统一，坚持围绕中心、服务大局，以“推进法治化维权进程、健全组织

陕西省预防青少年违法犯罪工作会议召开，陕西省委常委、政法委书记庄长兴出席会议并讲话

化维权机制、构建社会化维权体系”为着力点，完善青少年诉求表达、利益协调、权益保障机制。整合团内外资源力量，构建青少年权益维护的“大权益”工作格局，有效服务青少年合法权益，深度参与社会治理。

二、主要做法

（一）强化源头治理，推进法治化维权进程

完善陕西省青少年工作的政策法律体系。围绕《未成年人保护法》《预防未成年人犯罪法》，配合省人大开展相关法律法规的执法检查、立法调研和陕西省地方性法规修订工作。牵头负责制定并于 2018 年以省委、省政府名义下发《陕西省中长期青年发

展规划（2018—2025年）》，围绕学业就业、身心健康、婚恋交友、权益保障等青少年成长成才方面的突出需求，整合政策资源，推动青年优先发展。按照党委领导、政府主责、共青团协调、各方齐抓共管的机制安排，协调建立发展规划联席会议制度，组织召开联席会议，推动规划有效实施。针对社会关注、家长关心、青少年关切的问题深入调查。牵头召开研讨会、座谈会，破解难题，推动出台相关政策文件。先后形成《陕西省预防不良行为青少年违法犯罪情况调研》《陕西省青少年校园暴力情况调研》《陕西大学生校园贷调查报告》《陕西快递从业青年生存发展权益调查报告》《陕西省青少年家庭教育调查报告》《陕西省青少年事务社会工作专业人才队伍建设调查报告》等专题调研报告数十篇，

“禁毒青力量”之国际禁毒日演讲比赛决赛

其中3篇获得省级领导同志批示，1篇获得陕西省党政领导干部优秀调研成果二等奖，连续多年获得团中央一类、二类报告评价。出版29万字专著《青少年权益保障实证研究——基于陕西省的政策和法律实践（2011—2015）》。

大力开展青少年法治宣教工作。搭建工作平台，聚合工作资源，创新工作载体，打造青少年喜闻乐见的公益文化产品，设计适合青少年切身需求的工作项目，在法治宣传教育方面积极作为。创设“红领巾法学院”法治宣教品牌。联合省高级人民法院、省教育厅、省人民检察院等单位，在全省范围开展“模拟法庭”“法治情景剧”“辩论赛”“演讲赛”等活动，变被动式、灌输式教育，为参与式、实践式教育。截至2019年年末，举办省级“红领巾法学院”观摩推进活动3次，参与“红领巾法学院”省级创建活动的学校304家，133家获得市级命名，23家获得省级命名。青少年自觉遵法、学法、守法、用法的意识能力有效提升，法治宣教成效得到家长、学校一致好评。

创设“禁毒青力量”“青春灯塔”等青春自护、心理健康重点关爱服务青少年的品牌。与陕西省禁毒办深度合作，近年来累计组织50余所高校的团队赴各地市开展禁毒知识宣讲、禁毒舞台剧、文化节目展演等1200余场，制作微信H5、抖音视频、微电影等公益文化产品60余个，营造了全社会关心、支持和参与禁毒工作的浓厚氛围。共青团陕西省委连续三年被评为省级禁毒工作先进集体，先后5次就禁毒宣教工作进行典型示范交流发言，禁毒宣教工作“六个一”工作体系得到了党政机关、社会各界广泛认可。

（二）拓宽工作渠道，健全组织化维权机制

充分挖掘发挥“预青”“未保”组织的优势。认真履行省平安建设委员会成员单位和省未成年人保护工作委员会办公室职责，充分利用平台优势，做好统筹协调，形成相关单位间的密切合作，督促成员单位积极履责。截至 2019 年年末，组织召开全省预防青少年违法犯罪工作会议 7 次，组织全省未成年人保护工作会议 11 次。2019 年，共青团陕西省委在平安建设年度考核中荣膺优秀等级。深入实施“青少年零犯罪零受害社区（村）”创建试点活动，目前有试点单位 8 家。深化“青少年维权岗”创建活动，累计命名省级“青少年维权岗”545 家。

积极引导青年有序参与政治生活和社会公共事务。拓展青年发挥生力军作用的方式和载体，引导青年在化解社会矛盾、维护社会稳定等方面发挥积极作用，成为基层社会治理的有生力量。引领青年积极参与人大、政府、政协、司法机关及社会有关方面各类协商，就涉及青年成长发展的重大问题协商探讨、提出意见、凝聚共识。多年来，共青团陕西省委持续深化“共青团与人大代表、政协委员面对面”活动，坚持“常态化倾听”与集中座谈相结合，针对事关青年成长发展的热点问题广泛征求意见，开展调查研究，形成提案建议，推动有效办理。5 年来，发动各级团组织开展“倾听”活动 1500 余场次，“面对面”集中座谈 600 余场次，形成主题调研报告 500 余篇，向各级“两会”提交建议、提案 800 余个，青少年“代言人”作用得到有效发挥。2019 年，给省政协提交的《关于关爱快递从业青年规范行业发展的建议》成为年度重点提案，

由省政协副主席牵头督办。2020年《关于着力加强我省青少年家庭教育指导服务工作的建议》获省级领导批示。

持续助力未成年人司法保护。积极主动与有关部门对接，在侦查、起诉、审判、执行等环节，推动公检法司等部门严格落实办理未成年人刑事案件的专门程序和要求，以健全社会调查、合适成年人参与、附条件不起诉、分押分管、回访帮教等司法保护制度。积极孵化整合省内青少年成长及权益维护的社会力量，为青少年提供专业、及时、有效的法律援助。

（三）延伸工作触角，构建社会化维权体系

持续加强电话咨询服务12355青少年服务台建设。转型升级12355青少年服务台，充实12355青少年服务台专家队伍、志愿者力量、社工组织或社会机构等，鼓励和指导各级服务台通过购买服务、实施项目等形式，深入家庭、学校、社区等开展形式多样的专项服务，为共青团维护青少年权益工作提供社会支持。截至2019年，各地市12355全部开通，省级12355配备有专门场地、专业队伍，体系健全，运作规范。新冠肺炎疫情防控期间，12355服务台组织专家团队接线，制作系列文化网络作品，为医护人员子女、因疫致困青少年开展线上心理疏导，为疫情防控作出了贡献。

积极探索“预青”“未保”工作社会化运作机制。通过购买服务、资金扶持、项目合作、专题培训、联合调研等方式，联系扶持孵化相关社会组织、公益机构积极参与共建共治共享的社会治理格局。共青团陕西省委业务指导陕西省预防青少年犯罪研究会和陕西省儿童心理学会2家行业协会，同时和普法、禁毒、防艾、维权类禁毒志愿者和青少年事务社工5支专业队伍长期合作。省、市、县三级共建设青春驿站792家，举办青少年事务社工专题培训11期，培育社工4626人。依托青年类社会团体、社会组织的法治宣教、心理疏导、青春护航等，社会化服务每年覆盖中小学生超过10万人，有力支撑了青少年权益维护工作。

三、启示思考

（一）充分发挥群团在社会治理中的桥梁纽带作用

工会、共青团、妇联等是当代中国最主要的人民团体（群众团体），是我国政权的基本社会支柱，是中国重要的意见表达和意见综合主体。由于它们与中国共产党形成的特殊关系，决定了它们作为“党联系群众的桥梁和纽带”，要无条件地执行党的方针政策，并分担相当一部分政府职能。中国共产党和中国政府重视工、青、妇工作。党和政府的职能部门中，维护青少年权益是党和政府交给共青团的重要任务。陕西共青团发挥桥梁纽带作用，一方面给党和政府建言献策，参与全省青少年相关政策的制定，主动在人大、政协等平台为青少年代言；另一方面，直接联系青少年，或通过培育、指导各行各业的青少年社会团体、社会组织，积极参与社会治理，并通过他们间接联系青少年，维护青少年合法权益。

（二）扎实推进群团权益工作的法治化、组织化、社会化

共青团要在法治的框架内找到自己发力的空间和“把手”，

共青团陕西省委“青春灯塔”公益巡讲活动走进中学

开展协商代言，推动、参与本层级青少年政策的制定、实施，积极参与社会治理，回应青少年合理诉求，实现有序的政治参与。积极助力司法机关开展未成年人保护，深入开展青少年普法、禁毒等工作。利用“共青团与人大代表、政协委员面对面”、“青少年维权岗”创建、青年发展规划实施工作联席会议等机制，为维权工作提供坚实的组织化保障。充分挖掘社会化专业力量，建立机制，有机融合各方资源。在五类重点青少年群体（闲散青少年、有不良行为或严重不良行为的青少年、流浪乞讨青少年、服刑在教人员未成年子女、农村留守儿童）中开展权益工作（“小权益”）的基础上，利用“红领巾法学院”“禁毒青力量”“青春灯塔”及12355青少年服务台等品牌，动员更广泛共青团员参与基层社会治理。

四、专家点评

我国社会治理格局中，“社会协同”“群众参与”是重要环节，但也是难点。以人为本是群众工作的核心。共青团的优势和力量在于联系青少年。陕西共青团立足自身政治使命，勇于担当，发挥群团优势和组织作用，积极参与社会治理和平安建设，构建“大权益”格局的思路、做法，值得认真总结、提炼、学习和推广。当然，共青团关爱青少年固然很重要，但也要发挥好引导青少年成才的作用，教育他们形成共同理想及核心价值并与中国特色社会主义建设的要求相一致，爱国，好学，成才，成为中国特色社会主义事业的接班人。

（西北政法大学枫桥经验与社会治理研究院执行院长褚宸舸教授撰写）

西安市新城区人民检察院：打造“五化”体系 有效提升未成年人权利保护能力

一、背景起因

未成年人的健康成长关系着国家未来和民族的希望，关系着亿万家庭幸福安宁和社会和谐稳定。党和国家历来重视青少年健康成长问题，习近平总书记指出：“孩子们成长得更好，是我们最大的心愿。”他还强调：“青少年阶段是人生的‘拔节孕穗期’，最需要精心引导和栽培。”如何更好地维护和保障未成年人合法权益，促进其身心健康发展，是全社会共同关注的问题。当下，未成年人保护亦成为基层社会治理的痛点、难点，侵害未成年人犯罪持续增加，未成年人犯罪复杂多样，司法保护更加迫切、繁重。检察机关既是国家公诉人，也是国家监护人，更是儿童权利监督人，在推动形成未成年人保护大格局中扮演了重要角色，发挥了重要作用。新城区检察院在多年的探索实践中，形成了未成年人“五化”司法保护机制，在推动未成年人社会治理体系和治理能力现代化中具有典型意义。

二、主要做法

（一）着力提升法治化水平，依法严惩侵害未成年人犯罪

精准有力指控侵害未成年人犯罪。一是对性侵、伤害等侵害未成年人的犯罪坚持零容忍，从严惩处，快捕快诉。如常某强奸、猥亵儿童案，该案是一起学校门卫（案发时已经 73 岁）性侵在校学生的案例。经从严追诉，法院最终采纳新城区人民检察院的量刑建议，对常某以强奸、猥亵儿童罪判处有期徒刑 15 年，剥夺政治权利 3 年，实现了对侵害未成年人犯罪的严厉打击和零容忍。二是积极推动建立新城区侵害未成年人权益前科强制报告制度和新城区性侵害违法犯罪人员从业限制制度，坚决斩断一切伸向未成年人的黑手。

教育感化挽救涉罪未成年人。对未成年人犯罪，西安市新城区检察院始终坚持“少捕、慎诉、少监禁”，做到保护不庇护、宽容不纵容。科学把握未成年犯罪嫌疑人的社会危险性、羁押必要性和帮教可行性，严格限制适用逮捕措施。2016 年至 2019 年，共受理审查逮捕未成年犯罪嫌疑人 230 人、受理审查起诉 194 人，其中，不捕 115 人，不捕率 50%；不起诉 56 人，不诉率 28.9%。

加强对未成年被害人的关爱救助。加强与公安、妇联等部门的协调沟通，探索推行未成年被害人“一站式”询问、救助办案机制，避免因询问方式不当或反复询问给未成年被害人带来的二次伤害。主动对未成年被害人的情况进行评估，会同有关部门或借助社会专业力量，提供经济救助、心理干预等多元综合救助。如通过陕

西省妇女婚姻家庭理论研究会为13名未成年被害人申请了困难补助，通过陕西家源汇社会工作服务中心为她们及其法定代理人进行心理干预疏导，帮助其尽快地消除心理阴影，更好地融入社会。

（二）着力提升专业化水平，提高对未成年人的司法保护能力

加强未检专门机构建设。随着社会分工的日益细化，检察工作同样面临着专业细分的问题，只有让专业的人干专业的事，才能提升整体履职水平。根据未成年人“身心尚未成熟、人格尚未定型，可塑性强，违法犯罪后易于教育挽救”这一特点，早在2013年年初，经区编办批准，新城区检察院就在全市检察系统率先成立了“未成年人刑事检察科”，与公诉科合署办公。2019年，按照检察机构改革要求，成立了第六检察部，专门负责未成年人刑事检察工作。

规范未成年人检察业务管理。整合检察环节对未成年人的司法保护职能，实行所有未成年人犯罪案件、侵害未成年人犯罪案件原则上由未检部门统一办理。建立了“捕、诉、监、防、教”一体化工作机制，同一个检察官负责同一个未成年人刑事案件的审查逮捕、审查起诉、法律监督、犯罪预防和帮教矫治等工作，“一竿子插到底”，实现对未成年人的系统性司法保护。

强化理论研究智力支撑。凝聚法学院校、科研单位未成年人司法研究力量，加强未成年人司法保护理论和实务研究。未检干警先后承担《刑事诉讼中社会性别意识研究》《合适成年人介入未成年人刑事诉讼工作的理论与实践》等省社科课题多项，参与“省院司法改革系列丛书”《未成年人检察制度的改革探索》等书编纂，

联合西北政法大学刑事法律科学研究中心等主办“涉罪未成年人检察社会支持体系构建研讨会”，实现了理论研究和实践创新齐头并进。

（三）着力提升社会化水平，构建帮教服务社会化支持机制

借助第三方专业力量精准帮教、矫治。鉴于检察机关自身帮教矫治专业性不足等原因，借助社会专业力量柔性介入检察机关帮教考察工作。2013 年以来，先后与西北大学哲学与社会学学院、陕西指南针司法社工服务中心、陕西新育心理培训学校等社会专业力量合作，通过政府购买的方式购买包括合适成年人在场、社会调查、帮教考察、法治宣讲、心理测评、心理疏导等服务项目。2013 年以来，共计帮教罪错未成年人 116 名，其中 6 人考上大学，其余未成年人顺利回归社会，无一再犯。

举行观护基地（西安市新城区双益汽车服务中心）揭牌仪式

建立观护基地实现外来未成年人同等保护。自2014年起，先后与爱心企业西安市博瑞医院、博瑞养老院，新城区双益汽车服务中心以及团区委“青春驿站”合作，建立三家未成年人观护基地，提供观护帮教、技能培训等多项工作。观护基地的建立，为在本地无监护人、无经济来源、无固定住所的外来未成年人提供了一个临时的“家”。至今，在观护基地观察帮教的未成年人共计12人，其中10人已结束帮教矫治，顺利回归社会，2人正在观护帮教中。

完善未成年被害人救助工作。以政府购买服务方式与陕西家源汇社会工作服务中心签订《未成年人保护与心理援助社工服务项目》，积极开展对未成年被害人的司法救助、心理干预、身体治疗、生活安置、复学就业、法律帮助等综合救助工作。如2018年为一名性侵案件未成年被害人及家庭申请经济救助、司法救助金，在缓解其家庭困境的同时，还通过陕西家源汇社工服务中心为其进行心理干预、自护帮助，后该名未成年被害人考上了一所本科院校。至今，通过社会第三方机构已为15名未成年被害人进行了经济救助、心理干预。

（四）着力提升制度化水平，推动形成未成年人保护社会治理体系

坚持统筹全社会各方专业力量，着力从犯罪预防、发现，以及诉讼程序中、顺利回归社会四个层面下功夫。

建立了未成年人犯罪教育预防制度。开展侵害未成年人犯罪的相关自护教育，向未成年人传授各种犯罪的自护方法，是建立未成年人犯罪预防机制的应有之义。常态化开展“法治进校园”

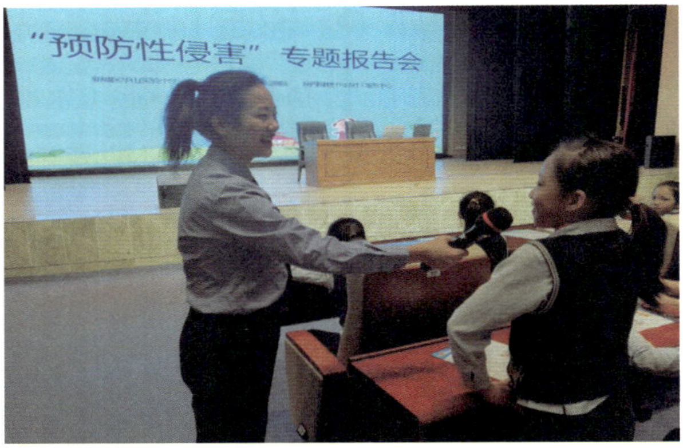

举办“法治进校园”预防性侵害专题报告会

巡讲活动，近三年来，围绕校园欺凌等主题共组织专题讲座、普法情景剧等“法治进校园”巡讲活动60次，覆盖辖区中小学60所，受益师生1万余人。推行法治副校长制度，实现了全区中小学全覆盖。

建立了侵害未成年人权益案件强制报告制度。未成年人的认知水平及自我保护能力不足，加之教育主管部门重视不够、监管缺位，案件发现难、报告难、干预难、追责难。鉴于此，检察院牵头会同教育局、公安局等17个部门、街办联合出台《关于建立侵害未成年人权益案件强制报告制度的工作办法》，明确了教育、民政等相关机关及其工作人员在发现有未成年人遭受或疑似遭受性侵、伤害等情形的，应当立即向公安机关报案，不得瞒报、漏报、迟报。强制报告制度的建立，促使有关机关在发现线索后第一时间进行报告，最大限度地实现了源头预防和及时有效保护。

建立了未成年人司法特殊、优先保护制度。严格按照刑事诉讼法未成年人特别程序规定，落实合适成年人在场制度。全面落实社会调查制度，对所有罪错未成年人的成长经历、家庭情况、教育背景等进行社会调查，为案件处理提供参考。牵头制定《新城区办理未成年人刑事案件法律援助办法》，实现法律援助全覆盖，切实保障未成年人的辩护权。落实未成年人犯罪记录封存制度，消除未成年人回归社会的后顾之忧。2016 年至今，合适成年人在场 400 余人次，社会调查 186 份，提供法律援助 196 人次，亲情会见 4 次，刑事和解 3 件，建立帮教档案 35 人，回访 98 人次，所有符合条件的未成年人犯罪记录均予以封存。

（五）着力提升协同化水平，发挥各方作用形成保护合力

侵害未成年人犯罪发案率高的因素较多，预防、惩治侵害未成年人犯罪更是需要各个部门的协作配合。实践中，各部门往往“各自为战，单打独斗”，在预防侵害未成年人犯罪中“头痛医头，脚痛医脚”“按下葫芦浮起瓢”的现象便很常见。

探索建立了未成年人保护司法联席会议制度。将原有的分散的社会支持单元进行整合、规范，推动建立了由团区委、区公检法司、教育局、妇联、街道办等全区 27 家部门（单位）组成的新

召开 2020 年新城区未成年人司法联席会议

城区未成年人司法联席会议制度，明确了相关部门的工作职责、工作流程。通过联席会议建立了侵害未成年人前科强制报告制度、社会服务质量评估标准等规章制度，签署未成年人保护与心理援助社工服务项目协议、未检社会支持体系框架协议、涉罪错未成年人培训基地协议等，实现专业化办案和社会化服务的有机衔接。

推进未成年人检察社会支持体系建设。未成年人检察社会支持体系建设有助于促进未成年人检察工作质量和水平的提升。作为最高人民检察院、团中央联合确定的陕西省唯一的首批社会支持体系建设试点共建单位，新城区检察院通过签订未检社会支持体系框架协议、与爱心企业共建观护基地、举办“涉罪未成年人检察社会支持体系构建研讨会”等，实现了对罪错未成年人帮教工作更加精准有效，对未成年被害人的保护救助更加及时有效。

三、启示思考

（一）未成年人司法保护必须坚持党建引领，进行综合治理

未成年人的全面综合保护是一项系统工程，涉及家庭、学校、社会、司法等多方主体。其中，坚持党委的领导是核心，新城区检察院始终将未成年人检察工作置于地方党委的领导下，紧紧依靠地方党委领导、人大监督和政府支持开展未成年人司法保护工作。该区区委书记前后三次就未成年人司法保护工作作出批示，区人大专题听取未成年人刑事检察工作报告，区政府从资金、经费等方面予以保障，从而确保了未成年人司法保护工作深入持久开展。

（二）未成年人保护必须注重社会协同，追求最终效果

新城区检察院的探索实践表明，检察机关依托社会组织、爱心企业开展社会调查、提供心理援助、建立观护基地等，对涉案未成年人提供行为矫治、文化学习、技能培训等方面的支持，可以弥补检察机关知识结构的局限性与人力资源的有限性，有助于形成未成年人司法保护合力，提升工作质效。可以说，检察机关充分吸纳社会第三方力量介入，形成社会支持体系是新时代未成年人司法保护工作创新发展的必要条件。

（三）未成年人司法保护必须创新体制机制，尊重司法规律

未成年人司法保护的对象是未成年人这一特殊的群体，因此要遵循特殊保护、优先保护等未成年人特殊司法理念和规律，探索形成特殊的适合未成年人保护的办案机制制度。如针对侵害未成年人的案件发现难、报告难等问题建立的强制报告制度，为避免对未成年受害人带来二次伤害而建立的“一站式”询问、救助制度，针对性侵未成年人罪犯建立的从业禁止制度，等等，都很好地贯彻了这一司法保护理念。只有采取综合治理措施，建立符合司法规律的体制机制，未成年人司法保护才能够取得良好的社会效果。

四、专家点评

未成年人检察工作在我国未成年人国家保护大格局中具有重要的地位，发挥了特殊的作用。新城区检察院通过打造法治化、

专业化、社会化、制度化、协同化的“五化”司法综合保护机制，实现了对侵害未成年人罪犯的精准指控，对涉罪未成年人的挽救感化，对未成年受害人的救助关爱。“五化”未成年人司法综合保护机制形成了未成年人司法保护的大格局，推动了未成年人保护体系和能力的有效提升。

（西安交通大学博士生薛永毅撰写）

铜川市印台区人民检察院：用检察权撑起未成年人权益保护的一片蓝天

一、背景起因

近年来，社会上侵犯未成年人合法权益的事件屡屡发生；同时，由于监护不力、教育缺失等原因，未成年人误入歧途、实施违法犯罪行为的现象呈现增长态势。对涉罪未成年人，如果简单采用同成年犯罪人一样的处理模式，不利于对其教育矫正，也可能会产生诸多负面作用，不仅会损害未成年人的社会化进程，也无益于社会的长治久安。铜川市印台区人民检察院践行“办一个案子，救一个孩子”的工作理念，从严惩治侵害未成年人权益的犯罪行为，加强对未成年被害人的保护和关爱，灵活运用社会调查、附条件不起诉、司法救助等法律制度，用心教育挽救失足青少年，充分发挥“青少年维权岗”和检察建议等工作机制的作用，有效拓展了未成年人检察工作，也推动了未成年人社会保护体系的完善。

二、工作做法

（一）用爱撑起“保护伞”：救助彰显法律温情

“我从心底感谢你们，不光为我女儿伸张了正义，严惩了罪犯，还给我家送来了救助钱款……”2015 年的一天，被害人王小珠（化名）的家长满怀感激来到了铜川市印台区人民检察院，同时将感谢信和一面印有“除恶护民为百姓、公正廉洁好干警”的锦旗送到了检察官手中。

群众赠送锦旗

检察开放日为未成年人讲授法治课

2015 年，铜川市印台区人民检察院办理了未成年人王小珠被性侵一案。经查，事发时王小珠年仅 15 岁，且属于中度精神发育迟滞，不幸先后两次被同村近 50 岁且有强奸罪前科的程某侵害。铜川市印台区人民检察院对此案高度关注，承办检察官阅卷后，依法对犯罪嫌疑人实行快捕、快诉，以期尽快消除该案对王小珠的不良影响。

经提起公诉，被告人程某因犯强奸罪被依法判处有期徒刑九年。与此同时，承办检察官又多次到家中耐心安抚、疏导被害人及家属的愤慨情绪，在了解到王小珠的母亲亦患有精神疾病生活不能自理，家中仅靠父亲一人打零工来维持生计的情况后，第一时间给其家庭送去救助金以解“燃眉之急”，依托“青少年维权岗”积极对其进行结对帮扶，同时依法为其争取了国家司法救助金。

孩子是家庭的希望，祖国的未来，一旦被侵害，无论是对个人还是对家庭来讲，无疑是一场灾难。在一些性侵案件中，未成年人遭受侵害后，其身心会受到极大的伤害，对一些贫困家庭来说更是雪上加霜。近年来，铜川市印台区人民检察院在依法惩处犯罪的同时，尤为重视对未成年被害人的救助和关爱，将未检办案与被害人救助有效结合，物质帮扶和精神关爱并举，司法救助、结对帮扶、减压抚慰、心理疏导、修补创伤……多元化的救助方式凸显了司法的温度、温情和温暖。一方面，铜川市印台区人民检察院立足本职，尤其是结合“一号检察建议”，依托“青少年维权岗”持续深化工作，彰显检察作为；另一方面，积极探索完善与社区村组、团委妇联、民政救助等部门的合作机制，整合资源、多方发力，不断创新救助关爱措施，从个案到群体、从校园到社会、从城市到农村，着力实现关爱工作精细化、关爱对象精准化、关爱效果最优化。因工作卓有成效，2015 年被授予“陕西省妇女儿童维权示范岗”称号。

（二）真情点燃“启明灯”：倾力挽救迷途少年

“都是我一时糊涂犯了大错，谢谢你们给我这个机会，我以

结对帮扶贫困留守儿童

后一定好好表现，再也不做那些违法犯罪的事了。”这是铜川市印台区人民检察院的检察官在宣布附条件不起诉决定书时，涉罪的未成年人林小伟（化名）诚挚的表态。而案件承办人不禁又回想起第一次讯问时的情景……

“检察官好，我是林伟（化名），是林小伟的父亲。”“来，快过来，把事情好好给人家说一下……”些许生气的父亲拉着有些惶恐的林小伟走进了办案检察官的办公室。一脸稚气的林小伟案发时刚满16周岁，瘦小的他还是印台区某中学的初二学生，面对检察官提出的问题，局促不安的林小伟断断续续地陈述了事情的经过。2014年4月某日，林小伟趁邻居家中无人之时翻墙进入室内，总计盗走现金2万元。后在父亲的带领下主动到公安机关如实交代了犯罪事实，并向被害人予以全额退赔。

讯问结束后，办案检察官陷入了沉思：这样一个看起来胆小内向的孩子，怎么想到去偷钱呢？经查，林小伟偷钱，一是因为学校里有人跟他要钱，欺负他，他想用钱“巴结大哥”来保护自己；二是看到父母挣钱不易，自己又缺钱花，便心生“走捷径”的念头，故而一时糊涂酿成了大错。

看着后悔万分的少年和痛心不已的父母，承办检察官考虑到法律固然要惩罚犯罪，但最终目的是为了教育挽救、预防犯罪。

该案中林小伟的行为已构成了盗窃罪，但鉴于其系未成年人，具有自首情节，案发后其与家属积极主动退回全部赃款，并得到了被害人的谅解，认罪态度良好，确有悔罪表现，案发时又系在校学生，具有法定和酌定从宽处罚的情节。综合整个案情，在听取公安机关和当事人意见的同时，检察官又委托印台区司法局对林小伟作了社会调查，本着“教育为主、惩罚为辅”的原则，报经检委会研究决定后，依法对其作出了附条件不起诉决定，并为其设定了六个月的考验期，“量身定制”了一套考察方案。考验期满后，因林小伟表现良好，铜川市印台区人民检察院依法对其作出了最终的不起诉决定，该案的成功办理实现了“三个效果”的有机统一。

“对于一个既犯了罪又对生活充满希望的孩子，咱们不可机械执法，既不能‘一诉了之’，也不能轻易‘一放了之’，要努力通过感化教育让其走上正道、回归社会。”铜川市印台区人民检察院闫副检察长这样说。结案后，铜川市印台区人民检察院进一步加大法治教育力度，通过法治巡讲、播放微电影、主题班会、检察开放日等多种喜闻乐见的形式，把“走出去”和“请进来”有机结合，积极开展法治宣传，用身边事教育身边人，告诫同学们要引以为戒、遵纪守法，不断提高自身法律意识，从

邀请未成年人走进检察机关

而达到“办理一案，教育一片”的目的。

近年来，铜川市印台区人民检察院严格执行《刑事诉讼法》和《铜川市印台区人民检察院办理未成年人刑事案件的规定》等规定，在诉讼各阶段充分体现未成年人案件特殊办理的内容、方式和要求，着力贯彻“教育为主、惩罚为辅”原则和“少捕、慎诉、少监禁”政策，改变以往“构罪即捕”“一诉了之”的办案理念，将“教育、感化、挽救”方针真正落到实处，既做到不枉不纵，又要人性化执法，将检察官的人文情怀贯穿到具体的办案之中，从而真正实现“宽容不纵容”“关爱又严管”。

（三）合力织好“防护网”：检察建议督促监管

保障少年儿童生命健康安全、维护其合法权益，是未成年检察工作的重要内容。铜川市印台区人民检察院在执法办案中注重参与社会综合治理，延伸检察触角，发挥多元法律监督的职能作用。近年来，铜川市印台区人民检察院针对办案中发现的管理漏洞，及时向相关部门发出《检察建议》，督促有关部门依法履职，堵塞漏洞，织好“防护网”。结合“一号检察建议”落实专项工作，为未成年人健康成长提供有力的司法保障。

2019 年，犯罪嫌疑人王某驾驶小型客运车辆，因严重超员拉载幼儿园学生而涉嫌危险驾驶罪被移送铜川市印台区人民检察院审查起诉。承办检察官经审查，一方面适用速裁程序依法对王某提起了公诉；另一方面，针对办案中发现的问题及时向印台区教育科技体育局发出了检察建议书，建议进一步加强对辖区幼儿园办学资质和校车运营安全的监督管理，确保儿童上学和校车乘坐

对辖区幼儿园办学资质和校车运营安全进行督导检查

安全。收到检察建议后，印台区教科体局及时向涉案幼儿园下达了《停办通知书》，对该幼儿园强令关闭，同时对在园幼儿进行分流，并在全区幼儿园、校外托管、教育培训机构对提供非制式车辆接送学生幼儿情况进行了排查，确保了校车安全，排除了潜在安全隐患。同时为了使检察建议落到实处，此后，铜川市印台区人民检察院又联合区教育科技体育局、交警二大队对有关幼儿园和校车进行了全面检查，并借助联席会议研究有关问题，形成了长效工作机制。

三、启示思考

（一）未成年人权益保护是一项重要的社会系统工程，需要全社会共同担当与努力

铜川市印台区人民检察院作为法律实施的监督者和公共利益

的守护者，在未成年人保护方面担负着特别责任。铜川市印台区人民检察院综合运用惩治、预防、监督、教育、帮扶等手段，充分发挥职能作用，最大限度维护未成年人合法权益，以先进务实的理念、扎实有效的工作，开创了未成年人检察工作的新境域。

（二）充分考虑未成年人的身心特点和健康发展，全面加强涉案未成年人的司法保护

联合国《儿童权利公约》《少年司法最低限度标准规则》以及我国《未成年人保护法》等，都对未成年人的司法保护提出了明确要求，现行《刑法》《刑事诉讼法》对涉案未成年人规定了一系列特别的处理原则、制度与程序。办理未成年人刑事案件，应当恪守“未成年人保护优先”的理念，充分考虑未成年人的身心特点和健康发展的需要，在依法从严惩处侵害未成年人权益犯罪的同时，全面加强对涉案未成年人的司法保护，既重视对未成年犯罪人的教育和保护，又关注对未成年被害人的关爱和帮扶，合理运用现行法律有关未成年人的制度规定，把人文情怀融入办案全程，实现了案件办理法律效果和社会效果的有机统一。

（三）引领和推动社会化维权体系，凝聚各方力量共同关爱和保护未成年人

在办好每一个相关案件的同时，检察机关努力践行社会责任，通过检察建议、普法教育、联合维权等多样化途径，积极参与社会综合治理，引领和推动社会化维权体系，凝聚各方力量共同关爱和保护未成年人，从而不断提升社会各界对未检工作的知晓度和认可度，着力构筑维权帮教的社会化大网络。

四、专家点评

未成年人的成长发展关系到国家未来与民族希望，但当前我国的未成年人保护体系还存在一些短板和漏洞。铜川市印台区人民检察院作为国家法律监督机关，在推进未成年人保护体系完善方面大有可为。铜川市印台区人民检察院高度重视并持续改进和深化未成年人检察工作，在依法精心办好未成年人刑事案件的同时，立足检察工作基本职责，适当拓展和延伸检察职能，用满腔爱心和热心维护未成年人权益，全力挽救失足少年，努力打造“有情怀、有思路、有创新、有实效”的未成年人检察工作品牌，用法律的温度呵护未成年人健康成长，彰显了新时代的法律风范与检察担当。

（西北政法大学刑事法学院院长冯卫国教授撰写）

基层基础篇

JICENG JICHU PIAN

西安市新城区西一路街道：创建“一个系统、三级管理”社区治理模式提升智慧化综合治理能力

一、背景起因

西安市新城区西一路街道辖区重点部位集中，流动人口密集，商业形态众多，是古城西安商贸服务、对外交流和人文政治的重要窗口。近年来，随着辖区流动人口增加，基层社区治理工作难度加大，传统的治理模式和管理手段已经不能适应新形势和新挑战，社区治理模式亟须变革与创新。将信息化建设和数据化治理作为推动社区公共服务供给和资源整合的“引擎”，使“互联网+”成为推进基层管理服务创新的有效技术支撑和强大驱动力。为贯彻落实中央关于基层社会治理创新的要求，提升社会综合治理水平，新城区委、区政府在西一路街道率先试点，将数据存储、智慧管理与便民服务融合在一起，建成陕西省首家街道级智慧化综合管理服务系统，涵盖智慧网格视频管理平台、智慧社区服务云平台、智慧街道管理平台三大子系统。采用基于地理信息系统（GIS）的社会治理网格化管理模式，整合区域内的地理信息数据，实现对区域内人口、建筑、道路、设施等的直观、独立管理，以及地图

定位、空间展示与统计，以网格颜色划分、网格定位和地图搜索等功能，形成“一个系统、三级（街道—社区—网格）管理”服务模式。它以“一图、一云、两网两中心”为大数据构架，集云计算、云存储、云平台和大数据等先进信息网络技术为一体。“一个系统、三级管理”的智慧平安社区治理新模式，打通了服务群众“最后一公里”。

二、主要做法

（一）打造三级智慧视频管理平台，提高社会治理水平

智慧视频管理平台以“光纤局域网”为基础，依托视频监控系统，在辖区重点道路、建筑工地、主要场所、敏感部位架设智能摄像头 96 个，24 小时将视频图像实时传回指挥中心，成为城市治理的第三只眼睛。智能摄像头配合后台软件系统，对占道经营、流动摊贩、违章停车、垃圾堆放等违法违规行为进行智能分辨、实时监控、记录存档和及时预警。指挥中心在接到系统报警后，第一时间通知城管、保洁和路长等相关责任人进行处置。智慧视频管理平台实现了对社区管理、道路交通、安全生产、治污减霾、校园周边环境治理等工作的可视化管理，在火情监控、

西一路智慧街道服务管理系统上线新闻发布会

行政执法辅助、社会面管控等方面发挥了重要作用。自 2018 年 11 月试运行以来，录入视频数据数十万条，不仅在应对夏季汛情、冬季雪情等方面发挥了重要作用，通过发现违章停车、出店经营等也解决了行政执法与社会管控方面看不见、看不远的问题，极大地提高了工作效率。

依托智慧视频监控子系统实现全域监控，提高了社区治安管理水平。对重点部位、敏感地区所进行的实时监控，与公安、综治、安监等部门密切联动，可广泛应用于综治维稳、社会治安、防震减灾等方面。在街道光纤局域网基础上建立了视频监控系统，在辖区重点道路、人流密集场所、省政府周边等敏感部位架设 100 部智能视频监控摄像机，将这些视频信息实时传回街道指挥中心，由值班员实时监控、分析，针对“消防隐患、人群密集、人员越界、重点人员”等进行重点监控，对 15 类警示情况进行智能报警提示、记录和处理。在智慧平台的助力下，达到了“人过留影，车过留牌”，实现了对小区“人、地、车、物、事”的动态掌握。自 2018 年以来，通过将数据及时提供给公安部门，利用该平台共协助公安机关破获刑事案件 3 起，有效提升了打击刑事犯罪案件的效率。

（二）打造三级智慧社区服务云平台，为群众提供全方位服务

智慧社区服务云平台是以落实行政效能革命、让群众最多跑一次为要求，聚焦打造线上线下相结合的 15 分钟便民服务圈，导入政务、医疗、交通、教育、购物、银行、餐饮、住宿、超市等生活服务资源，依托微信公众号、小程序等客户端，运用物联网技术 + 智能硬件设备终端搭建的智慧社区服务系统，为群众提供

网格工作站

365天24小时不打烊服务。

登录“西一路在线”微信公众号，通过微官网可以清楚地看到社区动态、政策宣传、办事指南，注册后一键预约办理事项，提交办事资料，向街道社区反馈意见建议，一键导航即可找到15分钟服务圈服务门店，实现了政务事项“掌上办”、沟通交流“零障碍”、生活服务“直通车”；打开智慧自助服务机，验证身份证后，选择所需办理的业务，即可查询办事程序、打印所需的证明材料，极大地方便了群众，减轻了社区干部的负担，提高了工作效率。

走进社区智慧云柜，手机扫码提交信息，将资料投放到智慧云柜后，工作人员即可收到办理信息、取走资料，业务办结后再次将资料放入智慧云柜，群众收到办结信息后，在方便的时候取件即可。智慧云柜进社区，解决了上班族办事请假不便等烦忧。

通过手机软件实行网格化管理，有效提升街道综治维稳工作前瞻性。建立街道、社区综治工作网格员队伍，网格员在日常巡查过程中，通过手机软件及时将发现的各类安全隐患上传平台，通过平台进行分派处置。将小区出入口人像采集、智能充电桩、独居老人烟感及燃气泄漏报警、网格员巡查智能终端等设备接入平台，全部感知设备获取的信息，既在前端分流了非警务类警情，又实现了小区全面的综治、自治，扫除安全盲区，实现了对老弱病残等群体的及时关爱，实现了管理智能化。与此同时，建立小区重点人员数据库，通过人像比对，实时刻画重点人员活动轨迹，即时对出入信息进行报警，通过微信推送，确保街道干部、民警第一时间掌握信息，落实稳控措施，提高了街道综治维稳工作的前瞻性和主动性。

（三）打造三级智慧街道管理平台，有效拓展群众参与社会治理的渠道

智慧街道管理平台是整个系统的智慧控制中心和大脑中枢，它打破传统的信息孤岛，汇集了人口、房屋、党员、计生、经济、民政等各类数据，分为智慧党建、网格管理、智慧调度、事件管理、志愿服务等 15 个模块，实现了数据管理一体化、数据展示可视化、数据更新动态化和事件处置及时化、考核督查定量化、管理服务闭环化。

依托大数据支撑，智慧管理手段，通过“随手拍”系统，网格员或者居民通过手机第一时间把发现的问题上传到指挥管理平台，指挥中心即时分发任务，要求相关责任人限时办结，对超时未办、预警催办

网格会客厅

和按时办结的分别通过红、黄、绿等予以提醒显示，作为考核依据促进提高行政效能，倒逼干部转变作风。目前，已录入各类数据超过 20 万条，将逐步形成人口、经济、城管、安全、社情等大数据支撑决策体系，提升基层治理智慧化水平。

发挥“随手拍”线上互动功能，激发社区居民参与平安建设的积极性。依靠智慧服务管理平台，社区居民亦可通过“随手拍”等线上互动功能亲自参与平安建设工作，他们既是平安社区的受益者，也是平安社区建设的参与者。居民可以将自己发现的安全隐患、违法犯罪现象第一时间通过手机终端报送给街道，充分体现了群众参与社区治理的自主性，拓展了群众参与社会治理的渠道。

三、启示思考

（一）牢固树立“数据为王”意识，适应现代社会的客观实际

智慧社区建设的重点是要加强部门间的信息共享，提高社区、街道、区级部门之间的联动配合水平。为此，应该继续加强与专业公司的合作，加快推进数据融合，建立一个综合性强、共享程度高、打破部门壁垒的信息数据库，提高数据的应用效益，在全市上下形成“用数据说话、用数据决策、用数据管理、用数据创新”的理念，让数据助力平安社区建设。

（二）推动后知型综治工作向先觉型综治工作转变，充分利用信息化科技管理方式

通过构建和完善智能预警平台，广泛获取一些深层次、内幕

性情报，及时发现事件的苗头、线索，借助大数据分析技术，科学预判维稳态势，及时防控，牢牢把握维稳工作主动权。依托智能感知网建设，对“人屋车场”等要素敏锐感知、深度研判、智能预警，精准勾勒治安态势图，提高社会治安风险感知和动态管控能力。研发社会治安智能分析模型，第一时间发现异常行为，真正实现防患于未然。转变服务方式，改造和优化服务流程，主动为群众办事提供更多维、更便捷、更高效的精诚服务，真正做到“让数据多跑路，让群众少跑腿”，让群众有更多的幸福感、获得感。

（三）推动粗放型管理向精细化治理转变，将制度优势转化为治理效能

利用各类感知手段，对各类治安信息和轨迹信息进行全面采集和碰撞分析，实现“人过留影，车过留形”。建立实时采集动态管理、智能预警的重点行业管理新模式，实现全天候、全过程监管。综合运用视频监控、物联传感、自动控制和大数据智能处理等技术对小区门禁系统、消防设施、人流密集场所等数据叠加应用，切实提升安全风险智能分析、及时预警、自动干预能力。

四、专家点评

“一个系统、三级管理”智慧平安社区治理模式实现了基层社会治理信息化、可视化、网格化、共享化、高效化，提升了群众安全感、满意度。自建成投入运营以来，该系统有效提升了社

区技防水平，为综治维稳、开展扫黑除恶专项斗争、加强流动人口管理发挥了重要作用。“一个系统、三级管理”智慧平安社区治理模式的实践经验表明，树立“互联网 +”思维和意识，注重用大数据理念引导社区治理服务机制和模式创新，打造智慧化综合管理服务系统，可以极大地提高社会治理效能。“一个系统、三级管理”智慧平安社区治理模式较好实现了全方位的便民服务和精细化的治理，也提升了新时代平安社区建设的质量，体现了党和政府执政为民的理念。通过网格化及信息化实现精细化，充分发挥基层群众的积极性、主动性和创造性，发挥中国特色基层群众自治制度的优势，是实现基层社会治理现代化的理念。

（西安交通大学法学院丁卫副教授撰写）

汉中市城固县莲花街道办：构建矛盾纠纷多元化解“属地、分级”机制促进社会公平正义

一、背景起因

多元化矛盾纠纷化解机制的构建是保障公民合法权益、促进社会公平正义的必要条件，是加强和创新基层社会治理、深化平安建设的重要内容。汉中市城固县莲花街道办事处综治维稳中心将法治化思维作为工作主线,“法无授权不可为,法有规定必定为”,做到依法化解社会矛盾、依法维稳，不断完善多元化矛盾纠纷化解机制，创新工作方式，成功处理多起纠纷。莲花街道办事处综治维稳中心解决基层矛盾纠纷的经验，对其他地区完善和创新基层矛盾纠纷化解机制具有借鉴意义。

二、主要做法

（一）发挥基层组织的作用，形成预防化解矛盾纠纷的合力

弘扬“枫桥经验”,发挥基层组织作用,创新矛盾纠纷化解机制。“枫桥经验”以就地解决问题为特点，以发动和依靠群众为核心。

城固县莲花街道办紧密结合“防风险”“脱贫攻坚”“环境整治”三大攻坚战，大力弘扬“枫桥经验”，切实深入基层、深入群众，研究新事件、把握新规律，大胆实践、勇于创新，不断提升新形势下预防化解矛盾纠纷的能力。

深入开展矛盾纠纷排查，做到“底数清、情况明”。在深入排查征地拆迁、企业改革、环境保护、城市管理等领域矛盾纠纷的同时，高度重视排查因生活困难、婚姻家庭及邻里关系等引起的“个体性矛盾纠纷”，做到“底数清、情况明”；按照“属地管理、分级负责”和“谁主管，谁负责”的原则，明确责任主体，对生活确实存在困难的群众积极帮助，公平、高效解决群众的合法诉求，对不符合法律、政策规定的诉求要耐心做好解释工作。

充分发挥调解作用，将矛盾纠纷化解在基层。充分发挥村（居）民议事会、业主委员会等群众自治组织作用，扩大群众自治资源，善于运用自治章程、村规民约、居民公约，做到民事民议、民事民办、民事民管；创新“基层调解员＋社区网格模式”，基层调解员和村、社区干部密切配合，形成综合的基层调解模式，将矛盾纠纷化解在基层。

以街道办事处综治维稳中心为基点，设立心理咨询室，通过积极的心理干预预防矛盾纠纷。街道办事处综治维稳中心内设有心理咨询室，配备心理疏导人员或引入心理咨询师及婚姻家庭咨询师等专业人员，加强对村民、居民的心理辅导、心理危机干预等，做到信息互通、优势互补、工作联动、矛盾联调，为矛盾纠纷的顺利化解奠定基础。

加强专业队伍建设，进一步提高调解人员调解能力。建立完善调解、诉讼、仲裁、行政裁决、行政复议等专职人员的分级、分类培养管理制度，完善人民调解员的任职条件及选任方式；加强调解人员的专业化培养，不断提高调解人员的综合素质和业务能力，旨在打造一批遵守道德、崇尚法律、扎根群众的复合型高层次调解员队伍。

强化法治宣传，顺利推进普法工作开展。定期开展“法律七进活动”，组织专业化人才深入社区、乡村、学校、医院等基层单位开展普法宣传，通过讲述“平安故事”、打造“平安典型”等方式积极宣传本区矛盾纠纷解决的成功经验，提高群众的法律意识，引导群众自愿将调解作为首要的矛盾纠纷解决方式，营造平安和谐的法治环境。

（二）规范运行机制，确保矛盾纠纷化解效果

制定并实施严格的工作流程，即登记—审核受理—分流—办理—协调—存档。该中心对所有来访、来电、来信、交办、转办或已经发现的矛盾纠纷信息进行登记，客观、准确地反映事实情况。工作人员根据登记事宜的性质判断该中心是否受理。对不予受理或不再受理的事宜，工作人员须向群众具体说明不予受理的理由，对于受理范围内的事宜，工作人员需耐心听取群众陈述、询问具体情况，并做好相关记录，内容包括主要事实、要求及理由。工作人员应在当日提出具有可行性的解决建议，报请中心主任决定，待批示后分流受理。承办单位应按照交办通知书上的时间将案件办理完结，并向中心汇报办理情况。对未按期办结的案件，承办单位需向中心作出书面说明。承办单位在处理案件过程中，如需

要其他单位协助应及时向中心主任反映，并由中心联系相关单位共同办理，达到矛盾纠纷处理的高效化目标。对处理完毕的案件所有材料进行归纳梳理、整理分类，装订并保存入档。

（三）优化服务管理环节，运用信息技术手段创新调解机制

开拓社会治理新思路，拓展矛盾纠纷化解新机制。在总结提炼派出所“公调对接”“两所（派出所、司法所）联调”工作法的基础上，创新性地提出办、村、组“三级联动”，派出所、司法所、维稳办、综治办、信访办“五方联调”的“三联五调”矛盾纠纷多元化解机制，并将之延伸至“九微服务”工程，即构建覆盖城乡的“微网格”、设立务实管用的“微组织”、开展情系于民的“微服务”、推行弘扬正气的“微防范”、查办关乎民生的“微案件”、执行宽严相济的“微惩治”、融合多措并举的“微治理”等，创新调解机制。

完善服务网络管理，推动矛盾纠纷源头的化解。其一，完善三级便民服务网络，进行窗口调处。构建“办有便民服务大厅、村有便民代办点、组有便民代办员”的工作格局，使初始矛盾在窗口得到有效化解；其二，完善三级综治工作网，进行及时调处。进一步推动综合中心规范化建设，对每个村民小组科学划分“微网格”，每个“微网格”对家庭邻里之间引发的矛盾纠纷实行“微调解”。对于村综治维稳中心调解不成的矛盾纠纷上报镇综治维稳中心，启动“三联五调”机制进行集中化解；其三，完善五方联调工作网，进行联合调处。对疑难复杂的矛盾纠纷，由综治维稳中心组织协调进行联合调处，提出“一揽子”解决方案，明确

化解责任与时限。对于缠访、越级非访的信访矛盾纠纷及拒交水费、无理取闹、占用公用土地等无法通过“三联五调”机制化解的矛盾纠纷，由派出所及时收集证据，依法给予“微惩治”，确保矛盾纠纷的顺利解决。

实现矛盾化解工作的有机衔接。其一，实行公调对接。辖区派出所设立专门调解室，司法所设立信访接待点，专门受理群众来信来访。乡镇便民服务大厅移交至派出所的案件，如不能进行治安处罚，应及时通知司法所进行调解。司法所信访接待点受理的民间纠纷，需派出所进行治安调处的，派出所应及时介入。如纠纷需要进入诉讼，则法庭将及时做好对接工作。其二，实行诉调对接。法庭在审理案件时，对案情较为简单、争议标的不大且双方当事人均在同一村组，没有必要通过诉讼解决的，及时与司法所联系，告知当事人进行人民调解。司法所调解成功后，由法庭进行司法确认，对拒不履行调解协议的可以申请法院强制执行。其三，实现公诉对接。派出所受理的涉及经济补偿、人身损害赔偿、借贷纠纷等法律关系的案件，负责民警应在查清案件事实，征得当事人同意的情况下，积极对接法庭审判人员。调解为解决矛盾纠纷的第一道防线，如调解不成，则依法由原告起诉，进入审判程序，及时加以审理。

三、启示思考

（一）加强信息收集和矛盾纠纷分析研判，实行综合治理

综治组织、调解组织充分调动人民调解员、信息联络员队伍，

广泛收集矛盾纠纷相关信息，全面掌握影响稳定的各种资料，尽早掌握可能影响本地区社会稳定的矛盾纠纷和突出问题。另外，工作人员对矛盾积分进行准确定位，详细了解具体情况，分析产生原因，合理判断矛盾纠纷化解的最佳途径，使相关单位化解矛盾纠纷建立在可靠的调查研究真实材料基础之上。推动基层社会综合治理，将制度优势转化为治理成效。

（二）充分发挥人民调解的基础作用，建立矛盾纠纷的多元化解机制

人民调解是化解矛盾纠纷的最基本手段，最大限度将矛盾纠纷化解在萌芽状态，防止矛盾纠纷激化蔓延。不断加强调解信息收集，强化日常纠纷调处，同时完善专业调处机构，试行各项矛盾纠纷调解模式，确保各种矛盾纠纷首选调解方式予以解决。将人民调解作为矛盾纠纷化解的第一道防线，发挥基层群众自治制度的作用，调动各种积极性，借助社会广泛参与，建立矛盾纠纷多元化解机制。完善联调联动机制，发挥合力作用，强化属地责任，第一时间介入矛盾纠纷化解。涉事单位、公安机关、司法机关等相关部门做到有机衔接，及时控制事态，“能调则调，合理高效解决”；依靠群众调处矛盾纠纷，充分发挥人民调解组织、基层群众自治组织、工会、妇联、当事人的亲朋好友在矛盾纠纷化解中的作用。

（三）发挥法治宣传教育作用，培育调解文化，增强人民调解的软实力

群众个体矛盾较为特殊、复杂，强制性法律规定并非“良药”。

必须从思想上培育群众的法治观念，通过良好的法治教育，让群众从内心接受调解意见，主动履行义务，达到“调解一案，教育一片”的社会效果。

四、专家点评

面对社会矛盾纠纷主体多元化、利益诉求复杂化、纠纷类型多样化，化解矛盾纠纷的思路、方法、措施也应多元化。城固县莲花街道办事处加快构建和完善多元化矛盾纠纷解决机制，在进行多元化化解矛盾纠纷普法宣传的同时，注重心理疏导手段的运用，完善服务管理网络，整合人民调解、行政调解、司法调解等多种社会资源，综合运用调解、仲裁、诉讼等多种途径，将多元化解矛盾纠纷工作目标细化至领导、站办、工作人员，形成了功能互补、程序衔接的矛盾纠纷有效化解体系。这一改革创新举措，为群众提供了符合他们利益偏好、可供选择的纠纷解决途径，便于合法、合理、高效化解矛盾纠纷，实现了矛盾纠纷化解的专群结合，取得了积极的社会效果。

（西北政法大学博士生陈婉姝撰写）

西安市莲湖区桃园路街道劳动一坊社区：鼓励志愿者参与社区治理 提升基层社会自治能力

一、背景起因

党的十九届四中全会指出：“发挥制度优势，提升治理效能，推进社会治理能力现代化”，“打造共建共治共享的社会治理格局”。加强和创新社会治理，推进社会治理能力现代化是当前乃至未来一个时期国家发展的重心。鼓励志愿者服务在党建引领下参与社会治理，是社区治理蓬勃发展的方向。建立社区志愿者队伍可以有效提高社区志愿服务水平，更好地协助社区治理。当前，在我国北京、上海、杭州以及经济发达地区和沿海地区，志愿者服务日渐成熟，涌现出“杭州大妈”“朝阳群众”等志愿服务的典范。积极

与西北政法大学就“萤火虫”志愿者服务队开展项目合作

调研学习先进地区的成熟经验，发展适合本地区的志愿者服务模式，是非常重要且必要的。莲湖区劳动一坊社区“萤火虫”志愿者服务队伍远近闻名。从 2013 年到 2019 年，“萤火虫”志愿者服务队伍不断发展壮大，莲湖区劳动一坊社区经历了巨大的变化，从邻里矛盾激烈对抗发展到邻里关系和谐，从治安混乱发展到安全有序，从默默无闻的老旧小区发展到全省闻名的模范社区。

二、工作做法

（一）将志愿服务引入社区治理，丰富社区治理的文化内涵

红墙砖瓦，灌木掩映，小区老而不旧，干净整洁，这里是西材新园小区，劳动一坊社区服务站正掩藏在老楼之中。门面不大，名气却大，这里是退休爱党俱乐部的起始点，是老年大学的创始站，也是“萤火虫”志愿者服务队孕育成长的办事处。社区的志愿者们正是在这里汇聚在一起，在社区主任周建玲的带领下，开始积极参加社区治理活动。

老年大学的开办是劳动一坊志愿服务的起点。劳动一坊的社区干部注意到，老社区里的住户以老年人为主，其中不乏一些退休党员干部。想要让社区温馨起来，要先从老年人做起，让他们的生活更加丰富，让他们对劳动一坊社区更有归属感。于是经过商讨，社区萌生了依靠志愿者公益活动开办老年大学的想法。“社区发展，教育为先”是劳动一坊社区街道办的理念。在这样的理念下，劳动一坊社区工作人员开始寻找社区里的能人自愿担当老年大学的教师，又去寻找了场地，挂上了老年大学的牌子。麻雀

虽小，五脏俱全，在劳一社区工作人员看来，老年大学虽然只是老年人的业余大学，但是业余大学却也要像普通的学校那样有规矩，这样才能将这个老年大学办得长久，办得有意义。于是，老年大学便有了第一条规矩：只要见到老师进门，一定要由班长喊“起立”，大家一起说“老师好”。虽然一开始推行时困难重重，可随着时间的推移，越来越多的老年人愿意喊一声“老师好”，因为他们和老师之间建立了深厚的情谊，他们发自心底地尊重这些老年大学的教师。

社区“红袖章”是志愿服务的深化，让“红袖章”飘起来是志愿精神传播的标志。在老年大学形成一定规模之后，劳动一坊社区提出：不能让老年人光听课，不做事，要在课程中加入志愿服务的内容。上课虽为老年人所喜闻乐见，可做志愿服务却被许多老年人抗拒。有些老年人甚至表示，来上课可以，但要是上课必须做志愿服务，那宁可退出。反对的声音太大，劳动一坊社区工作人员也不由得动摇。他们曾不止一次怀疑过自己的决定：老年教育难道一定要做志愿服务？为此，他们曾经派人去天津调研。在调研中，他们深入社区，采访社区中的工作人员。他们总是问：“你们是如何开展志愿服务的？”跑得多了，见识多了，自然也知道了自身的不足。在调研过程中，劳动一坊社区意识到：光强制要求做志愿服务还不够，一定要一边办学，一边倡导，这样才能达到预期的效果。

于是，劳动一坊社区出现了一道新风景：志愿者袖子上的红袖标。通过红袖标激发他们的责任感、荣誉感，让志愿者成为社区的榜样，让还在观望的群众看到志愿服务的意义所在，解除忧虑，让大伙主动加入志愿者队伍。从 2013 年到 2019 年，用了整整六年的时间把志愿服务的种子种在了每一个劳一人的心里。你若是在劳动一坊社区里走一圈，一定可以看到社区服务中心的门口，人们主动要红袖标的情形，也可以看到无数的“红袖标”走在劳动一坊的社区内，或是保卫着社区的安宁，或是打扫着社区的卫生。志愿者是社区治理最重要的主体。

激发少年儿童的志愿热情，从小学生开始培育志愿精神。老年教育办活了，小区平安建设有了起色，劳动一坊社区又把目光投向了孩子们。于是，像老年大学一样，孩子们的“四点半课堂”（小学下午放学时间）应运而生。小学放学后，由社区志愿者接回“红领巾”们，孩子们来到社区公共服务中心开始他们放学后的生活。社区志愿者联合“1+1”等全国公益组织，在“四点半”课堂里开展乐高课、国学经典课、声乐课等课程，且费用全免，这不仅减轻了家长们的负担，更丰富了孩子们的课余生活。将老人、孩子托付给社区的志愿服务，社区里的上班族便可以放心工作去，开心回家来；夜里治安有保障，舒舒服服睡个安稳觉。社区的软实力提升了，社区人的幸福感和安全感需求得到回应，志愿者传帮带队伍日渐壮大，志愿服务的自发性和稳定性有了长足的进步。在此过程中，志愿精神也得到广泛培育和认可。

（二）点点荧光，点亮心路，“萤火虫”志愿服务使社区治理充满活力

“萤火虫”志愿者服务队是由劳动一坊社区牵头组建，社区内的党员干部、居民群众、驻地企业等自发参与建构的一支志愿

者队伍。面对辖区内夜间频繁遭窃、人民群众矛盾纠纷不断的情况，在听取了人民群众的问题反映之后，劳动一坊社区积极应对问题，群策群力想出解决之道，并决定依靠人民群众的力量共建和谐平安社区。劳动一坊社区积极发动人民群众，号召辖区内人员积极行动。“萤火虫”的组建人员，很多在社区内接受了老年大学的教育，参加过社区内组织的党建活动，形成了“以社区安危为己任，以自身行动保社区平安”的思想理念，并且乐于为社区内的其他群众服务。“萤火虫”志愿者服务队由32名离退休党员志愿者组成，他们在其中充分展示了离退休党员的自我教育、自我服务、自我管理，在社区中发挥了安全稳定信息员、矛盾纠纷调解员、特殊人群协管员、平安建设宣传员、文明新风倡导员的作用。同时，劳动一坊的“萤火虫”志愿服务队在行动中接受了由莲湖区委平安办、公安莲湖分局、莲湖区司法局组建的工作指导协调小组的

“萤火虫”志愿者服务队

领导。

在组建“萤火虫”志愿者服务队时，注意拓展志愿者的来源渠道，包括企事业单位、机关、职业院校、科研机构及居民区。坚持以社区居民为主体，以社会人员为辅助，真正地发挥社区内“熟人社会”的力量。在手段上，通过建设“萤火虫”志愿者协会网站吸引更多的参与者。同时，在吸收新的“萤火虫”志愿者时，严格规范加入队伍的条件。“萤火虫”志愿者要遵纪守法，遵守有关管理规定，并且吃苦耐劳、身体健康、乐于奉献，还要有一定的安全知识，并且善于沟通等，通过对志愿者的严要求全面提升队伍的整体素质。

志愿者一方面需要在进入队伍时就具备一定的相关法规及安全知识，并且要在平时接受针对性的培训，公安莲湖分局、司法局也要安排社区民警、司法干警、律师等人员对志愿者进行相关知识和技能的培训；另一方面，强化“萤火虫”志愿者队伍的信息管理，劳动一坊社区依托全国志愿服务网，对“萤火虫”志愿者进行统一实名注册，建设完善志愿者队伍信息资源库，并在“萤火虫”志愿者协会网站上及时发布队伍相关消息。力求对“萤火虫”志愿者做到全面、实时的管理。劳动一坊的“萤火虫”志愿者队伍要参加区委平安办每年展开的评比表彰活动，对于工作突出的志愿者，及时表彰和树立模范。在社区换届时，同等情况下考虑工作成绩优异的“萤火虫”志愿者。莲湖区也建立了经费保障制度，按照“政府主导，市场运作”和“谁受益，谁出资”的原则，多渠道、多元化筹集志愿者工作经费，为“萤火虫”志愿者购置配发“红帽子”“红马甲”和手电筒等巡逻装备，同时也购买了人身意外伤害保险。对志愿者在志愿服务活动过程中因见义勇为受到人身伤害或因公殉职的，区级相关部门、街道、社区会积极做好医疗救治和抚恤工作，并帮助其申报“见义勇为”称号。

（三）弘扬志愿者精神，形成独具特色的社区治理体系

“社区发展，教育先行”的理念在劳动一坊社区逐渐扎根下来，成为一种特色的文化。在老年大学里，老年人们互相交上了朋友，在生病时互相照料，在高兴时相互分享，俨然成为了好朋友；老年大学还走出了劳动一坊社区的第一批优秀志愿者，他们承担着夜间巡逻、活动安保等工作，孕育了“萤火虫”志愿者服务队。除此之外，社区还发起了退休爱党俱乐部，构建起了社区云平台服务，这一切都源于劳动一坊形成了独特的志愿者精神，充实了社区体系。

“萤火虫”志愿者服务队是一支“我奉献我快乐，人做志愿为我，我做志愿为人”的队伍。他们在社区生活中为群众排忧解难，赢得了群众的信任和赞誉。与此同时，志愿者在为社区服务的过程中加深了对自己的了解，收获了对自己的肯定，更收获了一种荣誉感、成就感和幸福感，在志愿服务的过程中实现了人生的价值，尽到了对社会的责任，发挥了自己的作用。社区虽小，责任却大。志愿者们深知，“人人为我，我为人人”，将社区建设得更好，是每一个劳动一坊居民的责任。只有将社区建设得好了，让邻里关系变得和谐了，整个社区才能反过来为人民群众提供更加优质的服务。做志愿事小，构建和谐的邻里关系事大。志愿者们在服务的过程中，也收获了其他居民的善意。在志愿服务之外的时间，街坊邻里互相理解，互相帮助，将劳动一坊社区变成了一个温暖

的大家庭。

以“萤火虫”志愿者服务队为榜样，劳动一坊社区积极发动人民群众，鼓励人民群众加入志愿者服务的队伍当中来。在“萤火虫”志愿者服务队的示范作用下，“依托社区，服务社区”已成为劳动一坊社区人民群众的共识，构建和谐社区已经成为每一个劳动一坊群众义不容辞的义务。在“平安建设人人参与，平安成果人人共享”的理念下，劳动一坊的人民群众自发组织起来，或加入“萤火虫”志愿者服务队，成为一名光荣的志愿者，或在辖区内做一些力所能及的服务，如为老年大学打扫桌椅等。劳动一坊社区已经让志愿服务发展壮大，形成了一定的规模，深入人民群众的内心，让人民群众在志愿活动中感受到自己与社区的紧密联系，让生活在劳动一坊社区中的每一个人，既是居民，又是志愿者，既是志愿服务成果的享受者，又是志愿服务的提供者。

（四）社区主任周建玲身体力行，发挥了“头雁效应”

在劳动一坊社区内，社区主任周建玲既是社区志愿者服务的倡导者和引领者，也是“萤火虫”志愿者队伍中众多“萤火虫”的一员，通过她的事迹我们可以了解到“萤火虫”志愿者的核心宗旨就是做群众的知心人。“有矛盾，找周主任”早已成为劳动一坊社区人的共识。精干的短发，精致的妆容，爽快的作风，都是周建玲的标志性特征。作为劳动一坊社区人，无论平日里有什么纠纷，有什么困难，在社区其他工作人员无法解决时，总会想到要找周主任，因为周主任一到，良方就到，困难矛盾就会迎刃而解，周主任的话比谁都管用。

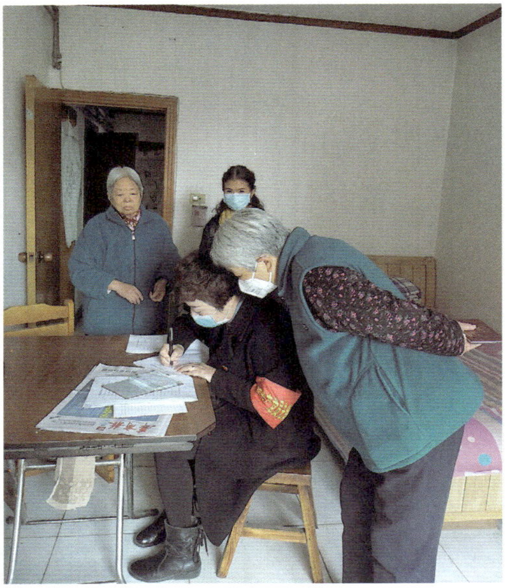

“萤火虫”成员、社区主任周建玲上门服务

2013 年，周建玲被群众推选为社区主任。在这之前，她一直扎根在社区，为人民群众调解了大大小小的矛盾纠纷，积累了丰富的调解经验。在被推选为社区主任之后，周建玲的身上就背负起了更重的责任，只要是在劳一社区内发生的纠纷，周建玲团队就是化解纠纷的调解员。照周建玲的话来说，当群众有矛盾时，第一个想到的是社区，因为社区是最基层的组织，是群众的信任所在。而群众的矛盾若是无法在社区内解决，就会去找法院，这无形之中把小的矛盾扩大了，增加了社会的负担，也不利于和谐社区建设。周建玲自从走马上任后，前前后后调解了 300 多起矛盾纠纷，社区志愿者都曾参与调解，且取得了较好的效果，群众满意、政府满意、社会效果好。

2013 年，社区发生了一个大案子，远东二中的一个孩子无缘无故没有参加当时的月考，被老师批评了几句，承受不了心理压力，跳楼身亡。做父母的，痛失爱子，家中又困难，正是指望着孩子的时候，难免打击过大，情绪激动，向校方提出了 100 多万的赔偿数额。但校方能够证明，涉事老师既没有体罚该学生，也没有对他进行言语侮辱，老师批评孩子没有参加月考也是出于对孩子的关心，希望他能够重视自己的学习，自然不可能满足这 100

多万的高额诉求。双方正闹得不可开交的时候，这对父母想到了周建玲。他们认为，这位周主任时常关心他们这户困难家庭，为他们办理低保，解决生活中的困难，在这件事上也一定能为他们主持公道。

当事双方，一方是低保困难家庭，一方是学校；一方痛失爱子，悲痛欲绝，另一方却着实尽职尽责，没有主观上的过错。这对父母始终认为是学校老师的管理出了问题，才让他们的孩子压力过大，跳楼身亡；学校却认为自己的老师没有问题，是孩子的心理承受能力弱才发生了这样的悲剧。面对这样棘手的纠纷，周建玲团队始终坚持着自己的理念——以情说法，化解矛盾。

周建玲接受采访时说，“在这件事情上校方确实不能负主要责任，家长的诉求确实超过了合理的范围。但面对情绪激动的父母，我不能直接为校方说话，转而从孩子的角度向这对父母讲道理。我告诉当事人，首先是因为你们想让孩子接受更好的教育，才舍近求远选择了远东二中，那么老师管你的孩子实际上是关心孩子的表现，你不能因为老师的管教而去责备学校，这显然是不对的。在这件事上，你孩子的责任实际上更大。其次，你说你要在学校门口自焚，如果你用这种过激的行为影响学校的正常教学秩序，我相信你的孩子也不会同意的。”在她说完这段话后，父母的情绪果然平缓了很多，也开始考虑自己的诉求是不是过高，在这件事上到底是谁应当承担更大的责任。

在之后商讨赔偿数额的过程中，无论是校方还是当事人，都互相理解，互相体谅，最后以 36 万元的金额调解成功，校方也返还了父母交给学校的 4 万元学费。事后，当事人的父母特地写了一封感谢信给周建玲团队，信中真挚地感谢了周主任为他们主持了公道，让他们拿到了满意的赔偿数额。

三、启示思考

（一）建设社区从我做起，充分发挥人民群众的主人翁作用

劳动一坊社区的成功之处在于，他们没有将一系列行为强加于群众，而是在为群众服务的基础上，在和群众交流的过程中，将社区建设的理念传播给群众，并让“我是劳一人”的理念在群众心中生根发芽。由此可见，推行“社区 + 群众”联动的工作做法是社区建设的重要方法。工作人员虽然在社区中扮演着举足轻重的作用，然而其毕竟人数有限，不能面面俱到，而作为社区主人的人民群众，其力量是无穷的，只要将其发动起来，人民群众便可以成为社区建设的主力军。

（二）充分发挥社区服务居民的作用，增强人民群众对社区的归属感

社区归根到底是人民群众的社区，增强人民群众对社区的归属感是社区治理的基石。只有群众认可了社区，社区的建设才能顺利开展。劳动一坊社区建设的成功经验在于，他们从人民群众的角度出发，做有利于群众的事情。劳动一坊的社区建设是一个循序渐进的过程。他们通过开设老年大学、开展孩子们的“四点半课堂”、开创退休爱党俱乐部等一系列活动，丰富了群众的生活，让群众对社区产生了亲切感，在此基础上不断增强与群众的联系，

让群众切身感受到劳动一坊社区是自己的家园。有了这一系列的铺垫，才有了后来的“萤火虫”志愿者服务队的建立，而志愿者服务队的建立又增强了群众对社区的责任感。这样的良性循环让社区工作得以顺利开展，为社区建设奠定了良好的基础。

（三）发挥志愿精神，为人民群众广泛参与社区治理创造良好条件

家庭是国家的细胞，社区是社会的单元。在工作学习以外的时间，社区是大家主要的生活区域，做好社区工作，打通为民服务的“最后一公里”十分重要。社区是大家共同的家园，是老百姓安居乐业的主功能区，树立共建共享、便民惠民的社区治理理念，发展党建引领下的志愿者服务组织，有利于营造和谐友爱的社区文化，也是落实十九大以来社会治理能力现代化的重要举措。孕育志愿精神，形成社区文化成为新时代社区治理的重要特征。

四、专家点评

莲湖区桃园街道劳动一坊社区“萤火虫”志愿者服务队，通过开展“老年大学”“四点半课堂”“社区调解”等志愿活动，让基层群众积极参与社区治理，提高了自身素养，活跃了社区生活。志愿活动使邻里关系更加和谐，使广大基层群众积极参与社区建设，以主人翁的精神为基层社会治理贡献自己的力量。社区治理应当有更多的周建玲式的领军人物，充分发挥党的凝聚力，发动群众、组织群众，让更多的志愿者像萤火虫般汇集起来，点亮中

国特色的志愿者之路，完善基层社会治理体系、提高治理能力。志愿者参与基层社会治理的机制构建、过程规范和渠道扩展，都是保障其参与社会治理效果的重要方面，需要进一步探索和实践。

（西北政法大学法治学院杨静讲师、
西北政法大学本科生赵思然撰写）

铜川市公安局印台分局：搭建“公调对接”治安纠纷化解平台 有效维护辖区平安稳定

一、背景起因

治安纠纷说大不大，说小不小。人们在工作生活中磕磕碰碰不可避免，处理不好就会引发大矛盾，甚至引发民转刑案件。为积极探索新形势下治安纠纷化解新机制，铜川市公安局印台分局因时而动、因地制宜，于2018年7月在三里洞派出所试点，建设“公调对接”工作室，探索出了“公调对接”治安纠纷化解模式，公安机关与人民调解协调联动、信息互通，形成共同化解治安纠纷的工作机制。依托“公调对接”，公安机关将接警受理的非警务类矛盾纠纷、适用治安调解或刑事和解的案件，发挥人民调解室的作用，运用说服、疏导等调解方法予以化解。确立“法为上，调为先，和为贵，让为贤”工作理念，在律师介入法律咨询和人民调解、司法调解、行政调解的“三调联动”中进行“公调对接”，打造共建共治共享社会治理格局，破解基层治理难题。“公调对接”治安纠纷化解模式整合了社会资源，创新了体制机制，着力解决社会源头性、根本性、基础性问题，有效缓解派出所工作压力，有力维护了辖区稳定。

二、主要做法

（一）坚持问题导向，搭建“公调对接”治安纠纷化解平台

把“公调对接”工作室建成维护基层稳定的“指挥部”、收集社情民意的“参谋部”、调解矛盾纠纷的“法律部”、为民排忧解难的“服务部”。工作中坚持问题导向，紧扣“矛盾纠纷化解多元化”这个目标，动员各方力量预防化解社会治安纠纷，最大限度地增加和谐因素，最大限度地减少不稳定因素，最大限度地激发社会活力，创造安全稳定的社会环境。

2018 年 6 月，印台区在三里洞派出所试点推行“公调对接”工作获得成效后，及时总结提炼，以点带面，全局铺开。为加强基层社会治理、深化平安建设、化解矛盾纠纷、促进辖区平安和谐而建立的“公调对接”工作室，营造出群众遇事找法、办事依法、解决问题靠法的良好氛围，使“公调对接”工作迅速在印台大地落地生根，成效显著。芳草社区居民王花妮感慨地说：“俺们老百姓为小纠纷走进社区‘公调对接’工作室，看到民警像家人一样笑脸相迎、请坐递茶、亲切问候，当时俺们气都消了一半。民警处理事情公平公正，给俺们吃了定心丸。”

（二）推进“三调联动”，促进“公调对接”调解室的“两化”建设

坚持在各级党委、政府领导下，公安、司法行政部门各司其

当事人赠送锦旗

职、密切配合，形成公安行政调解、司法调解、人民调解相互衔接、良性互动的矛盾纠纷调处机制。在全区实行基层公安派出所与乡镇（街道）人民调解委员会对接；社区（村）警务站（室）与社区（村）人民调解委员会对接，形成以基层公安派出所与乡镇（街道）人民调解委员会对接工作为重点的“公调对接”无缝化建设。为了充分发挥“公调对接”人民调解室的作用，坚持规范化、科学化“两化”建设，形成具有地域特色的调解文化。

在社区（村）社会服务中心、警务站（室）或辖区其他合适场所建设的“公调对接”工作室更加规范。2018 年，在党委、政府的大力支持下，三里洞派出所建成“公调对接”工作室，随后又对芳草社区工作室进行了升级改造，打造“公调对接”样板工作室；按照工作室功能，“公调对接”工作室被科学划分，设置了受理咨询区、舒缓情绪“谈话角”和矛盾纠纷“调解区”三大功能区域；提供互联网远程咨询和“快乐普法角”服务，使纠纷调解 + 法律援助 + 宣传教育三位一体，全方位满足群众需求；在调解室悬挂“法为上，调为先，和为贵，让为贤”标语，以暖色调为主要装饰色的谈话角营造出“以法为上，以礼相让，以德教人，德法融合”的浓厚调解氛围。调解室建设的规范化、科学化，推动了具有当地特色的调解文化的形成，极大提高了群众对人民调解的认同度。

（三）确保合法合规，严把“公调对接”三道工作流程

针对“公调对接”工作受理、取证、移送、交办等各个环节可能出现的工作纰漏，依据《人民调解法》第 18 条、《公安机关办理行政案件程序规定》第 153 和 156 条、《人民警察法》第 21 条、《人民调解法》第 20 条和《公安机关治安调解工作规范》第 8 条等相关规定，制定了先期处置、分流调处、后续处置三道工作流程，为调解工作提供强有力支撑。2018 年以来，印台公安分局多次开展矛盾纠纷大排查大化解活动，联合当地党委、政府通过派出所 + 社区（村委）的方式深入基层共同开展活动，保证排查时间、次数和效果。2018 年通过矛盾纠纷排查机制共排查 828 次，矛盾纠纷 21 件，及时掌握本地区矛盾纠纷信息，不离盲区，从源头上预防矛盾纠纷的发生。通过矛盾纠纷排查和 110 接警掌握的矛盾纠纷及时搜集固定相关证据，分流对接开展调处。对可以调解处理的现行治安案件、适用和解的刑事案件中民事赔偿纠纷和其他各类非警务民事纠纷，严格依法调处或引导当事人通过民事诉讼途径予以解决。当事人双

方愿意调解的，处警民警在依法做好调查取证后，填写“矛盾纠纷移送单”，报派出所负责人审批后，移交“公调对接”工作室调解。对可以调解的治安案件和适用和解的刑事案件中民事赔偿纠纷，调解成功的，由责任民警及时办理相关手续；调解不成的，责任民警及时报请终止调解，由公安机关依法作出处置，并告知当事人可以依法向人民法院提起民事诉讼。其他民间纠纷，调处成功的，由专职调解员及时办理相关手续。新建社区46岁的黄喜成高兴地说道：“俺社区‘公调对接’工作室作用大着哩，社区民警、律师和人民调解员一起为咱们老百姓调解矛盾纠纷真好，他们讲法理、讲情理、讲和谐，当面处理事情一碗水端平，使咱们老百姓心服口服，化解了心里的疙瘩，两家人签字画押握手言和都笑啦。”

（四）注重建章立制，完善“公调对接”四项工作制度

在创建“公调对接”工作室基础上，不断完善工作机制，让民警和调解员有章可依、有法可循，让当事群众一目了然，心里明白。一是建立公开调解制度。对外公布调解室工作制度、工作流程、调解员工作制度和相关法律法规，方便群众上门办事，接受群众和社会各界的监督。二是建立岗位责任制度。按照“公调对接”机制有关要求，落实纠纷排查预警制、先行调解制、现场取证制、移交督办制、办结报告制等一系列规章制度。三是建立档案管理制度。统一采用“纠纷受理登记本”进行登记，案卷制作采取统一模板，做到全过程留痕。四是增设矛盾纠纷预警制度，有效防止重大案事件发生。以三里洞派出所为例，每月召开一次矛盾纠纷研判会，汇总梳理后，形成矛盾纠纷信息分析报告并上

刘西林同志一行到三里洞派出所视察调研工作室运行情况

报分局。三里洞派出所对排查中发现的可能引发集体上访、群体性事件以及影响社会稳定的热点、敏感事件和不稳定因素，实行随时随报。自预警机制建立以来，三里洞派出所向公安印台分局共报送8期矛盾纠纷排查调处信息分析报告，有效化解群体性事件2起，为分局及时掌握基层纠纷提供了依据。

三里洞派出所民警贾宗轩，毕业于中国人民公安大学，虽然只有25岁，2019年已经是芳草社区“公调对接”工作室的“掌门人”。贾宗轩认为：“作为社区‘公调对接’工作室的民警，就要坚守规章制度，把社区的平安放在心里，把化解群众的矛盾纠纷放在心里。按照‘排查＋引导＋化解’的理念，切实提高矛盾纠纷化解率，从源头上有效预防对簿公堂、民转刑案（事）件的发生，给群众创造一个和谐、友善、法治、幸福的工作生活环境。”

（五）强化齐抓共管，落实“公调对接”五项保障措施

为了确保“公调对接”落地生根、开花结果，保持更旺盛的生命力，公安印台分局紧紧依靠党委、政府、各级部门和人民群众的大力支持，共同携手培育“公调对接”之花。

一是加强领导保障。公安印台分局按照“党政主导、政法牵头、公安为主、部门联动、多方参与”的思路，健全党委、政府统一领导、政法部门统揽协调、公安机关与司法行政部门具体落实的公调对接工作格局。建立领导小组，统筹指导、协调“公调对接”的推广落实工作，通过定期召开联席会议、工作例会等形式，认真研究落实各项工作。

二是构建动态调解保障。将大巡防体系与公调对接相结合，在公调对接工作室增设巡逻警务站，着力构建动态调解保障，使

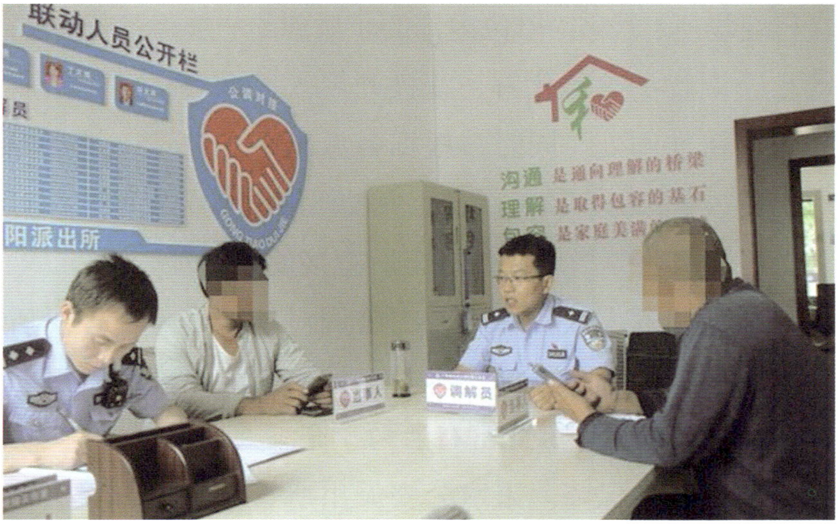

“公调对接”工作室组织双方当事人进行调解

公调对接更加富有活力。巡特警大队警员在街面巡逻时，将发现的非警务类矛盾纠纷第一时间移交到公调对接工作室，由专职调解员负责受理，并根据矛盾纠纷类型及时对接调解。通过创新“巡逻防控＋公调对接”，织出了一张严密的社会面巡逻防控调解网，避免了因矛盾激化而引发治安甚至刑事案件，为辖区居民创造了良好的治安环境，进一步提升了巡逻防控工作效能。

三是强化专业团队保障。积极协调、主动对接，组建律师、民警、法官、调解员为主的“三调联动调解团队”。专业律师“约诊”提供法律服务。聘请法学教授和分局法律顾问、司法机构专业律师组成律调团队，针对复杂疑难案件纠纷，提前预约专业律师，现场为调解工作提供咨询或在线法律服务。专职调解员“坐诊”常驻工作室。积极协调联系人大代表、党代表、优秀老党员和派出所民警、法官、司法所调解员等，组成专职调解队伍，联合参与矛盾纠纷化解工作。社会调解员“出诊”精准调解。针对发生在行业场所、社区、单位内部的矛盾纠纷，选聘各行业、社区、单位等社会调解员参与化解，积极开展人民调解，做到矛盾纠纷一事一策、精准调处。同时，根据各派出所接警量，规定专职调解员的配备数量，由乡镇（街道）人民调解委员会发给聘用证书，公安、司法部门业务指导，由派出所直接使用管理。

四是加强调解人性化保障。在公调对接工作室受理矛盾纠纷后，当事人可在调解队伍中选择社会评价高、自己信得过的调解员进行调解，调解工作因此富有活力、充满人性化。

五是加强考核保障。采取公安派出所管理为主、司法行政部门指导为辅的双重体制。派出所负责调解员的日常考勤、业绩登记与平时考核。采取调解员自评与领导审核相结合、平时考核与年度考评相结合、定量考核与定性考核相结合的方法，全面考评调解员的德、能、勤、绩、廉等方面的表现，保障调解成效。

三、启示思考

（一）创新了人民调解制度机制，实现了矛盾纠纷源头治理

因派出所牵头处置矛盾纠纷的特殊性，“公调对接”工作的开展要有高度的法律意识、程序意识和证据意识。公安印台分局明晰了调解案件的法定范围，对符合通过调解结案且双方愿意调解的矛盾纠纷，由民警填写《移送调解函》，连同收集的其他材料一并移交。人民调解员接案登记后向派出所出具相应的回执，以《人民调解反馈函》的形式向派出所告知调解结果，并由人民调解员督促协议的履行。对调解成功并履行的案件，人民调解员负责形成规范化调解卷宗报司法所进行回访和人民调解平台系统录入、个案申报等后续工作。合法合规的“公调对接”治安纠纷化解模式，在加强基层社会治理，深化平安建设，化解矛盾纠纷的同时，营造出群众遇事找法、办事依法、解决问题靠法的良好环境，促进社会平安和谐。

（二）建立了多方协作化解矛盾纠纷模式，优化了基层社会治理格局

公安印台分局按照“党政主导、政法牵头、公安为主、部门联动、多方参与”的思路，健全党委、政府统一领导、政法部门统揽协调、

公安机关与司法行政部门具体落实的“公调对接”工作格局。公安印台分局在各派出所和警务室设立“公调对接”办公室，民警、司法助理员、法律工作者等力量组成调解队伍，并加大巡防体系与“公调对接”的结合；在“公调对接”工作室增设巡逻警务站，着力构建动态调解保障；通过创新“巡逻防控＋公调对接”，织出了一张严密的社会面巡逻防控调解网，避免因矛盾激化而引发治安甚至刑事案件，为辖区居民创造了良好的治安环境。“公调对接”治安纠纷化解模式重视发挥各种社会力量参与矛盾纠纷化解的作用，形成共建共治共享的治理格局。

（三）培养了人民调解专业队伍，强化了人民调解化解矛盾纠纷的效果

公安印台分局积极协调、主动对接，组建以律师、民警、法官、调解员为主的“三调联动调解团队”。在组织专门业务培训的基础上，充分利用现场工作会、司法部人民调解大讲堂视频培训会等机会，组织驻所调解员参会听会，以会带训，不断提高调解员的调解技能、法律素养和廉政意识，培养起一支专业队伍，并扩大调解队伍，吸收更多有威望、受信任、专业化的人才进入调解团队，扩充调解员库，形成专业化、深层次的队伍体系，还积极协调联系人大代表、党代表、优秀老党员和派出所民警、法官、司法所调解员等，组成专职调解队伍，联合参与矛盾纠纷化解工作，为日常调解工作提供人力保障。专职调解员“坐诊”常驻工作室，复杂疑难案件纠纷则可以由专业律师现场为调解工作提供咨询或在线法律服务。“公调对接”工作室受理矛盾纠纷后，当事人在

调解队伍中可选择社会评价高、自己信得过的调解员进行调解，调解工作具有人性化，保证了调解的效果。

（四）通过警民融合、专群结合，推进了基层社会综合治理

广大驻所调解员发挥主观能动性，在调解工作实践中形成了诸多具有地方特色的调解经验。一是“有案必调”。对于不便于或者当事人不同意回派出所调解的情形，调解员先期主动介入调解，确保适合调解的治安案件“有警必调”，并促使双方达成和解，防止受害人受到损害后得不到合理赔偿。二是追求实效。在开展矛盾纠纷排查化解工作中，以“公调对接”为构架，创造出农村矛盾纠纷排查化解“九法调解”机制，取得了实效。三是形成“大调解”模式。在日常矛盾纠纷排查化解工作中，街道办、社区、司法部门共同开展，使“公调对接”平台成为集化解纠纷、法律咨询、预防矛盾等功能于一体的工作室，发挥综合治理的长效机制作用。

四、专家点评

面对基层警力不足而纠纷多发的矛盾，公安印台分局创新实施“公调对接”治安纠纷化解模式。通过部门联动、主动作为，在“法为上，调为先，和为贵，让为贤”基础上，将群众引导到依法、依规调解的理性轨道。“公调对接”治安纠纷化解模式不仅使当地基层矛盾隐患得到有效化解，提高了矛盾纠纷调处成功率，也使派出所将更多警力投入侦查破案、治安管理、巡逻防范、

服务群众等工作中。在有效地化解矛盾纠纷，促进基层社会和谐稳定的同时，“公调对接”治安纠纷化解模式发挥了专群结合作用，优化了纠纷化解的效果，节约了司法资源，体现了以人民为中心的理念。

（伊犁师范大学讲师、西北政法大学博士生程静撰写）

安康市岚皋县人民法院：建设“无讼新村（社区）”提升基层自治能力

一、背景起因

党的十九大、十九届四中全会将“健全自治、法治、德治相结合的乡村治理体系”作为乡村振兴战略的重要内容，指出要“建构基层社会治理新格局，健全党组织领导的自治、法治、德治相结合的城乡基层治理体系”。如何提升司法机关参与基层社会治理的水平，打造符合农村（社区）实际需求的法治和自治相结合的模式，这是当前摆在基层法院面前的重要问题。岚皋县人民法院在认真总结基层社会治理经验的基础上，借鉴新时代的“枫桥经验”，以我国传统“无讼”的司法追求为突破口，通过发掘法治建设与道德建设的内在一致性，充分发挥司法机关在解决纠纷、维护社会稳定、保障社会和谐等方面的作用，积极开展普法宣传、法律培训、指导调解、诉调对接、巡回审判、民意沟通等司法服务工作，并以“小事不出村（社区），大事不出镇，重大疑难纠纷不出县”为目标，通过科学统筹、合理化讼、源头治理、多方参与等方式创新开展了以“和谐”为核心的“无讼新村（社区）”

的创建工作，为基层法院参与社会治理、加强基层自治水平提供了有益的实践探索。

二、主要做法

（一）传承创新“无讼”理念，构建“和合”乡村文化

“无讼”理念在我国有着悠久和深厚的历史文化根基，它与我国德法兼备的传统治理思想密切联系在一起，在依法律治理国家的同时重视发挥道德教化的作用。习近平总书记也十分重视道德教化在纠纷解决中的作用，并对道德和法律之间的关系做了精辟的论述：“发挥好道德的教化作用，必须以道德滋养法治精神、强化道德对法治文化的支撑作用。再多再好的法律，必须转化为人们内心自觉才能真正为人们所遵行。‘不知耻者，无所不为’。没有道德滋养，法治文化就缺乏源头活水，法律实施就缺乏坚实社会基础。”“我国历来就有德刑相辅、儒法并用的思想。法是他律，德是自律，需要二者并用。如果人人都能自觉进行道德约束，违法的事情就会大大减少，遵守法律也就会有深厚的社会基础。”因而我们应当坚持依法治国和以德治国相结合，以实现法治和德治的相辅相成、相得益彰。

法官开展入户走访摸排矛盾纠纷

岚皋法院认识到

“无讼”这一我国传统社会德法兼治的治理思想在新时期社会治理中的重要作用，通过打造“无讼新村（社区）”，加强基层自治，创建和谐的基层社会环境。“无讼新村（社区）”建设的实质就是广泛发动群众预防化解矛盾纠纷，将道德理念内化于法律的运用中，将“无讼”理念贯穿于司法审判的各个环节，从而体现法律和道德的内在一致性，尊重群众的首创精神，提升民众的法治意识和道德水平。岚皋法院创新传统“无讼”理念的实践主要有：

其一，倡导人与人之间通过协商、谈判的方式化解冲突，而不是一味地寻求通过法律的强制手段来处理矛盾和纠纷。乡村和社区中发生的纠纷往往集中于邻里、夫妻、亲友之间，这些纠纷具有事实清楚、诉讼标的小、纠纷争议不大等特点。因而当事人之间的协商、谈判、妥协和退让，不但能够有效地化解纠纷，防止矛盾的激化，而且还有利于修复邻里、亲属之间的关系。从长远来看，其有利于互帮互助、和睦共处的社会氛围的形成。

其二，强调道德教化的作用，重视通过调解手段解决纠纷。在及时解决纠纷的同时，对民众展开道德上的引导，通过提升民众道德认知水平的方式进一步防范纠纷的发生。岚皋法院通过加强普法宣传，注重司法审判过程中对当事人展开道德教育，适当地在司法裁判中加入善良风俗、村规民约、风俗习惯等元素，通过开展巡回审判等方式努力弘扬中华传统美德，强调民众对社会公德、家庭美德、职业道德和个人品德建设的重视。

其三，通过多元化的纠纷解决方式化解纠纷，提升基层社会自治的整体水平。岚皋法院在具体的司法实践中，鼓励社会组织发挥调解矛盾纠纷的作用，注重运用司法调解、司法确认等方式，推进除司法审判外的多元化的纠纷解决方式的建设。2018年11月，岚皋县人民法院员额法官就带领审判团队深入城关镇茂坪村，邀请村镇干部、司法调解员和村民代表等一起，通过综合多元化的纠纷解决方式，成功联动调解了多起涉农合同纠纷的案件。2017年以来，岚皋法院已经累计提供法律咨询3212人次，现场指挥调解16件，司法确认24件，诉前化解纠纷371件，调撤结案451件，调撤率达到62.2%。“无讼”思想促成了乡村“和合”文化建设，促进自治、法治和德治的有机融合。

（二）强化统筹规划，形成有效预防、化解矛盾纠纷机制

在“无讼新村（社区）”的创建探索中，岚皋法院积极开展统筹规划工作，细致梳理各个工作节点，分步骤制定实施方案，通过建立和完善相关机制，保障“无讼新村（社区）”创建工作

法官在城关镇永丰村的农家院落运用车载法庭审理买卖合同纠纷案

有序、高效地展开。岚皋法院的“无讼新村（社区）”的创建工作分为以下四个阶段：

第一阶段，展开动员部署，为“无讼新村（社区）”的创建做好前期准备。岚皋法院通过组建领导体系和工作班子，形成具体的工作方案，开展动员、宣传和推广活动等方式，为“无讼新村（社区）”的创建提供前期的组织、人员储备，为创建工作打下良好的基础。

第二阶段，走访摸底，制定符合实际的实施方案。在这一阶段，岚皋法院通过分组包联区域摸底调研，征求了社会各界对“无讼新村（社区）”创建工作的意见。以群众的真实需求为基础，制定符合当地实际的方案和规划。

第三阶段，推进落实，注重细节。这是“无讼新村（社区）”建设落实的主要阶段。岚皋法院主要从“开展普法教育引导工作”“积极联动各方力量形成合力”“积极排查预防抓好关键前移工作”“主动介入加强指导调解工作”“依法完善诉调对接各项工作”“开展巡回审判服务”“加强司法建议工作”“积极参与社会管理治理工作”“进一步深化培育工作”九个方面，推进“无讼新村（社区）”建设工作。注重细节，务求取得实效。

第四阶段，实施后的总结验收、评估完善。这一阶段的主要任务是成立创建工作验收评查组，依照年初确定的创建工作的规划对相关创建工作展开评查。验收评查工作的开展既能对全年的创建工作成效展开监督，还能够发现总结创建工作中的问题，从而查漏补缺，为创建工作进一步完善提供指导。

在“无讼新村（社区）”建设过程中，坚持标准化建设，重视综合施策。标准化建设在推进基层社会治理程序化、制度化、规范化方面扮演着重要的角色。科学的标准能够保障具体实施内容的可操作性和可推广性，从而为更多地区的基层社会治理提供可供参照和复制的可靠经验。岚皋法院重视“无讼新村（社区）”的标准化建设，如将“无讼新村（社区）”的建设分解为四个阶段，明确各个阶段的具体工作任务。通过明确各个阶段的目标，为开展和评估各阶段的工作成效提供了良好的参照标准。此外，岚皋法院还将创建工作具体落实到员额法官个人，通过建立相应的绩效考核标准，推进员额法官联镇工作的开展，重视综合施策。2019 年，岚皋法院开始探索实施员额法院联镇工作，将创建责任具体落实到每个员额法官，要求员额法官按期进镇入村落实分配的创建工作任务，并将工作的成效列入法官绩效考核要求之中，通过对具体工作考核的方式推进法官主动落实相关责任，取得了显著的成效，获得了人民群众的好评。

（三）发挥个案作用辨法析理，坚持预防和化解并重

基层法院参与社会治理工作的核心在于通过个案的审判实现纠纷的解决，从而落实维护社会稳定、展开道德教育、保障社会和谐等司法责任。岚皋法院十分重视在具体的个案中落实“无讼新村（社区）”的创建精神，通过积极走访、耐心调解等方式化解纠纷。坚持预防和化解并重，采取有效手段使矛盾纠纷不发生、少发生。

例如，在一起涉及贫困户危房改造的扶贫工程的纠纷中，原告王某诉称，其承揽的茂坪村建档立卡贫困户危房改造这一政府

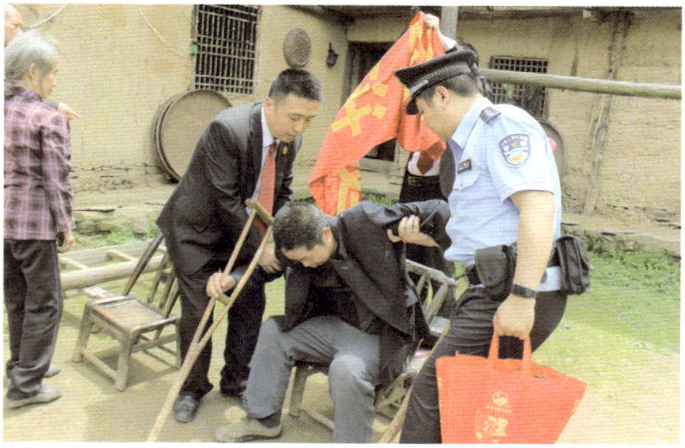

岚皋法院民庭法官来到民主镇庙坝村当事人家中审理案件

扶贫惠民工程在竣工验收后，政府已将工程款汇入了农户的个人账户，但部分危房改造户却以工程质量不合格、工程计算有出入为由，拒绝给付工程款。在收账无果后，他无奈将这些贫困户告上法庭。此案涉及贫困户房屋改造的政策及实施，且涉及人员众多，案件牵连面较广，如若处理不当，轻则可能影响乡村社会邻里关系的和谐，重则往往会造成矛盾的激化，使简单的未给付工程款的纠纷，演化为严重影响社会治安稳定、经济繁荣和正常生产生活秩序的治安、行政甚至是刑事案件，也影响精准扶贫政策的切实贯彻实施。受理案件后，岚皋法院的承办法官经过研讨，决定上门“出诊”，以“无讼新村”创建为契机，实地走访、到村入户，最终促成纠纷各方达成和解协议。其中，两户当即向原告给付了欠款，其他农户也同意在近期给付欠款，从而合理妥善地化解了这起“危房改造”纠纷。

在另一起涉及农村土地流转的纠纷中，岚皋县人民法院积极探索发挥多元化纠纷解决机制的作用，顺利化解了这起牵涉人数众多、金额巨大的纠纷，有效防范了矛盾的扩大。2014 年陕西安康某现代农业科技开发有限公司与城关镇爱国村 198 户村民在村委会的见证和同意下，签订了相关土地流转合同，将爱国村一组、二组、三组、四组的1524.598亩土地租赁给该公司用于茶园种植，租赁期限为30年。在合同履行期间，该公司因拖欠198户村民土地租赁费共计154.8万元，当事村民找到法院，寻求法律帮助。岚皋法院在了解情况后，考虑到当事村民人数众多，以及当地村组更了解具体情况，认为由当地村组参与的人民调解更有利于化解矛盾，主动引导当事人通过人民调解等救济方式维护自身权益。2018年6月，上述198户村民推选魏某某、陈某某为代表，提请岚皋县人民调解委员会进行调解。岚皋县人民调解委员会于2018年10月对该纠纷进行调解，经调解，双方当事人达成一致，签订该公司分期向当事村民支付拖欠租赁费的调解协议。2018年11月8日，魏某某、陈某某等198人向岚皋县人民法院申请确认人民调解协议的效力，岚皋县人民法院受理该案，并于2018年11月28日作出民事裁定书，确认了调解协议的效力。至此，岚皋法院通过引导民众借助调解等多元化的纠纷解决方式，以及积极发挥法院司法确认的功能，顺利化解了这一纠纷，防止了矛盾的激化。

三、启示思考

（一）“无讼新村（社区）”建设契合基层群众自治制度的实践

“无讼”不是法官简单拒绝受理民众的司法纠纷，而是强调基层群众通过谈判、调解等手段，参与矛盾纠纷的预防和化解。发挥司法机关在社会治理中的能动作用，要求法院积极地通过审判有效化解纠纷，以实现案结事了的目的；通过法治宣传、教育引导等提升民众法治意识和道德水平，从而从源头减少纠纷的产生；通过发挥司法确认、司法调解等简便、高效、成本较低的纠纷解决方式的作用，有效化解通过单一审判方式应对纠纷的风险。岚皋法院创新开展的“无讼新村（社区）”建设深入发掘“无讼”文化的内涵，并结合新时期法治建设要求以及新村（社区）民众的具体需求，“小事不出村（社区），大事不出镇，重大疑难纠纷不出县”，就地化解矛盾纠纷。

（二）“无讼新村（社区）”建设明确司法在基层社会治理中的定位，充分发挥多元化纠纷解决机制的作用

礼法兼顾才能够更好解决纠纷。在我国农村地区，仍有部分群众对多元化纠纷解决手段不熟悉，过于依赖法院化解纠纷，以至于大量纠纷涌入解决成本更高的法院。岚皋法院重视多元化纠纷解决机制在纠纷化解中的作用，通过加大宣传力度，引导一些纠纷当事人接受调解组织的调解，通过发挥司法确认在保障调解协议效力方面的作用等，实现化讼、少讼、止讼的目标，为“无讼新村（社区）”的建设和发展打下了坚实的基础。

（三）“无讼新村（社区）”建设有效整合基层社会治理资源，实现基层社会的综合治理

协商共治的纠纷解决方式以及提升民众的道德理念，实现纠纷的源头预防，契合了“无讼新村（社区）”的建设内涵。以村和社区为单位的“无讼新村（社区）”建设，使纠纷解决更多依赖于纠纷当事人在不违背法律强制性规定的前提下，自主选择社

会道德、社会习惯、村规民约等作为纠纷解决依据，自主地去化解纠纷，司法则是纠纷解决的最后一道防线。为此，要充分调动自治、德治在乡村和社区纠纷解决中的前置功能，充分整合基层社会治理资源，发挥多元主体在化解基层社会纠纷解决中的能动作用，发挥司法在矛盾纠纷多元化解机制中的引领、规范和保障作用。

四、专家点评

创新基层法院参与乡村（社区）治理的模式，提升基层自治水平，能从源头上减少纠纷的产生，高效便捷化解纠纷，并维护和谐的乡村（社区）社会关系。岚皋法院创新开展“无讼新村（社区）”建设，借鉴和传承了我国传统的“无讼”司法理念，契合党中央提出的加强基层社会自治，构建基层社会治理新格局的时代需求。“无讼新村（社区）”建设充分发挥基层群众的积极性、主动性，预防化解矛盾纠纷，契合了新时代自治、法治和德治结合，共建共治共享治理格局。

（西北政法大学法治学院朱继萍教授、
重庆大学法学院博士生王文玉撰写）

铜川市公安局王益分局王家河派出所：建立"和为贵"调解室发挥传统文化的治理效能

一、背景起因

为确保社会大局和谐稳定，公安王益分局王家河派出所始终以"发案少、秩序好、社会稳定、群众满意"为工作目标，近年来针对辖区社会治安特点，积极探索、精准施策，在《人民调解法》框架下，充分重视和发挥调解的功能，主动前移社会风险的识别与干预。2018年3月，与司法所联手打造"和为贵"调解室，至今已成功调解纠纷82起，化解了一大批社会矛盾纠纷，全年接警数与上年度相比下降30%，刑事发案数下降三分之二。2018年12月19日，在全省坚持发展"枫桥经验"创新基层社会治理电视电话会议上，省委常委、政法委书记庄长兴对"和为贵"调解室的建设给予点名肯定。2019年8月7日，时任省委书记胡和平在王家河派出所调研扫黑除恶专项斗争工作时对"和为贵"调解室这一创新意识、理念和做法给予了极高的评价。铜川市委书记杨长亚批示在全市范围内推广"和为贵"调解室工作经验，全市47个派出所已经全部覆盖推广，《铜川日报》《西部法制报》《人民公安报》也先后做了宣传报道。

二、主要做法

（一）创新机制，搭建有效化解矛盾纠纷的平台

基层公安机关由于警力紧张，在以前接处警实践中，对普通民间纠纷的警情一般都会告知双方当事人依法走诉讼渠道或申请调委会进行调解。虽然这样处置完全合乎法律规定，但群众思想上难免存在抵触等负面心理，容易误会，认为公安机关推诿不作为，甚至为此而投诉。“和为贵”调解室建立后，派出所积极争取街道、党委、政府的大力支持，邀请街道人民调委会主任兼职“和为贵”调解室主任，由派出所责任区民警和具有法律从业资格且工作经验丰富的辅警担任专职调解员，由各村组、企事业单位、治保会成员担任兼职调解员。专职调解员法律知识全面，兼职调解员群众基础扎实，两者互为补充，紧密结合，通过通俗的说服劝解、合理的引导感化，促成双方达成协议，达到解决纠纷的目的。人民调解业务的引入，实现了行政调解、人民调解与司法调解的无缝对接，搭建了为民服务解难题的平台。在各方调解力量的参与下，有效地缓解了基层派出所的压力，搭建了有效化解矛盾纠纷的平台。

民警在“和为贵”调解室调解家庭纠纷

（二）转换角色，履职担当主动作为服务辖区居民

“有困难，找警察”多年以来已在广大群众中形成共识。但对于“打官司”，群众普遍都认为成本高、周期长；而通过人民调解寻求矛盾化解，大部分群众又对此完全不了解。这样的情形造成群众的诉求分流不畅，一方面公安机关接处警任务十分繁重；另一方面，人民调解寥寥无几，甚至出现空白，导致群众的一些问题被搁置起来，埋下了隐患也就埋下了风险。派出所建立“和为贵”调解室，一方面依法分流矛盾纠纷，将一些公安机关无法调解、不能调解的矛盾纠纷，应当事人的申请，及时启动人民调解程序，解决了民警以往“想为而不能为”的难题；另一方面，行政部门通过角色的巧妙转换，主动作为，有助于快速消除当事人隔阂，化解矛盾纠纷，使双方握手言和，省去了诉讼环节，极大地节约了行政成本和司法资源，更方便了辖区群众。

（三）对症施策，综合治理追求化解矛盾纠纷的效果

“和为贵”调解室坚持立足于实践，按照“边实践边总结，边总结边完善”的思路，对调解成功的典型案例进行剖析研究，先后总结形成了“和为贵”调解十法，分别是“冷却法”，即双方消失、冷静处理；“热敷法”，即趁热打铁、快查快办；“隔离法”，即背向说和、定纷止争；“宣泄法”，即双方言尽、疏解引导；“陪伴法”，即亲情劝说、得理让人；“情理交融法”，即将心比心、换位思考；“扶正祛邪法”，即弘扬正气、压制邪气；“逆向求助法”，即逆向思维、冷静调和；“案例引导法”，即

群众为“和为贵”调解室送来锦旗

以案说法、化解心结；“亲友疏导法”，即攻心疏导、明辨是非。

调解员灵活运用“调解十法”，针对不同的案情采取相应的调解方法，以“案结、事了、人和”为目的，在调解过程中，通过言传、身教、警示，消融戾气、疏解引导，打通双方握手言和的思想通道。调解室还整理编辑了视频教材，内容包含有因民间纠纷引发的恶性案件的警示教育，有邻里相处应遵循睦邻友好、互助互敬原则的宣传引导，还有以基层民警调解处理邻里纠纷为题材的视频短片《乡村民警故事》等，把个案化解与普法宣传紧密结合起来，以案析理，达到了解决一个点、带动一大片的良好效果。

（四）加强队伍建设，确保矛盾纠纷逐级分流有效化解

调解室将辖区各社区、村组曾经担任“调委会大妈”等德高望重、基层工作经验丰富的人员纳入“和为贵”调解室人才库，每个季度定期组织调解员进行培训，不断提升调解员的工作能力和水平；同时，按照矛盾纠纷难易程度定向逐级分流，充分调动人民调解员化解矛盾纠纷的积极性和主动性，以“自己人”的身份介入调解，实现了“小事不出社区村组，大事不出街道，矛盾不上交”。在精心打造“和为贵”调解室的过程中，王家河派出

所在各级党委的坚强领导下，立足“矛盾不上交，平安不出事，服务不缺位”的工作要求，围绕“多元化化解矛盾，全时空平安守护，零距离服务群众”，从可行性上找路子，在精细化上下功夫，全力打造“枫桥式基层警务实体”，发挥社区、街道“和为贵”调解室的有效衔接作用，在重大、疑难矛盾纠纷化解中形成合力。

三、启示思考

（一）彰显了新时代公安机关坚持“以人民为中心”的政治站位

将“以人民为中心”的执法理念植根于各项公安工作的始终，主动为老百姓解难题办好事，工作才能扎实有成效。“和为贵”调解室是基于上述目的孕育而生的，是公安机关与司法机关强强联手在深化改革道路上做出的积极有益的尝试。一方面，转变落后工作思想和观念，公安机关消极履职的动作少了，主动担当、积极作为成为新的风尚，大大降低了行政资源成本，提升了工作效率；另一方面，优化社会治理方法与思路，公安机关坚持问题导向，积极作为，有助于直奔主题为群众解决现实困难，增强和提升辖区人民群众的获得感、幸福感和安全感，切实为维护辖区社会稳定和深化平安建设发挥积极作用。

（二）体现了新时代公安机关锐意创新，通过调解有效化解矛盾纠纷消除社会风险的责任担当

“和为贵”调解室的运行模式，创新性地兼容了治安调解与

人民调解的双重性质，实现民警的身份转换，把行政调解进行再延伸，与人民调解委员会的调解实现无缝对接。公安部门对属于治安调解范畴的案件恪职履责，主动服务；对于不属于治安调解范围的，应双方当事人申请，依照自愿、平等、公正的原则启动人民调解程序，以为民解难题作为工作的出发点和落脚点，合情、合理、合法介入。一方面，这种模式确保了群众的事有人管、管得住、管得好。公安机关在各级调解力量的参与下，秉持“法之上，理为先；礼之用，和为贵”，汲取了民力，集中了民智，维护了民利，凝聚了民心，既妥善化解了一大批矛盾纠纷，收到了良好的社会效果，同时又能广泛发动群众，群策群力，大范围无死角进行基层矛盾纠纷排查，及时稳妥地将矛盾消灭在萌芽状态，让“排查全覆盖、纠纷全介入、问题不激化、矛盾不上交”的“枫桥经验”“和为贵”理念落地生根，探索实现“拘留少，社会治安好”的公安工作价值取向；另一方面，通过多重性质调解组织的架构，把有限的警力整合起来，将一些非警务的繁杂事务从有效警情中剥离出来，有效地缓解了基层派出所的压力，减轻了民警负荷，实现了基层社会的综合治理。

四、专家点评

“和”是中华传统文化的核心理念之一，也是中国人用以处理人与自然、人与人、个人与群体，以及群体与群体等各个层次人我关系的人伦法则。“和为贵”是中国传统哲学在处理人际关系上将“和”作为最高价值追求的具体展现，是化解人际矛盾、平衡社会关系的积极倡导，即便是经历了两千多年的岁月积淀，其积极的价值取向依旧能为当今社会所传承借鉴。“和为贵”调解室建设，以简便、灵活的纠纷处理方式，在社会发展进程中更是占据了重要地位。“和为贵”调解室也是基于为群众解难题办好事的目的孕育而形成，是新时代公安机关与司法机关强强联手在深化改革、践行“不忘初心，牢记使命”主题教育中做出的积极有益的尝试。通过民警角色的巧妙转换，实现治安调解、司法调解与人民调解的无缝对接，一方面节约了行政、司法成本，大大提升了工作效率；另一方面原本“硬邦邦”的法律政策，经过调解员的“改造”，理还是那个理，但说出来却是群众耳熟能详、明白易懂的道理，群众更容易接受。“和为贵”调解室在妥善化解了一大批矛盾纠纷、收到良好的社会效果的同时，也为新时期公安机关做好群众工作创制了良好的舆论环境和坚实基础。

（西北政法大学反恐怖主义法学院杜瑾副教授撰写）

铜川市医调委：
创建“调保结合”医患纠纷调解机制破解医患纠纷难题

一、背景起因

当前，我国人民的生活水平不断提高，健康需求日益增长，但医疗纠纷问题比较突出，维护和促进医患关系和谐的任务仍很艰巨。为了破解“医闹”难题，化解医患纠纷，强化社会治理，深化平安建设，促进社会和谐，陕西在创新调保机制，化解医患纠纷，助力平安医院建设，共建社会和谐方面创新路，充分发挥第三方调解机制为政府分忧、为医院解难、为患者维权，取得了明显成效。中共铜川市委政法委、市司法局、市卫健委等部门在充分调研和借鉴外地成功经验的基础上，引入新型机制进行第三方介入调解医疗纠纷试点改革，于 2015 年 7 月成立了陕西首家独立第三方医疗纠纷调解机构——铜川市医疗纠纷人民调解委员会（以下简称医调委），着力调解铜川市行政区域内的医疗机构与患者之间的纠纷。医调委依照相关法规，遵循“中立、独立、公正、公平、及时、便民”的调解原则，采取“调解 + 保险”模式化解矛盾纠纷。尤其是，江泰保险经纪股份有限公司陕西分公司

铜川市医疗纠纷人民调解委员会揭牌仪式

与该市市级相关部门及医疗单位紧密配合，与市医调委密切协作，建立了有效化解医患纠纷、医保矛盾的“医疗责任保险统保 + 医疗纠纷人民调解”调保结合新机制，取得了良好的社会效果。

二、主要做法

（一）引入第三方保险机制，实现医患双方“共赢”

在医患纠纷频发的情况下，医患双方都对医疗责任保险充满期待。作为医方，期望将医疗纠纷从院内转移到院外并快速、妥善处理，维护医疗机构及医务人员合法权益。保费合理，保险保障范围涵盖医疗纠纷处理所需、赔偿限额满足纠纷赔偿需求，控制医疗风险，保障医疗安全，提升医疗服务质量。作为患方，则期望纠纷诉求有合理、便捷的解决渠道，纠纷处理程序公平、公正，损害发生后得到及时、合理的赔偿，有效应对医疗意外，减轻经济负担。陕西省铜川市开展了第三方介入调解医疗纠纷的试点改革，引入江泰保险经纪股份有限公司陕西分公司，成立铜川市医调委，调解医患纠纷。“医疗责任保险统保＋医疗纠纷人民调解”调保结合机制，采取“调解＋保险”模式化解矛盾纠纷，第三方介入调解医疗纠纷机制，通过保险渠道，搭建了医疗纠纷调解的新型平台，实现了对医患双方的平等保护，追求达到“双赢”效果。

（二）专业调解，破解医患纠纷难题

医患纠纷具有医学专业特性，往往涉及医学、法律、保险、心理学和管理学等专业知识，处理难度极大。于是，铜川市医调委选出个人素质高、群众威信高、文化水平高，懂医学、懂法律、懂调解、懂政策的专业人士担任人民调解员，为复杂的医患纠纷人民调解夯实基础。以便在重大医疗矛盾、纠纷和突发事件的处

铜川市医调委组织医学、法律、保险等领域专家召开医疗纠纷评鉴会

理中，医调委工作人员能第一时间赶赴现场，协调、劝解、调解处置，在医患之间形成一道缓冲带，既保护了医务工作者，又能很好地维护患者合法权益。铜川市矿务局中心医院原副院长华小旭对此颇有感受，他结合医调委成立后取得的成效说：“铜川市医调委成立之前，我们医院跟患者就是在‘火线’上面对面的关系，患者有些诉求得不到很好的回应，加上医患之间医疗知识的不对等，矛盾比较深，影响了医院的正常医疗秩序，社会影响也不好。医调委成立后，切实做到了依法调解、以情感人、以理服人，有效维护了我们医疗机构的工作秩序，保险公司介入并及时为患者赔偿，化解了医患双方的矛盾，取得了良好的社会效果，为社会稳定筑牢了第一道防线。”

（三）有效化解医患纠纷，“调保结合”促进社会和谐稳定

医调委调处的医患纠纷，取得了“三高”“三低”成效，即成功率高、履行率高、满意度高，赔付率低、诉讼率低、上访率低。4 年来，江泰保险经纪股份有限公司陕西分公司作为第三方在铜川市调解矛盾纠纷 146 起，成功率为 94%；3 年来，在榆林市介入矛盾纠纷调解 129 起，成功率为 93%；2 年来，在汉中市介入矛盾纠纷调解 54 起，成功率为 90%。“调保结合”机制通过政策指引、政府推动、市场运作、专家协助，让保险经纪人的风险管理、专业价值得到充分体现，也让保险的经济补偿和社会管理职能得到充分发挥，让保险成为矛盾纠纷调解的坚实保障。运用“调保结合”模式解决医患纠纷时，不但能成功调解医患纠纷，还能化解医患双方的矛盾，达到良好的社会效果。

例如，2015 年 8 月 28 日晚，铜川市某医院门前被一群人围得水泄不通，保卫科及院方相关人员进行劝说疏散，均无果。原来，这群“闹事”的人无法接受其亲属的离世，认为是院方的过错，不明真相的围观群众也跟着帮忙讨说法，场面极其混乱。次日早，铜川医调委接到消息后，立即进驻医院启动调解程序。患者家属认为，患者死亡为医疗事故，要求院方给予 80 万元的经济赔偿；院方认为，患者处于癌症晚期，医院出于人道主义为其进行救治，在将患者病情详细告知家属、得到家属的认可和同意后，为患者进行手术，术后两天一切正常，故不存在手术过错责任，医院不应承担任何责任。通过双方陈述，医调委初步了解了医患双方的矛盾焦点后，通过调取病历、查阅病案、听取医学专家的解读，初步判断患者的死亡并非医疗事故。在拟订调解方案后，医调委积极为双方做思想工作，就如何补偿做了多次协商。经过两天的调解，最终医院免去患者住院费 2.2 万元，同时给患者家属 8000

铜川市医调委组织医患双方进行调解

元经济补偿。江泰保险经纪股份有限公司陕西分公司当即给予患者如数赔偿。“几天来，医调委的同志放弃休息，不分昼夜为我们查找原因，分析病案，讲解法律法规及诊疗制度，让我们明白亲人得了不治之症，院方出于救死扶伤的人道主义精神给予救治，尽心尽力了。保险公司也给我们及时赔偿了，我们理解了，心理上得到了安慰。”患者家属王某感慨道。9 月 18 日，王某叔侄为铜川市医调委送来了写有“春风化雨润医患 依法调解促和谐”的锦旗，以表谢意。此案成为铜川市医调委运用“调保结合”模式，成功调解处理的首起医患纠纷的生动见证。

三、启示思考

（一）创新医疗调解机制，有效化解医患矛盾纠纷

随着国家扫黑除恶不断深入，以及国家对医闹打击力度的不断加强，近年来陕西省医闹等大型恶性不良事件大幅度下降，医疗秩序明显改善。患方维权法律意识不断加强，通过正常途径维权的比例上升，这一趋势同我国普法工作的大力发展有着密切的关系。医患纠纷中医患双方若都能依法维护自己的合法权利，既不影响医院诊疗秩序，又能减轻医疗纠纷调解难度，真正体现以人民为中心的思想。开展多元化的医疗纠纷调解实践，引入第三方保险机制，优化了医调委调解的效果，创新了医疗调解实践。

（二）注重医患双方有效沟通交流，增进整个社会的人文关怀

经过调解过程中的大数据分析，在患者的医疗投诉中最经常

提及的就是医务人员的服务态度问题，导致这一现象的重要因素之一是医患双方交流较少或者交流不充分。尽管有时候医疗机构及其医务人员已经尽到了最大的注意义务，但医疗意外仍然会发生，因此，在治病过程中，加强人文关怀，多给患者以鼓励，不要因为一个态度、一句言语而把患者推向对立面，这对于避免引发医疗纠纷是非常重要的。医疗纠纷调解过程中，医疗机构或医生要仔细分析可以避免的医疗过失发生的类型、原因，通过与患者进行沟通交流，充分了解患者的诉求。医护人员要能够站在患者角度进行换位思考，充分了解患者在整个医疗纠纷过程中的感受，采取更加有针对性的改进措施，改善服务质量。

（三）调动多种资源，多部门联动化解医疗矛盾纠纷

医疗纠纷的解决属于社会综合治理范畴，化解医疗纠纷尤其是医闹等不良事件，单纯依靠某一个部门很难得到妥善解决。铜川市医调委在处理医闹事件时，联动公安、政法委、卫生、信访、消委会、医学专家、律师、法医等组成医疗纠纷联合工作小组，运用“调保结合”及时有效调解和处理，避免医疗纠纷不良事件发生。

（四）建立专业性强的医疗调解组织，充分发挥保险等社会力量在医患矛盾纠纷化解中的作用

不断探索政府社会化管理的创新实践，继续推广医疗责任险，并探索引入医疗意外险、医师责任险、医师执业综合险等多元化保险产品和模式，建立多元统筹的长效机制，对于防范和分担医

疗风险、化解医患纠纷，从而维护和保障良好的医疗安全环境是非常重要的。国家和地方政府应当制定相关政策文件，引导各地根据自身发展情况，在经济条件较好的地方，推动建立强制医疗责任保险制度，在经济条件稍差的地方，采取自愿加入医疗责任保险的原则，积极稳妥地推动医疗责任保险制度建设。

四、专家点评

当前我国正处于法治现代化和社会转型的重要阶段，各种社会矛盾凸显。开展“调保结合”模式下的医疗纠纷第三方调解实践，更好地发挥第三方人民调解的独立性和专业性，及时有效化解医患纠纷，是加强社会治理、促进平安建设的重要举措。“调保结合”医患纠纷调解机制有效化解了医患纠纷难题，促进了医疗环境的改善，实现了医患双方的共赢。医患矛盾纠纷的有效化解，提升了患者对医疗服务的满意度，实现了政府治理和社会调节的互动。医调委的积极作为、主动担当，让社会治理的成果惠及广大人民群众，将制度优势转化成为治理的效能。

（伊犁师范大学讲师、西北政法大学博士生程静撰写）

宝鸡市岐山县人民法院麦禾营人民法庭：建立“婚姻纠纷化解四步法”践行以人为本司法理念

一、背景起因

岐山县人民法院麦禾营人民法庭扎根基层、服务百姓，在司法审判实践中创新工作方法，以“婚姻纠纷化解四步法”推进婚姻纠纷的“柔性”化解。“婚姻纠纷化解四步法”分别从送达、庭前、庭审、庭后四个环节，分为四个步骤进行化解。尊重当事人权益，巧妙化解婚姻纠纷，提高了案件审理效率，提升了当事人对司法工作的满意度，既凝聚了基层社会化解婚姻纠纷的智慧，又呼应了现代社会治理对婚姻家庭纠纷领域的特殊关注，取得了良好的社会效果。

二、主要做法

（一）送达时的调解为第一步，缓和矛盾、预防纠纷激化

这一步要求法官在受案后送达应诉材料时，由法官助理与原被告分别进行第一次调解，了解双方诉求、家庭背景、矛盾焦点。

办案人员第一时间依照四步法的“送达”时调解法，稳定双方情绪，预防矛盾纠纷的激化。进行心理疏导、感情回顾等方式，寻找感情基础、明确争议焦点、适时进行调解。

例如，原告高某诉称，其与丈夫程某2004年经人介绍相识，2005年12月登记结婚，2008年、2017年分别生育两儿女。原告高某认为，两人婚姻基础薄弱，长期因抚养孩子、家庭支出等问题发生争吵，原告于2011年曾患抑郁性精神病，2012年曾患乳腺增生，现在均未痊愈。原告诉请离婚、抚养次女，并要求被告程某支付帮助金并返还陪嫁物品。

法官依照四步法，在送达时即开始做调解工作。法官了解到，高某属于典型的家庭妇女，被告程某常年在外打工，高某与公婆一起生活，关系较为紧张。高某的公公作为一家之长，承担家庭各种开支，说一不二，家庭管理事无巨细，高某只能顺从。被告程某常年在外，导致高某生活上缺乏关怀，且与长辈之间矛盾越积越深，再加上高某本身无收入来源，生活中情绪低落，深感压抑委屈，遂产生离婚的念头。高某与程某并无大的矛盾，法官据此认为：要改善两者关系，需要解决两个问题，即高某与其公婆分开居住，避免矛盾；程某就近选择打工，争取能够照顾家庭。掌握了家庭生活背景、当事人诉求之后，接下来的工作从哪切入、如何开展，法官心中就有数了。对于该案，法官认为，高某与程某的婚姻问题，显然不是出在感情破裂上，二人和好的可能性很大。

（二）庭前调解为第二步，通过问卷调查提出解决建议

视双方的具体情况，法官在庭前专门组织双方进行一次或多

次调解，调解方式以便民为主，不限时间和地点，电话、微信均可。通过沟通了解后，办案人员为双方量身定制“婚姻状况问卷”，侧重于对双方美好生活的回忆、矛盾产生的根源、自己对挽救婚姻作出的努力、离婚的后果及未来的打算等，通过这些内容使原告在填写问卷调查的过程中能够对双方的婚姻感情进行回顾，反思婚姻出现危机的原因，是否是自己存在着影响婚姻感情的行为以及自己的行为能否克服，进而挽救这段婚姻。

例如，在调解前述高某与程某离婚纠纷案中，办案人员就安排两人各自做了一套婚姻状况问卷，问题包括何时认识、何时相恋、有哪些美好回忆等。通过做问卷让两人重温过往、回忆美好。根据问卷结果，办案人员得出结论：两人之间感情没有太大问题，但程某缺乏对高某的关心。正因为如此，程某接到诉状后第一反应就是不同意离婚，但没有说明自己的理由；而高某在做完问卷后，离婚的决心有些许动摇，态度也不那么坚决了。办案人员与被告程某进行了单独沟通，发现高某与公公婆婆的矛盾是主要问题，只要这个问题解决了，两人就能够和好。之后，法庭工作人员反复找程某的父母做工作，经过多次的深入沟通交流，程父自愿将名下一套房产赠送给高某和程某居住，并每月给小夫妻一定生活资助。主要矛盾解决了之后，高某和程某又重归于好。

在庭前调解中，借鉴“马锡五式审判方式”的灵活性和便民性，方式灵活多样，既有法律讲解又融合感情疏导；既有在办案场所开展调解，又经常深入涉事双方家中、田间地头、约定地点进行调解；既坚持利用和发挥法官释法说理的权威性，又要吸纳道德高尚的本地乡贤对双方开展劝导，降低当事人对法院法官的戒备心理，化解双方心中的怨恨，助力纠纷的顺利解决。

（三）开庭当天调解为第三步，针对双方争执焦点提出备选方案

经过前面两步后，法官对原、被告双方的争议焦点已经有了一定了解，在此阶段，法官有侧重地选择、搜集不同类型离婚案件的教育短片和图文并茂的文章作为教材。在开庭当天，法官会通知原、被告双方在开庭前一小时到达法庭，观看和阅读这些短片和文章；通过观看和阅读，让双方当事人了解离婚的后果、对家庭及社会的影响等。之后，法官采取“背对背”方式，分别对原被告进行调解。由于前面的工作基础，双方当事人能提出切合实际的调解方案，也更易接受法官的调解建议，缩短调解时间，促进案件有效调解。对通过调解双方仍然无法达成协议的案件，当即开庭，查明案件事实后作出判决，避免久调不决。

例如，原告苏某与被告田某于1999年经人介绍相识，同年12月登记结婚，2000年、2007年分别生育一儿一女。原告苏某诉称，二人婚初感情尚好，日后发现双方性格不合，常为琐事争吵，加之被告田某缺乏应有的家庭责任心，常年在外很少回家，不提供原告及孩子必要的生活费用，致使夫妻关系长期紧张。原告苏某曾于2018年1月起诉离婚被驳回，但夫妻关系仍然没有改善，现以感情彻底破裂为由要求离婚，并抚养婚生子女，要求分割夫妻共同财产。

开庭当天，法官按照“婚姻纠纷化解四步法”的第三步进行调解。由于本案被告田某在外地打工，没法参加，法官依靠即时通信手段与被告进行沟通，使被告田某逐渐转变思想态度，从当初的不愿意离婚到愿意解除婚姻关系，但要求抚养儿子。之后，法官又到被告田某家走访调查，发现苏某和田某除了家里和父母兄弟一块盖的房子以外，再无其他共同财产。经过工作人员做调解工作，苏某愿意放弃分割共同财产的要求。最后，被告田某邮寄了调解协议，同意解除婚姻关系，并与苏某就子女抚养达成一致，原告苏某则自愿放弃其他诉讼请求。本案调解工作顺利结束。

（四）庭后和解为第四步，通过深入细致的思想工作彻底化解纠纷

对调解离婚的案件，法庭在调解过程中就贯穿即将执行的内容，该给付的款项、物品在达成调解协议时当庭全部予以给付，确保调解书的实际履行。调解是双方自愿达成的协议，关于财产等事项的分割交付具有自愿性，因此，庭后完成调解协议的执行，能够起到趁热打铁效果，比较简单和顺利。考虑到原、被告调解离婚后沟通不便，法庭还积极延伸司法服务领域，协助女方办理离婚后的户口迁移、子女更名和财产的交付以及后续的子女探视权的保护等事宜，以实际行动践行司法为民的司法理念，构建和谐的家庭、社会关系。

对判决离婚和不准离婚的案件，为了消除原、被告双方思想疑虑，保护当事人隐私，促进家庭和谐，法官在宣判时会为双方量身定制“法官寄语”，并将其附于判决书之后，从情、理、法及社会道德角度娓娓道来，彰显“法律温度”。避免仅依靠判决书的强制性规定，而忽视对家庭社会关系创伤的“愈合”治疗。

案件审结后，法官还制作“离婚纠纷案件审理情况一览表”，对案件的整个审理流程和情况进行全方位统计分析，为类案审理保留第一手资料。

三、启示思考

（一）“婚姻纠纷化解四步法”关注婚姻案件的特殊性，采取有针对性的措施从根本上解决存在的问题

婚姻纠纷涉及子女抚养、财产分割，若处理不当，很容易引发其他矛盾纠纷，甚至发生民转刑案件。在婚姻纠纷化解上，不仅需要考虑国法，也需要考虑情理；不仅保护夫妻的合法权益，还要兼顾老人、小孩等其他家庭成员的合法权益，尤其是充分关注孩子的情感和心理需求。“婚姻纠纷化解四步法”立足个案的特殊性，采取有效的化解方式，寻求从根本上解决当事人的问题，追求良好的社会效果。

（二）“婚姻纠纷化解四步法”兼顾情、理、法的统一，最大限度化解双方矛盾纠纷，促成和解协议的达成

一方面，法官站在当事人角度，换位思考，积极寻求解决问题的方案，使出现裂痕的婚姻关系得到修复，促使当事人双方重归于好。因为，只有正视问题并及时有效解决婚姻中存在的问题，才能教育当事人珍惜感情，维护稳定的婚姻关系；另一方面，解除感情确已破裂的婚姻关系，促使双方当事人看淡恩怨、和平分手，避免了矛盾冲突升级扩大，才能真正实现社会和谐稳定。

（三）“婚姻纠纷化解四步法”重视当事人感情的修复，发挥综合治理的作用

通过“法官寄语”“婚姻状况问卷（原告篇、被告篇）”“离婚纠纷案件审理情况一览表”等，发挥心理体验和感受的作用。调动多元主体参与化解婚姻纠纷，发挥社会力量在化解婚姻纠纷中的积极作用，提升了群众对司法的满意度和司法人员的价值认同，也使案件审理的效率大大提高。婚姻纠纷背后，是包括农民工外出打工成本较高、城乡二元结构冲突严重等在内的社会问题，只有设身处地，为当事人设想，才能有效化解纠纷，真正做到司法效果和社会效果兼顾。

四、专家点评

“凤鸣岐山，周公故里”。两千多年前，周朝的古哲先贤在这片土地上创制了周礼，中华得有礼仪之邦的美誉。此后，中国古代社会婚姻关系的建立和解除都要受“礼”的调整，有些礼仪观念至今仍对我们的婚姻家庭关系产生着影响。作为古已有之的纠纷化解方式，调解被盛赞为纠纷化解的“东方经验”。岐山县人民法院麦禾营法庭创制的“婚姻纠纷化解四步法”，弘扬中华优秀传统文化，寻找从根本上化解婚姻纠纷的有效方法，践行了以人为本的司法理念。

（西北政法大学法治学院杨静讲师撰写）

商洛市镇安县西口回族镇：群策群力创新社会微细胞管理机制

一、背景起因

商洛市镇安县西口回族镇是陕西省三个回族镇之一。近年来，通过推行“六长”管理模式，打通了乡村治理“最后一米”，找到了少数民族镇发展、团结、稳定的“最大公约数”。“六长”即路长、河长、院长、社长、林长、田长，由老干部、退休教师、乡贤人士中威信高、责任心强、身体好的人员担任，职责是协助村党支部完成政策宣传、矛盾调解、设施管护、环境整治、产业发展等工作。为了实现精细化管理，西口回族镇在院内进一步划分管理单元，以10户为单位，设立联保户长，以100户为单位，设立中心户长，划定责任区，实行网格化管理，当好镇村服务群众的桥梁和纽带。全镇选出路长66名、河长22名、院长185名、社长30名、林长101名、田长55名，形成以村党组织为核心、以村自治组织为主体、以“六长”为主力的网格化治理新格局。其中，“十户联保”户长全镇共计430名。“六长”“十户联保”成为具有西口回族镇特色的社会微细胞管理机制。

二、主要做法

（一）建立“六长”管理机制，细化网格治理单元

通过建立“六长”管理机制，商洛市镇安县西口回族镇将服务触角延伸到千家万户、将服务网络建到群众心坎上，集中力量解决群众的操心事、揪心事、烦心事。“六长”管理实行以来，全镇104.9公里乡村道路、37公里河流有了管护员，18.7万亩森林有了护林员，培育产业大户55户，成立合作社10个，创建“五美庭院”30个，化解纠纷129起，为群众办实事117件，2020年被评为全市扫黑除恶专项斗争先进镇、市信访工作先进单位、市级文明镇。

为确保“六长”常态长效，建立了三项机制：一是动态监管机制，利用微信平台，对“六长”进行动态监管，“六长”每天报告工作，镇村通过视频抽查“六长”履职情况，确保“六长”管理常态长效；二是日常考评机制，实行量化积分制度，命名优良路段、绿色河流、和谐大院、效益合作社、高效园区，激发出“六长”的工作热情；三是组织领导机制，成立领导小组和工作专班，及时解决治理中遇到的问题，对“六长”管理环节，实行项目化检查督导，做到“六长”管理到哪里、督导就跟进到哪里，实现群众全参与、服务全覆盖。

目前，“六长”管理机制已经取得明显成效。一是村党支部更加坚固，将繁杂的事务标准化、具体化，增强了群众的获得感、幸福感和安全感，提升了村党支部的凝聚力；二是环境更加整洁，

河长、路长、林长制度的落实，使“扫干净、摆整齐、保清洁”成为群众的良好习惯，程家川呈现出山在水中、人在画中、美在心中的秀美画卷，成为全县美丽乡村的示范区；三是乡风更加文明，勤俭节约、孝老爱亲、重义守信成为群众的修养，回汉群众互帮互助、团结和谐；四是发展更加强劲，全镇建成千亩小龙虾养殖基地、千亩中药材种植基地、万头牛羊养殖基地和万亩华山松子繁育基地，形成“双千双万”产业带，为巩固脱贫成果和实施乡村振兴注入动力。

（二）探索“十户联保”机制，催生社会治理微细胞

商洛市镇安县西口回族镇实施“十户联保”，最早可以追溯到 2018 年春季汛期。那年 4 月梅雨季节雨情告急、水情泛滥，镇村干部长期奔波在抗洪、防灾一线，异常疲惫，可大雨却怎么都不停。在这个背景下，镇政府结合本地回汉族群众小聚居生活方式，探索出“十户联保”措施，让群众以十户左右为单位，推选一位户长，在防汛、防灾中发挥作用。“十户联保”后来为西口回族镇社会稳定发展奠定了坚实基础，此次新冠疫情更让镇党委、政府认识到“十户联保”在基层社会治理中所具有的重要作用。

疫情期间，为了保证大家的安全，每个人都要做出承诺，在纸上签字，这就是“十户联保”社会治理工程。即管好自己的家人不去别家走动，劝阻亲戚外来人不来串门，及时通知疫情变化情况，通过“十户联保”决不让一个人感染病毒。“十户联保”约定签订后，大院就悄悄发生了一系列变化。为了联系方便，一位老同志把扫盲时用过的小黑板挂在显眼的墙上，有事就让联保

户长书面通知；各户每天养成了习惯，都要去小黑板上看看今天有什么新鲜事，有什么需要联保户做的事。一位院落里的年轻人还专门为大家设立了“信任微信群”，这个“信任微信群”一下子拉近了大家的距离。大家在微信群里面学政策、讲变化、谈建议，“信任微信群”成为便利院落“十户联保”人员沟通交流的可靠平台。

实践表明，在防范疫情这个特殊时期，一个靠相互信任、共同利益联系在一起的特殊群体产生了，在不计任何报酬的联保户长的组织和督促下实现了他们约定的事项；这个特殊群体虽然是新生的细胞，却在社会管理系统中具有强大的生命力，发挥了重要的作用。西口回族镇共建立了430个“十户联保”团体，防疫期间尽管东临湖北疫区，西临旬阳小河，但因为“十户联保”机制的实施，保证了全镇无一例感染。

（三）充实“十户联保”内容，完善社会治理机制

疫情缓解后，“十户联保”还要不要继续保留？经过群众的讨论，大家重新约定联保的内容，完善社会治理的机制。新的约定包括遵纪守法、邻里和谐、环境卫生、产业发展、平安建设等更加丰富的联保内容。大家又在新的约定上郑重地签上了自己的名字，新的约定创新了社区治理的机制。

建立评理机制，化解民间矛盾纠纷。大家共同商定建立了“明理室”，选举主任，调解民间纠纷。例如，“和谐大院”村民胡某在沟里烧垃圾，将吴某的核桃树烧死，两家矛盾长期得不到处理，最后经大院“明理室”调解，终于达成了一致意见。随着调解书的及时生效，久拖不决的矛盾得到有效化解。

建立激励机制，通过光荣榜表扬好人好事，促进乡风文明。做好事光荣，这是最浅显的道理，过去院里个别人“以闹为荣”，闹了就能得到好处，群众很难分辨荣辱曲直。大院建起“心中的英雄，身边的榜样”光荣榜，精选群众心中的英雄照片，定期评选身边榜样，用身边事教育身边人。在光荣榜的激励下，群众思想在潜移默化中得到校正。

建立村风提升机制，通过“五星”评比、移风易俗改善乡村文化。各村设定了“五星”评比，即邻里和睦之星、遵纪守法之星、勤劳致富之星、尊老爱幼之星、环境优美之星，每月初一、十五由各户派员参加，大家评、大家比、大家打分，对当月评比为90分以上的张贴为红旗，全年综合评比为90分的评为红星，每当初一、十五大家站在“比一比、看一看，我是什么旗”评比栏下，看自己家是什么旗。经常有联保户说：“我这次不行，你看我下次必须超过他。”评星评出了干劲，评星评出了正气。

“十户联保”离不开资金的支持。西口回族镇建立了社会治理超市，解决各联保单位评选的先进如何兑现奖励的问题。实行“十户联保”后，产业兴了，矛盾少了，环境好了，过去用于这部分的开支都可纳入管理超市，同时奖励还可以爱心人士的名义命名，进一步拓展了资金渠道。

三、启示思考

（一）“六长”“十户联保”畅通了群众参与社会治理的途径

基层群众自治制度是中国特色社会主义政治制度的重要内容

之一，“自治、法治、德治”相融合是新时代基层治理的基本模式。“六长”“十户联保”实现了基层群众的全参与，服务群众的全覆盖，完善了基层治理体系，提升了治理能力。网格化治理是基层群众自治制度的实现方式之一，“六长”“十户联保”使网格化更加清晰、明确，实现了治理有效的目标追求，畅通了基层群众参与社会治理的方式，调动了群众参与社会治理的积极性，体现了中国特色社会主义制度的优势。

（二）“六长”“十户联保”丰富了社会治理的细胞

无论“六长”还是“十户联保”，作为基层治理的网络载体，均成为社会治理的微细胞。全面推行“十户联保”的微细胞社会治理工程，有效激发其在社会治理中的活力，对于建设和谐乡村、和美家庭、文明乡风意义深远。尤其是“十户联保”，细化了庭院治理模式，缩小了治理单元，以村民约定为内容，以自愿服务为形式，发挥村民（居民）的自我管理作用，具有社会组织的性质，激发了社会的活力。

（三）“六长”“十户联保”创新了社会治理的机制

以“六长”“十户联保”为内容的社会微细胞治理机制，无论在疾控防疫，还是在应急抢险、防汛防洪、矛盾化解等社会治理中都发挥了无法替代的作用，真正解决了社会治理过程中“最后一米”的问题。通过矛盾纠纷化解机制、好人善行激励机制、村风文明建设机制，全面改善乡村治理结构，推动城乡社区发展。“六长”“十户联保”体现了“矛盾纠纷联调、安全隐患联控、困难群众联帮、产业发展联建、优美环境联创”基层社会综合治理思路，取得了良好的治理效果。

四、专家点评

商洛市镇安县西口回族镇创立的社会微细胞治理机制，来自人民群众，服务于人民群众，是基层群众自治制度的实践成果。在具体实施过程中，始终强调镇党委、村党支部的领导作用，体现中国共产党全心全意为人民服务的宗旨。党的群众路线要求“从群众中来，到群众中去”，“六长”“十户联保”作为群众创造、党委肯定和政府积极推广实施的社会微细胞治理机制，创新了基层社会治理方式，将在不断完善中发挥重要的作用，在根植于人民群众的土壤中产生强大生机和活力。

（西北政法大学校长助理、枫桥经验与社会治理研究院院长汪世荣教授，陕西省镇安县人大常委会副主任汪盛林撰写）